上海财经大学上海国际金融中心研究院　编著　　2017年第1辑（总第3辑）

FINANCIAL SURVEY AND REVIEW

金融观察与评论

一带一路
上海在"一带一路"国家倡议中的比较优势及路径选择 / 刘功润
上海自贸试验区政策
上海自贸试验区已推出的金融改革政策梳理及效果评估 / 韩冬梅
创新创业
如何降低上海的创新创业成本 / 李耀华
期货市场自动化交易识别
金融期货市场自动化交易识别和监管政策研究 / 陈　云　张　超

SIFC
上海国际金融中心研究院
Shanghai Institute of International Finance Center

中国金融出版社

责任编辑：王　君　程　云
责任校对：李俊英
责任印制：丁淮宾

图书在版编目（CIP）数据

金融观察与评论（Jinrong Guancha yu Pinglun）．2017 年第 1 辑/上海财经大学上
海国际金融中心研究院编著．—北京：中国金融出版社，2018.1
　　ISBN 978 - 7 - 5049 - 8321 - 3

　Ⅰ．①金…　　Ⅱ．①上…　　Ⅲ．①金融—研究—中国—2017　　Ⅳ．①F832

中国版本图书馆 CIP 数据核字（2017）第 280822 号

出版
发行　　**中国金融出版社**

社址　　北京市丰台区益泽路 2 号
市场开发部　　（010）63266347，63805472，63439533（传真）
网上书店　http：//www.chinafph.com
　　　　　　　（010）63286832，63365686（传真）
读者服务部　　（010）66070833，62568380
邮编　100071
经销　　新华书店
印刷　　北京七彩京通数码快印有限公司
尺寸　　185 毫米×260 毫米
印张　　14
字数　　290 千
版次　　2018 年 1 月第 1 版
印次　　2018 年 1 月第 1 次印刷
定价　　40.00 元
ISBN 978 - 7 - 5049 - 8321 - 3
如出现印装错误本社负责调换　联系电话（010）63263947

金融观察与评论
Financial Survey and Review

学术委员会主任： 郑　杨

学术委员会副主任： 赵晓菊

学术委员会委员：（按姓氏笔画排序）

丁剑平　马　强　王世豪　王　能

王海峰　朱晓明　刘莉亚　严　弘

肖　林　宋晓燕　李　锋　周国平

陈学彬　郑　杨　夏大慰　徐明棋

曹艳文　盛松成　蒋传海　谢向阳

谢海光　鲍建平

编辑组成员

主　任： 赵晓菊

副主任： 谈儒勇　马文杰

编　辑： 华文馨　杨清菁　张盛丽

序

在美国总统特朗普推行的去全球化的冲击下，中国"一带一路"倡议无疑给世界经济的发展带来了新的希望。上海如何在"一带一路"倡议中发挥引领作用，对于"一带一路"倡议的顺利推进有着重要的意义。同时，上海又是多项国家战略的重要联结点和落脚点。如何做到将"一带一路"倡议与五个中心建设（经济中心、贸易中心、航运中心、金融中心、科创中心）、长江经济带建设等多项战略协同推进，是非常值得研究的重要课题。此外，中国（上海）自由贸易试验区自成立至今已经第四个年头了。取得了哪些可复制、可推广的经验？还存在什么问题？今后如何进一步发展？有必要深入地进行总结。再者，2015 年的股市异常波动虽然已经渐行渐远，但是，如何从中总结教训，提升我们的监管水平，仍然十分必要。

本书汇总了上海财经大学上海国际金融中心研究院（以下简称研究院）招标课题中针对以上问题的研究成果。研究院客座研究员刘功润针对上海如何在多项国家战略中发挥作用进行了深入研究。他认为，上海"十三五"期间应在国家战略的引领下，将长江经济带建设、"一带一路"倡议、上海"五个中心"建设以及上海自贸区建设相结合，做法上要"实现一个机制，三者相互支援，最终形成一种突破"，从而在新时期中国全方位的对外开放格局中真正起到"龙头"作用。研究院客座研究员韩冬梅从金融对外开放、金融产业集聚两个视角对自贸区金融开放创新的实际效果进行了评估。研究院客座研究员李耀华从国内和国际两个方面比较了上海创新创业成本所处的位置，并指出了降低创新创业成本的关键着力点。研究院副院长陈云以及客座研究员王明涛、张超对境外证券和期货市场自动化交易监管相关政策法规进行了梳理和总结，并提出了如何监控股指期货市场异常波动及相应的风险控制建议。

研究院自成立以来始终关注国内外金融形势的变化，追踪上海、全国乃至世界的金融热点，预测国内外金融政策的动向并评估其影响。每年围绕上海国际金融中心建设等国家和地方重大战略对外公开进行课题招标，组织专家团队持续研究金融领域里的新变化，深入探讨其原因、后果等，以达到资政启民之效。期望这些观点能够对中国金融事业之发展有所裨益，同时，也期待学术界同仁、政府及实务部门的专家赐稿！

上海财经大学上海国际金融中心研究院副院长

马文杰副教授

2017 年 7 月 24 日

目　　录

刘功润　　　　上海在"一带一路"国家倡议中的比较

　　　　　　　优势及路径选择　　　　　　　　　　　（ 1 ）

韩冬梅　　　　上海自贸试验区已推出的金融改革政策梳理

　　　　　　　及效果评估　　　　　　　　　　　　（ 26 ）

李耀华　　　　如何降低上海的创新创业成本　　　　（ 82 ）

陈　云　张　超　金融期货市场自动化交易识别和监管政策

　　　　　　　研究　　　　　　　　　　　　　　　（105）

陈　云　王明涛　股指期货市场异常波动监测与风险防范　（168）

上海在"一带一路"国家倡议中的
比较优势及路径选择

◎ 刘功润[①]

摘要：上海"十三五"期间应在国家战略的引领下，将长江经济带建设、"一带一路"倡议、上海"五个中心"建设以及上海自贸区建设相结合，做法上要"实现一个机制，三者相互支援，最终形成一种突破"，从而在新时期中国全方位的对外开放格局中真正起到"龙头"作用。四个战略既是相对独立的子系统，又是国家战略体系中不可分割的分支，在各个子系统的衔接、依存、支撑和影响之中存在系统共生的关联，需要统筹兼顾、协同发展。

关键词：一带一路　自贸试验区　人民币国际化

一、引言

"一带一路"、"五个中心"和上海（中国）自贸区等一系列国家级经济发展战略在上海落地，联结成为一个战略的有机整体。这一有机整体呈现出明显的大三角互动关系，但是其三个顶点各自存在着自身难以解决的问题。上海"十三五"期间应在国家战略的引领下，将长江经济带建设、"一带一路"倡议、上海"五个中心"建设以及上海自贸区建设相结合，做法上要"实现一个机制，三者相互支援，最终形成一种突破"，从而在新时期中国全方位的对外开放格局中真正起到"龙头"作用。

上海成为多项国家战略的重要联结点和落脚点。在新常态发展格局下，我国所面临的区域发展、地区冲突、世界格局演化以及国际制度体系的复杂性，主要体现在国内一体化和欧亚一体化两个层面。为统筹国内与国外两个大局，国家相继推出了一系列重大战略举措。其中，与上海密切相关的发展战略主要包括："一带一路"（涵盖中蒙俄经济走廊、中伊土经济走廊、孟中印缅经济走廊、中新经济走廊、欧亚大陆桥、欧亚经济联盟、中国—东盟自贸区）、长江经济带（涵盖长三角经济圈、皖江经济带、长江中游城

---

① 刘功润，中欧陆家嘴国际金融研究院院长助理、上海市支付清算协会副秘书长。

市群、成渝经济区等城市群）、上海"五个中心"建设（涵盖经济中心、贸易中心、航运中心、金融中心），以及上海自贸区、上海合作组织、亚信会议、金砖国家开发银行、金砖国家应急储备安排等相关机制。作为长江经济带发展龙头的上海，有必要将自身打造成为对接"一带一路"国际和区域合作机制的平台与联结点，同时也成为国家级战略构成与运作的平台。

目前，对于"一带一路"等国家倡议的研究多集中在整体现状分析和政策阐述方面，区域建设方面缺乏深入探讨，在分析以上海为节点的多种国家战略整合方面更是欠缺。我们认为，作为重要战略枢纽的上海更需要进行跨区域合作以及制度建设方面的完善。

从国内、区域以及国际层面来看，各种制度共生并存且错综复杂。在具体的区域制度中还涵盖着各类功能与作用存在差异的条约与协定。虽然地区多种合作机制并存的局面有其合理性，但也带来了缺乏总体协调规划的难题。如何促进次区域内各项制度之间的协调与合作是影响未来次区域发展的重要因素，也是地区发展战略应重点关注的领域。

尽管"一带一路"只是一项倡议而非正式制度，但这一倡议具有把其他机制嵌套在内的高度与容量，其功能类似于"制度暖棚"。这种非传统的制度嵌套方式恰巧更易形成制度突破，有利于促成未来制度蓝图下的内部制度进一步发展融合与创新。在国内一体化与欧亚一体化的大格局、大方向下，上海成为这种制度嵌套的最好节点和温床，搭建了"制度暖棚"。一个倡议与三个战略（"一带一路"、长江经济带、上海自贸区、上海"五个中心"）既是相对独立的子系统，又是整个国家战略系统的重要组成部分，是国家战略体系中不可分割的分支，在各个子系统的衔接、依存、支撑和影响之中存在系统共生的关联，需要统筹兼顾、协同发展。借助"一带一路"建设形成的"制度暖棚"，上海不仅可以有效利用既有区域合作平台和机制，而且应当为这些机制注入新的内涵和活力。

二、"一带一路"倡议的重要意义及挑战

（一）中国参与"一带一路"倡议的重要意义

"一带一路"是2013年9月习近平主席在访问中亚四国和东盟国家期间相继提出的倡议，"一带"指的是陆上丝绸之路经济带，从中国到中亚、中东再到欧洲的一条带状之路；"一路"指的是海上丝绸之路。"一带一路"是最具发展潜力的经济合作带，无论对改善民生，还是应对经济危机，都对沿线国家、地区有着广大的利益。"一带一路"发端于中国，是我国与中亚、东南亚、南亚、西亚、东非、欧洲贸易、经济、文化合作与交流的大通道。2014年两会期间，李克强总理在《政府工作报告》中对"一带一路"

倡议做了部署，要求积极推动相关重要项目建设。此后，"一带一路"正式被纳入国家发展战略。

"一带一路"构想与中国梦的理念相辅相成。丝绸之路古已有之，是我国文明的一部分，具有深厚的历史渊源和人文基础，我们可以再次依托其精神实现当代中国文明在国际政治舞台上的复兴和崛起。丝绸之路以对外经济贸易为核心，这与中国对外关系的主旨保持一致。"一带一路"为中国提供了一个包容、开放的对外发展平台，能够把快速发展的中国经济同"一带一路"沿线国家的利益结合起来，形成共商、共建、共享的良好合作关系，实现互利共赢。"一带一路"建设是党中央、国务院应对深刻变化的全球形势、统筹国际国内大局作出的重大决策。

之所以要建设"一带一路"，从内部需求来看，中国国内的经济持续下行，需要运用新的手段、方式来开放经济。为了跨越中等收入的陷阱，需要开辟新的通往海外的道路。从外部需求来看，自2008年以来的国际金融危机导致全球经济失衡，无论是从国际战略角度还是中国本身的可持续发展角度，中国都有必要、也有能力来改变全球经济。因此，参与和建设"一带一路"对中国而言具有历史性的重大意义。

第一，"一带一路"倡议顺应了我国对外开放区域结构转型的需要。从1979年开始，我国先后建立了深圳等5个经济特区，开放和开发了14个沿海港口城市和上海浦东新区，相继开放了13个沿边、6个沿江和18个内陆省会城市，建立了众多的特殊政策园区。但显然，前期的对外开放重点在东南沿海，广东、福建、江苏、浙江、上海等省市成为了"领头羊"和最先的受益者，而广大的中西部地区始终扮演着"追随者"的角色，这在一定程度上造成了东、中、西部的区域失衡。"一带一路"尤其是"一带"起始于西部，也主要经过西部通向西亚和欧洲，这必将使得我国对外开放的地理格局发生重大调整，由中西部地区作为新的牵动者承担着开发与振兴占国土面积2/3广大区域的重任，与东部地区一起承担着中国"走出去"的重任。同时，东部地区正在通过连片式的"自由贸易区"建设进一步提升对外开放的水平，依然是我国全面对外开放的重要引擎。

第二，"一带一路"倡议顺应了中国要素流动转型和国际产业转移的需要。在改革开放初期，中国经济发展水平低下，我们急需资本、技术和管理模式。因此，当初的对外开放主要是以引进外资、国外先进的技术和管理模式为主。有数据显示，1979年至2012年，中国共引进外商投资项目763 278个，实际利用外资总额达到12 761.08亿美元。不可否认，这些外资企业和外国资本对于推动中国的经济发展、技术进步和管理的现代化起到了很大作用。可以说，这是一次由发达国家主导的国际性产业大转移。而今，尽管国内仍然需要大规模有效投资和技术改造升级，但我们已经具备了要素输出的能力。据统计，2014年末，中国对外投资已经突破了千亿美元，已经成为资本净输出国。"一带一路"倡议恰好顺应了中国要素流动新趋势。"一带一路"倡议通过政策沟通、道路联通、贸易畅通、货币流通、民心相通这"五通"，将中国的生产要素，尤其是优质的过剩产能输送出去，让沿"带"沿"路"的发展中国家和地区共享中国发展的成果。

第三，"一带一路"倡议顺应了中国与其他经济合作国家结构转变的需要。在中国对外开放的早期，以欧、美、日等为代表的发达经济体有着资本、技术和管理等方面的优势，而长期处于封闭状态的中国就恰好成为它们最大的投资乐园。所以，中国早期的对外开放可以说主要针对的是发达国家和地区。而今，中国的经济面临着全面转型升级的重任。长期建设形成的一些产能需要出路，而目前世界上仍然有许多处于发展中的国家却面临着当初中国同样的难题。因此，通过"一带一路"建设，帮助这些国家和地区进行比如道路、桥梁、港口等基础设施建设，帮助它们发展一些产业，比如纺织服装、家电，甚至汽车制造、钢铁、电力等，提高它们经济发展的水平和生产能力，就顺应了中国产业技术升级的需要。

第四，"一带一路"倡议顺应了国际经贸合作与经贸机制转型的需要。2001 年，中国加入了世界贸易组织（WTO），成为其成员。中国加入 WTO 对我国经济的方方面面都产生了巨大影响。可以说，WTO 这一被大多数成员一致遵守的国际经贸机制，在一定程度上冲破了少数国家对中国经济的封锁。但是，近年来国际经贸机制又在发生深刻变化并有新的动向。"一带一路"倡议与中国自由贸易区建设是紧密联系的。有资料显示，目前我国在建自贸区涉及 32 个国家和地区。在建的自由贸易区中，大部分处于"一带一路"沿线。因此，中国的自由贸易区战略必将随着"一带一路"倡议的实施而得到落实和发展。

（二）"一带一路"倡议与人民币国际化互助互利

伴随着"一带一路"倡议，人民币在沿线国际贸易和国际投融资领域的使用范围和使用规模将不断扩大，依托于"一带一路"的人民币贸易圈和人民币货币区的构建和形成指日可待。"丝绸之路经济带"与"海上丝绸之路"建设为人民币国际化创造了难得的投融资机遇和市场条件，同时，也给人民币国际化带来了系统性与非系统性风险。如何抓住"一带一路"建设创造的投融资机遇和市场机会，有效预防和控制可能出现的各种风险，是人民币国际化进程中必须面对的重要课题。

1. "一带一路"倡议给人民币国际化带来的机遇。随着"一带一路"沿线各国之间海路贸易通道与陆路贸易通道的建设和完善，在沿线各国、各个经济区域之间形成分工合作关系，将为沿线人民币贸易圈的形成创造国际分工与跨国合作条件。"一带一路"沿线各国，在资源禀赋、人口规模、经济发展程度、经济结构、历史文化背景等多个方面都存在着差异。"一带一路"建设为各国、各经济区域充分发挥本国、本地区的比较优势，特别是禀赋比较优势，创造了基础设施条件，不仅扩大了各国的商品流通范围，也扩大了各国要素的市场化配置范围。更大的市场规模和要素配置空间范围则为各国之间的专业化分工合作创造了条件，也为沿线人民币国际化创造了国际分工与合作的条件。

（1）沿线各国之间的分工网络日益稠密，为人民币国际化创造了市场网络条件。"一带一路"沿线各国可以充分利用贸易通道建设带来的区域内部商品流动便利化条件，充分发挥自身比较优势，构建具有本国比较优势的特色产品与特色产业体系，参与沿线各国之间的产业分工，获得国际分工的比较经济效益。在其他条件不变的情况下，一个国家或者一个地区内部的分工网络稠密程度受到该国所拥有的市场规模制约。市场规模越大，意味着各国之间的分工网络越稠密，来自国家之间的专业化分工收益和规模报酬收益也越为显著。

（2）沿线各国之间的分工地理空间日益广阔，为人民币国际化创造了广阔的地理空间。"一带一路"的建设过程，就是一个沿线各国之间的市场融合与市场一体化过程，也是各国专业化分工的空间扩散过程。"丝绸之路经济带"沿线各国分布在亚欧大陆核心地带，特别是中亚五国、外高加索三国和东欧各国的地理区位和战略地位在整个欧亚大陆中居于核心枢纽地位。"海上丝绸之路"沿线各国跨越太平洋西岸、印度洋北岸和西岸、红海和地中海沿岸。通过贸易通道及相关基础设施的建设，沿线各国的商品流通的地理空间范围将不断扩大：由于商品跨国流通速度提高和成本下降，各国商品流通的地理空间范围将沿"一带一路"进一步延伸；随着沿线各国贸易通道和交通通信基础设施的完善和体系化，一些原先只在各国国内流通的商品将进入国际市场，一些非市场化产品将实现市场化，使得各国之间专业化分工的地理空间范围不断扩大。

（3）沿线各国之间的产业分工程度日益深化，为人民币国际化创造了国际分工环境。"海上丝绸之路"各国在贸易通道建设的影响下，能够形成各具特色的沿线各国之间的产业分工体系，不同产业之间的跨国分工和同一产业内部上下游生产部门之间的分工将会不断深化。"海上丝绸之路"各国的地理区位、经济发展基础、禀赋条件、社会文化环境存在着较大差异，各国在产业发展和同一产业的不同流程方面的比较优势各不相同。"海上丝绸之路"建设能够打破一些国家或者经济体内部的封闭式产业发展和低水平产业发展循环，推动各国之间的产业分工，促进沿线各国之间的产业分工体系的形成，同时也促进各国在同一产业链条中的产业内分工。"海上丝绸之路"各国之间产业分工体系的形成与产业内分工程度的提高，为沿线各国之间的区域内贸易与产业内贸易创造了难得的产业分工条件。

2. 人民币国际化为"一带一路"提供基本保障。"一带一路"是中国对外开放新倡议的重要组成部分，而人民币国际化作为"一带一路"规划中跨境贸易与资金融通的重要支撑，为"一带一路"提供资金支持和服务便利，无疑会推动国际投资与区域合作的平稳发展。

（1）人民币国际化为"一带一路"提供资金支持。"一带一路"倡议涉及民生的基础设施建设项目，具有公共物品性质，建设周期长而直接经济效应不明显，对资金需求量大，可以说没有人民币国际化，"一带一路"倡议很难取得成功。除现有金融机构外，为"一带一路"倡议提供资金融通的新制度安排主要有金砖国家开发银行、亚洲基础设施投资银行和丝路基金。目标是扩大人民币对外投资，向"一带一路"沿线的公路、铁路、通信管网、港口物流等基础设施建设提供信贷资金支持，并通过经常项目回流，实现人民币的双向良性循环。

（2）人民币国际化为"一带一路"提供便利的服务。"一带一路"区域贸易和投资增长迅猛，年均增速高于全球平均水平近一倍，市场极具开发潜力。随着"一带一路"建设的逐步推进，区域内贸易合作有望进一步提升，中国与"一带一路"沿线国家有贸易和投资便利化的强烈需求，需要逐步降低贸易和投资壁垒，促进经贸合作，实现互利共赢。

（3）人民币国际化将为"一带一路"项目降低风险。国际贸易计价货币的选择受货币供给波动、汇率波动、货币交易成本、利率收益等多种因素影响，其中最重要的影响因素就是使用这种货币的成本。目前，世界市场上最重要的贸易计价货币是美元。首先，美元作为关键国际货币，掌握着原油等大宗商品的定价权，国际贸易以美元计价结算交易成本较低。其次，2008 年国际金融危机以来，美元汇率大幅波动。美联储的多轮量化宽松政策致使美元不断贬值，国际贸易双方使用美元计价结算不得不面临很大的汇率波动风险。至此，人们对国际货币体系变革有了更加广泛的认识。扩大人民币使用，可以使双方企业避免因美元币值的波动所产生的汇率风险，规避全球货币政策分化引起的潜在风险，让有关国家在"一带一路"倡议下收益最大化。美元变动尤其是其升值阶段将使"一带一路"项目融资面临巨大的风险。

（三）"一带一路"倡议给中国带来的挑战

"一带一路"倡议是在新的历史条件下中国践行区域合作共赢与全球协商共治的宏伟愿景，蓝图非常美好。但是，"一带一路"倡议也是一项长期、复杂而艰巨的系统工程，前无古人，推进实施起来必然面临诸多不容忽视的风险和挑战。

一是沿线国家的制度体制差异大，政局动荡不稳。"一带一路"所涉国家大多是处于政治转型中的发展中国家，在制度体制上存在巨大差异，特别是在东南亚、南亚、中亚和中东地区，许多国家国内政治形势复杂，政局变化频繁，政策变动性大，甚至内战冲突不断。而"一带一路"实施中的基础设施建设投资大、周期长、收益慢，在很大程度上有赖于有关合作国家的政策政治稳定和对华关系状况。两者的矛盾增加了"一带一路"建设中的政治风险。

二是经济发展水平不平衡，市场开放难度大。"一带一路"连通亚欧非三大陆，连接太平洋和印度洋，包含了老牌欧洲发达国家和新兴发展中经济体，不同国家的经济发展水平和市场发育程度极为不同。有些国家法律法规比较健全，市场发育程度较高，经济环境相对稳定，为企业投资创造了便利条件；也有一些国家市场封闭，进入难度大，增加了企业投资评估的复杂性，制约了建设成果的合作共享。"一带一路"从满足沿线国家的发展需求出发，降低了经济合作的门槛，一方面有利于沿线国家和企业的广泛参与；另一方面也可能造成参与国和企业主体在合作规则认知与收益分配方面的矛盾。此外，尽管中国在"一带一路"倡议实施中扮演着主要角色，并利用自身在资金、技术、人员等方面的优势，以优惠政策大力支持沿线有关项目建设，但中国单方面毕竟实力资源有限，也面临着摊子大、后劲不足等风险。

三是民族宗教矛盾复杂，非传统不安全因素突出。"一带一路"涵盖60多个国家，44亿人口，大多数国家民族众多，基督教、佛教、伊斯兰教、印度教等多元宗教信仰并存，一些宗教内部还存在不同教派，各民族宗教之间的历史纷争复杂，增加了沿线各国合作的难度。中东、中亚、东南亚等地区的国际恐怖主义、宗教极端主义、民族分裂主义势力和跨国有组织犯罪活动猖獗，地区局势长期动荡不安。这些非传统不安全因素的凸显，既恶化了当地投资环境，威胁企业人员和设备安全，也可能借"一带一路"建设开放之机扩散和渗透到中国国内，甚至与国内不法分子内外勾连、相互借重，破坏中国安定的国内社会环境，对"一带一路"倡议及沿线工程建设构成严峻挑战。

四是文化繁杂多样，存在因认知偏差误判中国战略意图的可能。由于地理、历史、宗教、民族的差异，"一带一路"沿线国家的文化文明丰富多元，既有中国、印度等东方传统国家，也有西方传统国家；既有俄罗斯、土耳其等"欧亚国家"，还有新加坡等东西方文化交融的国家。国家不同的身份定位在某种程度上塑造了国家对利益的认知，从而影响着国家行为和内外政策选择。"一带一路"倡议涉及的领域广，沿线国家在参与的广度和深度上因自身对利益的不同判定而呈现出差异性。沿线国家特别是大国从精英到民众对"一带一路"倡议的认知、理解不尽相同，对中国倡议意图的不信任与猜忌将成为"一带一路"倡议长期推进面临的重要风险。目前，中国与东南亚、南亚等沿线地区中部分国家围绕有关领土、领海主权争端的不稳定因素短期内无法消除，倘若再遭遇美、日等区域外因素的干扰，不仅可能激化既有矛盾，引发沿线国家更多的安全疑虑，甚至还会引爆局部的地缘冲突。

五是倡议规划设计有待完善和细化，中国主导实施国际宏大愿景还需要更多的经验积累。虽然中国政府颁布了《推动共建丝绸之路经济带和21世纪海上丝绸之路的愿景与行动》，但"一带一路"倡议的长远规划还有待完善和细化，特别是有关制度设计和政策安排的谈判协商还面临诸多不确定性，与相关国家的实质性对接与具体合作还没有全面展开。由于历史和现实的局限，中国政府在有效供给与推行国际公共产品的能力和经验上还需要更多实践；中国企业大规模"走出去"和跨国经营管理、大范围国际拓展的经验也不足，在配合倡议实施的国际化专业人才的培养和相关核心技术的输出上还存在较大缺口，适应"一带一路"倡议长期推进和对外大开放所需要的国民的文明法制素养、市场诚信意识等均有待提升。

三、上海参与"一带一路"倡议的比较优势

（一）地缘优势

上海地处长江入海口，东向东海，南濒杭州湾，与江苏、浙江两省相接，共同构成以上海为龙头的中国最大的经济区"长江三角洲经济圈"。上海既是"一带一路"和长江经济带的重要交汇点，又是世界第一大集装箱吞吐港，其地缘优势无可替代。上海还是我国第一个倡导的国际多边合作机制上海合作组织的发祥地，多次成为上海合作组织、亚信峰会、APEC 等丝路沿线重大国际组织会议承办地，同时也是中国—中亚天然气管道"西气东输"能源的主要承接地和援疆项目的重要省市之一，与丝绸之路经济带核心地区中亚国家和俄罗斯等有着密切联系。

（二）制度创新优势

上海正在推进中国第一个自由贸易试验区建设，其制度创新先发优势突出。上海自贸试验区作为我国打造新一轮开放型经济的"试验区"，核心是制度创新。主要集中于以负面清单为核心的投资管理制度、以贸易便利化为重点的贸易监管制度、以资本项目可兑换和金融服务业开放为目标的金融创新制度和以政府职能转变为导向的事中事后监管制度创新，对推进我国经济领域治理体系和治理能力现代化做出了有益探索。目前，随着以美国的 TPP 为代表的国际贸易投资规则的废除，新一轮的贸易措施如"301 条款"已将矛头对准中国，上海的制度创新将助力我国应对全球新一轮贸易投资制度建设的挑战，提高我国自贸区的制度建设能力和治理能力，呼应我国"一带一路"倡议，示范和带动效应突出，影响深远。

（三）经济优势

上海是中国人口最多、经济总量最大的城市，人均生产总值已达到中等发达国家水平。2015 年，上海国民生产总值为 2.5 万亿元，居中国城市第 1 位。上海与全国一样，经济增长对投资的依赖度下降，逐步由拼资源向拼智力转变。上海"创新驱动发展、经济转型升级"的改革红利初步释放，"调结构"为"稳增长"激发出更多活力，工业增加值增速持续高于工业总产值增速，经济效益继续提升。2015 年，上海全市进出口总额达 2.8 万亿元，其中对发达经济体进出口占半壁江山，加工贸易增值率明显高于全国；外省市经上海口岸进出口比重高，口岸辐射带动作用强。

（四）产业优势

目前，上海借鉴五大世界级都市圈在形成过程中都有产业集群作为支撑的经验，充分把握全球制造业转移的机遇，努力提升现代制造业的功能与水平，已形成北面精品钢材及延伸产业集群，南面世界级化工产业带，东南面国内微电子生产线最密集区，西北

面集产学研、检测、展示、竞技、文化于一体的汽车城，长江口造船及港口设备产业集群，临港集装箱、物流产业集群，新兴生物医药和中药产业集群等八大产业集群，其产业带动作用领先于国内其他地区。

（五）人才集聚和科技创新优势

上海拥有数量庞大，富有创新意识、创新活力和创新能力的人才群体，留学归国人员约占全国的1/4，在沪两院院士近200人，中央"千人计划"专家约500人。上海是已基本建成国内最完善的科技创新体系的区域之一，形成了若干个具有国际先进水平的技术创新活跃的集聚产业和多个拥有国际先进水平的优势重点学科，在多个重点领域拥有一批国际知名的科技领军人物和重点行业的知名企业家，拥有多个国际先进水平的科研基地和研发中心，涌现了许多个国际领先的重大科技成果；拥有众多国内一流高校和科研院所，并已建成上海光源、国家蛋白质科学研究设施、生物样本库等具有国际影响力的重大科研基地。

（六）文化优势

上海拥有深厚的近代城市文化底蕴，江南的吴越传统文化与世界各地移民带入的多样文化相融合，使上海形成了特有的"海纳百川，兼容并蓄"、中西大汇融的海派文化，成为东西方文化交流的中心。尤其是上海的建筑文化、舞台文化、音乐文化、书画文化、影视文化、民俗文化和饮食文化等，中西合璧、互相影响，形成了特有的风格与开放、创新相结合的特点。这些文化特性正好与"一带一路"沿线国家和地区东西方文化交汇、多宗教汇聚、多元文化并存与交融的特点契合，可以形成最具吸引力和综合竞争力的优势，促进"一带一路"区域的相互理解、友好合作与包容性发展。

四、上海参与"一带一路"的机制设计

（一）上海参与"一带一路"倡议的总体思路

1. 建设与中国大国地位相适应的"全球城市"

"一带一路"倡议的推进实施是一个长期的历史过程，将贯穿中国"两个百年梦想"的时间节点，也是伟大中国梦的合理延伸。上海城市定位选择及逻辑，要在这种联系中考察分析，着眼于未来更长时段进行前瞻和布局。根据"两个百年梦想"，中国将在建党一百周年即2021年左右，全面建成小康社会；到21世纪中叶新中国成立一百周年时建成社会主义现代化强国，实现中华民族的伟大复兴（见图1）。这意味着未来20～30年，中国的大国地位将逐步确立，正如世界银行报告所指出的，即使经济增速比之前慢1/3，中国仍将在2030年之前步入高收入国家行列，中国有望在全球治理结构中占据主导地位。

对照上述关键时间节点，上海将在2020年基本建成"五个中心"和现代化国际大

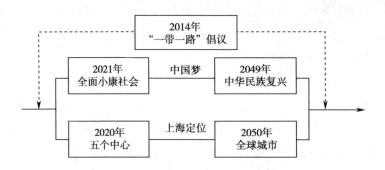

图1 "一带一路"倡议、"两个百年梦想"与上海

都市，以此为基础，上海未来城市发展的升级版就是走向"全球城市"。到2030年，中国对全球经济的影响有可能接近英、美各自在1870年和1945年时期的程度。给出一个直观的类比，上海应该至少与彼时的伦敦和纽约的全球影响力类似。同时，建成"世界最大城市群的首位城市"才称得上与中国大国地位相适应。

2. 顺应全球网络化、全球治理结构扁平化等发展趋势

世界经济重心东移亚洲地区的世界格局变化趋势日益明显，竞争主体逐渐由国家尺度转向城市、城市群尺度，全球城市网络体系中的节点城市作用凸显。随着"一带一路"倡议逐步推进和亚洲地区城市化步伐加快，中国及沿线国家和地区网络联通性不断增强，亚洲地区特别是中国更多城市（典型城市如上海）将融入全球城市网络，在"一带一路"倡议构建网络乃至世界体系中发挥重要节点作用。

全球化加深背景下，每个国家都需要一批全球城市体现国家意志，服务国家战略，参与新的竞争与合作。上海具有全球城市的内在基因和现实基础，为全球城市网络时代服务"一带一路"倡议提供了良好条件和领先优势。譬如，上海对外开放的历史积淀，通江达海、内外广泛的门户优势，东西文明交汇相融的积累为上海崛起并成为全球城市提供了较高的起点。特别是，近年来，上海在全球化参与、优化空间布局、重塑产业基础、提升国际影响方面取得了很大进步，对人流、物流、资金流、信息流、技术流等的影响力范围和程度都在上升。

长三角城市群逐渐形成全球城市区域并提供了强有力的腹地支撑。历史经验表明，一个全球城市的崛起必须有一个高度国际化和网络化的全球城市区域支撑。作为顶级全球城市的纽约、伦敦和东京的腹地都属于目前世界上著名的五大全球城市区域之列。国内目前对于城市群的分类、识别及数量尚有不同看法，但唯有长三角全球城市区域初露雏形，从而为上海成长为全球城市提供了极为有利的空间条件。

一批国际性和区域性组织、机构如上合组织、国家金砖银行落户上海，成为上海代表国家参与全球治理和协调国际事务的重要依托。大量的跨国公司总部集聚上海，为提升上海全球资源配置力奠定了基础，新华—道琼斯指数从2010年起，连续5年将上海列

为全球第一的最具成长性的金融中心城市。以上这些都体现了上海发展成为弗里德曼所提出的"全球金融节点"或"跨国节点"全球城市的潜力和服务"一带一路"倡议的现实优势。

（二）上海在"一带一路"建设中的战略定位

1. 成为"一带一路"倡议实施的重要交通枢纽。上海是我国金融、经济、科技、文化的中心，是"一带一路"区域的重要交通枢纽城市，拥有独特的区位优势。上海位于长江三角洲前沿，地处长江入海口，占据长江三角经济区域的重要位置，连接了"丝绸之路经济带"和"海上丝绸之路"。在陆上交通运输中，上海拥有较完善的公路铁路网体系。上海到连云港通往欧亚大陆桥，其港口连接了欧亚大陆桥和太平洋海运。上海作为沿海城市的重要港口和国际机场枢纽，拥有巨大的货物集散吞吐量和机场吞吐量，其中集装箱吞吐量连续六年位居世界第一。上海在全球城市综合指数排名第二十位，同时其金融市场排名第十六位。此外，上海是重要的汇集点，近年来上海市成功地举办了APEC和上海合作组织等国际性组织会议。同时，天然气管道"西气东输"和中缅石油管道在上海承接。上海与"丝绸之路经济带"的重要国家俄罗斯和哈萨克斯坦关系紧密。

上海作为"一带一路"区域的重要交通枢纽城市，通过"五个中心"和自贸区试验区建设，具有自东向西的辐射作用，是东面的"桥头堡"。

上海良好的海陆空联运体系和经济、金融地位决定了上海将成为推进"一带一路"建设的排头军。结合长江三角洲经济区域和上海自由贸易试验区的发展，上海交通枢纽的作用将得到充分发挥，完善互联互通综合交通体系，可以使上海成为"一带一路"最便利快捷的交通要道。

2. 成为"一带一路"对外窗口和中国企业"走出去"的跳板。通过近些年不断的发展与完善，上海与世界的关系越来越紧密。自2013年上海自贸区成立以来，两年间增加的企业为5 150家，吸引外资近800亿元，自贸区成为中国企业"走出去"战略的重要桥梁。根据上海财经大学自贸区研究院副院长孙元欣教授的观点，上海是"一带一路"的重要窗口，未来应利用上海独特的区位优势，加强金融服务体系建设，吸引外国企业落户上海，促进与国际间的经济合作。其中，上海将在国际经济和区域经济合作体系变革与全球化、地域化下政府经济管理模式创新中起领导作用。

第一，带动国际经济和区域经济合作体系。在当前国际经济机制的不断变化下，中国作为目前经济总量全球排名第二的经济大国，在欧亚大陆中处于重要的位置，应当在全球和区域经济互助方面起到带头作用，然而中国的当务之急是提高促进全球与地域经济合作的水平。在全球和区域经济合作中，项目制是我国主要采取的管理方式，政府在全局中的干涉力度很大，对于加强地区和非政府间的国际组织普遍参与经济互助的能力具有局限性。根据中国的地区经济情况来看，许多地区政府对地区间经济协作的意愿和水平不足。

"一带一路"倡议与上海作为主力军的长江三角经济区的发展相辅相成，把具有各自优势的地域空间相互联结，体现出了"一带一路"建设跨区域合作的特点。结合"一带一路"倡议和上海特有的区位优势，会提升上海在全球经济和地区经济协作中"领头羊"的影响力。

第二，领导全球化、地域化下政府经济管理模式创新。上海在长江三角洲经济区域起领头作用，能成为"一带一路"建设的重要交汇点，是因为上海能够为上述国家建设提供足够的资本和制度体系试验的平台。根据上海市长杨雄的观点，对外开放是上海最大的优势。从改革开放三十多年的变化来看，上海拥有凭借对外开放的机会来促进体制创新的丰富实力和经验。

第三，人民币国际化和上海自由贸易试验区的建设给上海发展成为国际金融中心带来了宝贵的机遇。在风险可控的条件下，应推动制度体系改革的深化，发展不同需求的、拥有多样交易产品和多元的交易机制的金融市场，从而促进实体经济的进一步发展。随着这几年科技的不断创新与发展，产业经营的形态和作用、企业的状态和运行机制有了很大的变化，在互联网金融发展的条件下，如何着力建设上海"五个中心"，将成为上海对经济管理制度与方法创新方面的重要挑战。

上海自由贸易试验区推动了一系列体制改革的产生。政府经济管理体制的创新与改革，推动了中国经济产业结构调整的发展，同样也起到了带领其他"一带一路"区域政府的作用。推动"一带一路"建设的发展将同时促进上海自由贸易试验区的政策改革和扩大其行使的空间。

3. 成为"一带一路"高科技产品研究创新发展的新载体。上海聚集了大量的拥有丰富创新认识和创新本领的人才，专家、海归人员的比重不断上升。上海现已大体上创立了较完善的科技创新机制，建立了拥有灵活有效的技术创新手段的独特产业集群，并设立了在国际上较有领先水平优势的学科。在多个核心领域中出现了大量的在国际上闻名的技术创新领军人才，同时也建立了许多在全球具有影响力的技术研究与创新机构，并展示出了拥有国际先进水平的技术研究成果。目前，在上海的很多具有影响力的科技研究机构和著名高校，正在积极推动高科技产品研发与创新的发展，深化在国际上科技创新的影响。上海光源与国家蛋白质科学研究设施等技术研究中心已落户上海。截至2016年6月底，落户上海的外资研发中心已突破400家，在一定程度上增加了高层次留学回国人员和海外科技专家的归国意愿，抑制了高素质、高能力人才的流出。

今后十五年至二十年里，在技术研究与创新机构和国际一流组织与机构的合作中，上海将可能成为"一带一路"建设中最具影响力的教育与科技研发的排头兵，同时也将成为"一带一路"区域中具有国际感召力的技术改革与创新的中心之一。

4. 成为"一带一路"人文合作交流的平台。上海是著名的文明现代化都市，结合了江南传统文化和其他国家移民带来的文化，使上海具有东西方文化兼容的特点，并促使了上海成为东西方文化的交流中心。上海独特的海派文化包括建筑文化、舞台文化、音乐文化、影视文化、民俗文化和饮食文化，具有"海纳百川"的特点。上海中国特色传统文化与现代化并存的特点体现了上海不拒绝外来文化，不故步自封，接受外来先进文化的融入，具有对外来文化的包容和对先进文化开放的特性。这些文化的特有性恰恰和"一带一路"辐射区域的多样文化所相连，可以提升区域间的文化竞争力，促进"一带一路"地域间的相互包容，促进其文化交流与合作。

随着上海文化创新、影视娱乐、教育文化、旅游文化等产业的繁荣发展，上海将有可能成为"一带一路"区域中吸引高层次、原创性人才和引领文化前进方向的龙头。

5. 成为"一带一路"领先的制造业基地。上海参照了其他世界五大城市群发展过程中以产业集群为主体的模式，在国际制造业转移的条件下，提升了现代制造业的水平和作用。现在上海已拥有较完善的产业结构，如北面的精品钢材和延伸产业集群、南面多元投资的上海化工区围海造地、东南国内微电子生产线最密集区、西北上海汽车城、西南电站和航空产业集群和长江口造船厂。除此之外，港口设备产业集群、临港集装箱、物流产业集群和生物医药产业也在建造的过程中。上海在钢铁、汽车、飞机、轮船等制造业方面拥有雄厚的实力，并拥有较高的市场集中度和人均劳动生产率，能制作出高质量的科技产品，这些都使产业的水平与垂直分工得到了强化。

目前，上海着重发展现代制造业，通过研究与开发中心、制造业中心和营销中心相结合，现代制造业产品可以在产业链中实现高利益价值的品牌定位。凭借拥有雄厚实力的制造业，上海可以对周边的区域起到辐射作用，促进长三角洲经济区域的产业结构调整和升级，使其得到飞快的发展，将上、中、下游产业联结起来形成一体化的产业集群。面向海外，上海凭借协助东南亚、中亚等"一带一路"辐射地区推动产业升级，在地区产业结构调整的垂直和水平分工体系中将充分显现出带头作用，使"一带一路"辐射地区互相促进、共同进步、互补互助。

6. 成为"一带一路"的服务业中心。上海服务业在全国处于领先地位，最近几年上海服务业的平均增长率超过制造业四个百分点，是促进经济发展的重要力量。在经济新常态背景下，中国通过促进传统产业的改造更新来实现经济的快速发展，上海通过对传统服务业技术的变革与创新、产业结构的调整和升级、服务业态和发展模式的创新，来提高经济发展水平。

上海服务业拥有较大的潜力，应当极力争取在国际金融、经济、贸易中的地位，成为"一带一路"辐射地区主要的资本周转地和信息服务地。上海应带领其他尚在开发中的西部地区实现资源产业的互相补充、相互协助，着力为"一带一路"沿线地区和国家提供海陆资源能源。争取促使积极参与"一带一路"建设的国际合作组织金融机构落户上海，并争取将上海打造成为世界第三大国际金融中心，从而更好地协助"一带一路"

倡议的实施。

（三）上海参与"一带一路"的机制设计

未来几年，上海发展的目标是到 2020 年完成"五个中心"建设，成为社会主义现代化国际大都市；同时，上海还要完成创新驱动发展、经济转型升级的发展战略。在参与"一带一路"建设中，上海如何将自身的发展要求与"一带一路"的宏伟版图融合在一起，不妨从以下几个方面建立和完善相应机制。

1. 形成对内对外开放互动机制。新形势下，我国政府提出了经略周边的重要战略思想，巩固中国周边战略依托是今后要秉持的国际关系理念。"一带一路"是中国践行新外交理念，寻求实现与周边国家互惠合作、互利共赢宏伟战略构想的有效途径。通过上海贯通长江经济带以及"一带一路"的发展通道，必将开启上海与国际国内新一轮更广阔、更深入、更紧密的合作，欧亚经济体之间的贸易、金融和经济关系也必然得到加强。"一带一路"是一个致力于经济、金融、贸易、人文与社会合作的平台。这个平台具有开放、包容、可延展的特征，其涵盖的地理范围广泛，包括中亚、西亚、南亚和东南亚，并伸展到了欧洲、非洲腹地。以上海为龙头的长江经济带与"一带一路"的贯通，将打造中国对内对外开放的全新格局。

2. 陆地经济和海洋经济联动。"一带一路"概念的提出，对西方经典地缘政治理论的陆权和海权的"两分法"提出了挑战。陆上"丝绸之路经济带"计划是打通北线和中线，南线将来有望打通到伊朗，即使陆上打不通南线，那么由海上"新丝绸之路"计划作为补充，也影响不了全局。而"海上丝绸之路"对于区域国家的发展则发挥着纽带的功能。

尽管海洋是合作互惠的宝贵资源和载体，海上通道历来是国家经济的生命通道，但是由于对海洋利益的追求容易引起争端，也需要谨慎处理海上通道的构建和维持。推进"丝绸之路经济带"与推进"海上丝绸之路"有很多相通的经验可以相互借鉴，两个战略都包含着以下要件：推进落实与相关国家和地区的互联互通建设、贸易投资便利化建设；打造健全高效的区域经济合作平台；构建有效的微观金融支持体系；等等。

作为中国黄金水道和黄金海岸结合部的上海，具有优越的区位优势。上海的海洋产业在高技术、高附加值方面也具有竞争优势。对于高度国际化的海洋航运业和造船业来说，上海自贸区采取特殊的监管政策和税收优惠，将进一步促进海洋产业的升级和技术创新，并促进中国的转口贸易和离岸贸易。而上海国际金融中心建设也必将为海洋经济的发展提供必要的金融支持。

3. 激发市场主体活力，探索创新政府管理模式。国家构建"一带一路"的基本方针是"以点带面，统筹协调，先易后难，逐步推进"。这一方针的实施，以及和其他几项国家战略的协同发展，离不开政府的主导，也离不开市场主体的配合。党的十八届三中全会提出，要使市场在配置资源中发挥决定性作用，政府同样也要发挥更好的作用。

要使劳动、资本、管理、技术和知识等各种要素竞相迸发活力，需要深入推进经济体制改革，现实可操作的机制探索至为关键。

上海自贸区建设和"五个中心"建设，将进一步促进上海总部经济的集约化和创新性，提升其对本土企业的培育力度和金融及制度支持水准，在更广范围、更高水平上配置全国、全亚太地区乃至全球的资源。同时也必定会牵涉到一系列政策变革，这些政策变革将涵盖金融、贸易、航运、通信、税收以及政府管理等方方面面，并且倒逼政府管理部门转变管理模式和管理思路，加快服务型政府建设，构建高效率的政府服务体系，释放出新的政策红利，做到"向市场放权、为企业松绑"，进而激发市场活力和经济内生动力。

上海可以通过下面几种路径来创新政府经济管理模式：第一，在自由贸易试验区建设的背景下，加强区域间的政府协作、互助，促进投资和贸易的便利化。第二，在区域合作的背景下加强国际经济合作。第三，在国际与区域间合作的两个角度，进一步突破对上海的包括政策资源、市场资源和自然资源等的资源约束。

4. 国际与区域合作机制的平台。"一带一路"建设涵盖的亚洲、欧洲部分地区已与中国进行了多方面的合作，比如上海合作组织、亚太经合组织、亚欧会议和亚信会议等。由于地理位置、自然资源、开发历史和产业基础等要素的影响，在长江三角经济区域形成了长江三角经济圈、皖江经济带、长江中游城市群和成渝经济区等城市群。上海作为长江三角经济区域的"领头羊"，应该充分发挥在"一带一路"辐射国家和区域合作方面的带领作用。

一些国家级战略用力分散，缺乏有效的联结机制打造具有更高国际地位的上海，使其不断成为国际、区域合作的重要联结点，以此不断抬升其国际影响力。从国内各个大城市的发展来看，上海是最有希望在机制上形成创新、达到突破的城市，在实现许多国家级战略的用力集中上充当着重要的角色。

5. 实现上海的产业再升级。目前，中国不同区域经济差异仍然明显，中、西部地区仍面临实现跨越式发展的重任。推进中国中西部发展规划，不仅要靠国内东、中、西部地区区域间的产业带动，也要充分利用中西部地区的自身发展动力，及其独特的地缘政治和地缘经济特性。促进东部产能向中西部的转移，并有效发挥中西部地区的优势与域外国家开展合作并实现产业融合。

2012 年，上海第三产业产值比重为 60.4%，比发达国家国际化大都市的水平低了近15 个百分点。上海产业结构调整的任务十分艰巨。同时，上海经济增长和结构调整仍受到商务成本日渐提升、老龄化程度过高、土地资源稀缺、科技成果转化率低等不利因素的影响。上海积极参与"一带一路"建设将会给长江经济带其他地区和城市的产业升级以及产业转移带来促进作用，相应地也同时实现了上海自身的产业再升级。上海的资源特点与城市功能决定了上海今后的产业发展的走向是产业价值链高端化。在发展"五个

中心"、推进自贸区建设以及参与"一带一路"的过程中，上海在贸易、金融、投资准
入政策等方面将不断在经验积累的过程中改革和成熟，必将会对高端要素的集聚产生重
要的虹吸效应。

五、上海参与"一带一路"倡议的基本路径

服务"一带一路"倡议，上海要以开放促改革、创新促发展驱动城市转型，发挥
"五个中心"建设的作用和优势，结合自由贸易区和长江经济带的建设，瞄准全球城市
定位，致力于打造对外开放新格局的"高地"和开放新体制的"标杆"，着力提升金融、
贸易、交通、科技创新、文化等特色节点功能和综合平台作用。做到硬连通、软连通与
人连通一体化发展。

（一）"五个中心"建设助推"一带一路"发展

上海近年来提出并实施的"创新驱动，转型发展"战略，最终要服务的是上海的
"五个中心"建设。"创新驱动"涵盖的内容不仅包括科技创新，更包括制度创新，通过
这两方面的创新推动上海现代服务业以及实体经济的全面发展。上海"五个中心"建设
战略实施的几年间，已经取得了初步成效。目前面临如何进一步突破的问题，其瓶颈在
于自我突破的动力和资源、政策、市场半径等方面，而参与并有效联结"一带一路"则
能使上海加速突破这些约束，为实现"五个中心"的建设目标提供契机和条件。

1. 以产业转移和产业创新对接国际经济中心建设。国际经济中心的建设要以经济总
量和经济质量双重标准进行考量，上海要通过与"一带一路"国家和地区建立利益共享
机制，形成分工有序、产业链条清晰的差异化发展的区域产业体系，创造经济的发展和
互利共赢的产业格局，从而使上海经济总量稳步提高、经济质量大幅提升。

（1）积极利用"一带一路"沿线地区在上中游产业链的互补性，充分进行产能合作
和产业转移。即要逐步将产能过剩、附加值较高的制造产业向欠发达地区有序转移，同
时又要利用先进设备、技术和研发优势承接高端产业，使经济总量稳步提升。

（2）利用好"一带一路"的市场机会，加快新兴产业发展和创新创业。上海要在
"互联网＋"、工业4.0、现代服务业等领域快速发展，利用自身优势发掘"一带一路"
的大市场机会，大幅提升经济质量。

2. 以市场容量和贸易合作制度，对接国际经贸中心建设。上海通过"一带一路"
倡议实施可从沿线地区获得巨大的腹地市场，扩大市场容量；也亟须进一步优化贸易制
度安排，有效打开贸易空间，促进国际贸易中心建设。

（1）要沿"一带一路"采取"东稳西拓"的区域布局，扩大贸易量。上海传统的
贸易区域集中在美、日和东南亚，在"一带一路"倡议中，要保持与东部贸易伙伴的贸
易量，稳步发展。"一带一路"向西发展有巨大潜力可挖，上海要大力开拓西线贸易，

做出较大增量。

（2）要在"一带一路"沿线优化贸易制度安排。依托上海外国领馆和国际化机构集聚的优势，加快与"一带一路"主要贸易网络节点城市建立密切联系的经贸合作伙伴关系，建立与"一带一路"沿线国家节点城市政府间关于经贸战略合作关系的制度安排，编制双方企业"贸易投资需求清单"，发布"一带一路"贸易投资指南等。如推动阿布扎比控股集团与光明集团和华信能源合作、推动新加坡莱佛士医疗集团在前滩建设国际医院等多个投资项目的开展。未来上海及长江经济带与阿布扎比在贸易、金融、能源、化工等领域合作的前景广阔。

（3）强化产业链的整合，扩大服务贸易。上海要从产业链、供应链和创新链整合出发，促进长江经济带企业与"一带一路"沿线各国企业全方位经贸合作，如推动服装、电子装配等产业对孟加拉、斯里兰卡、巴基斯坦等国的投入。扩大对"一带一路"沿线国家的服务贸易，发挥上海等在建筑服务、海运服务、旅游服务、计算机信息服务、医疗卫生等方面的优势。

3. 加快人民币国际化和金融服务创新，对接国际金融中心。上海要利用好沿线国家的金融机构入驻、本币互换和本币结算协议，加快人民币国际化，拓展金融服务创新，更好地服务"一带一路"建设，全面对接金融中心。

（1）推动"一带一路"国家本币互换协议和结算协议，建设好上海人民币国际支付清算系统。利用好金砖国家开发银行落沪的机遇和亚投行、丝路基金等驻沪分支机构，进一步吸引国际金融贸易组织来上海设立分支机构和办事处等，通过增加本币互换国家数量，逐步开放资本账户，推进人民币资本项目的可兑换，进一步简化审批程序，加快人民币国际化进程。

（2）通过"一带一路"跨区域金融服务创新，增强上海在"一带一路"中的金融服务能力。利用好上海在外汇管控、贸易结算、离岸金融、金融风险管理等方面的金融服务创新，建成"一带一路"区域大型企业的资金管理和财务管理中心，推动国际金融中心建设。建立金融风险管理中心，推进沿线国家股票的国际化。

4. 以立体联运和高端航运金融服务对接国际航运中心。上海作为"一带一路"海陆交汇点，要利用好海陆空资源丰富的立体化网络联运，加大航运服务交易量和货物集散吞吐量，同时要加快高端航运金融服务业发展，从总量和质量上全面对接国际航运中心建设。

（1）通过"一带一路"基础设施连通硬件建设和立体联运制度创新契机，做大航运交易量和向腹地延伸的货物集散吞吐量。上海要充分发挥"一带一路"交汇点的枢纽作用，同时利用国有和民营航空公司的运营和客源优势，和边境城市合作搞航空网络建设，增加与"丝绸之路经济带"重要节点城市的直航航班，增强旅客与货物中转能力。

（2）抓住"一带一路"跨区域航运合作的机遇，推进高端航运金融业务以及信息化、多元化和个性化发展。利用自贸试验区陆家嘴的金融中心，在市场信息汇集、价格形成、交易撮合、航运金融、法律服务及人才培养上进行突破，实现对全国乃至全球物流供应链的整合，为船东和船舶管理者提供包括金融服务在内的一站式服务。通过借鉴新加坡、伦敦、鹿特丹和中国香港等港口的经验，向信息化、多元化和个性化的方向发展，打造"陆海空铁"多式联运枢纽门户，通达"一带一路"沿线国家。

5. "一带一路"倡议与全球科创中心的协同推进。

（1）高端研发与人才高地建设的协同推进。上海通过"一带一路"交流互通，集聚吸引沿线高端科技人才和研发机构入驻，打造科技人才和高端研发高地。改革高校、科研院所和企业之间开放协同不足，完善支持创新的金融体系。在人才建设方面，一是要解决人才资源的结构性矛盾，改变"科研人员多，领军人才少；科技人才多，创新创业人才少"的问题。二是要解决人才引进观念和政策，着实解决住房、教育、户籍等制约，增强对高端人才的吸引力。

（2）科技成果转化和应用的协同推进。上海要利用"一带一路"基础设施建设和产业布局调整升级契机，大力增强技术和产品供给，加快科创中心成果转化和应用。

（3）重大技术难题形成倒逼机制的协同推进。"一带一路"建设急需的重大工程、重大项目设计的技术难题，对上海科创中心建设形成倒逼机制，将催生重大技术突破和创新。亚洲开发银行评估报告显示，2010—2020年，亚洲各国累计需要投入7.97万亿美元用于基础设施的建设与维护，涉及989个交通运输和88个能源跨境项目。我国地缘、技术、产能优势明显，需要配套人才的支持，才能尽快抓住商机。在培养人才解决重大项目设计和技术难题时，将对上海科创中心建设形成倒逼机制，从而催生重大技术突破和创新。

（二）自贸区建设推动"一带一路"发展

"一带一路"倡议标志着中国对外开放新格局拉开大幕，预示着中国将深度介入并争取全球治理制度性权力。自贸区试验以及金砖银行落户上海，表明上海正成为中国开展全球治理的重要基地。对此，上海应牢牢抓住人民币国际化的历史性机遇，充分依托金砖银行、自贸区溢出带动作用和先行先试优势，以吸引开发性多边金融机构集聚作为促进全球互联互通、提升全球治理能力和资源配置能力的重要切入点，吸引金砖国家、亚太自贸区以及"一带一路"等区域和国际性投融资机构等全球性治理机构入驻，率先建设升级成为国际金融治理中心和全球资本控制中心，推动实现从"金融交易""金融管理"向"全球金融治理"的重大创新和历史突破。依托多边开发性金融上升到新的高度，推动以我国为中心和以上海为基地的亚洲互联互通网络建设，通过金融治理推动上海在开放型经济新体制上发挥标杆作用。

上海正在推进我国第一个自由贸易试验区建设，其制度创新先发优势突出。上海自贸试验区作为我国打造新一轮开放型经济的"试验区"，其核心是制度创新。主要集中于以负面清单为核心的投资管理制度、以贸易便利化为重点的贸易监管制度、以资本项目可兑换和金融服务业开放为目标的金融创新制度和以政府职能转变为导向的事中事后监管制度创新，对推进我国经济领域治理体系和治理能力现代化做出了有益探索。目前，随着以美国的 TPP 为代表的国际贸易投资规则的废除，新一轮的贸易措施如"301条款"已将矛头对准中国，上海的制度创新将助力我国应对全球新一轮贸易投资制度建设的挑战，提高我国自贸区的制度建设能力和治理能力，呼应我国"一带一路"倡议，示范和带动效应突出，影响深远。

1. 通过上海自贸试验区建设，拓展全球贸易投资网络。重点聚焦能源、建筑、环保等优势互补领域实现需求对接；利用贸促机构等平台举办"一带一路"沿线国家和地区的境外展会、论坛，拓展经贸合作伙伴。

2. 线上线下结合，提升国际贸易的规模和能级。充分利用已有和待建的众多友好城市伙伴关系，与沿线国家的经贸节点城市建立伙伴关系；加快推进网上和实体（线上线下）相结合的"一带一路"进出口商品窗口和展示中心建设，构建永不落幕、多向互动的立体展销会。

3. 加强与沿线国家经贸机构的合作，加快实施"走出去"战略。积极推动上海在服务、技术、管理和设备上有优势的企业。把握商机，加快输出成套设备，参与沿线国家基础设施建设。

4. 借助对外贸易，推行人民币国际化。利用上海自贸区推行与"一带一路"沿线国家之间的贸易，推行人民币结算，进一步促进人民币国际化发展进程。一旦沿线国家与我国外贸形成规模，则推行人民币国际化将会更加便利。

5. 服务兄弟省市和沿线国家，为它们参与"一带一路"建设提供各项支持。加强对兄弟省市"一带一路"产业发展和布局的金融、贸易、科技、商务服务，形成面向"一带一路"、辐射全球的服务产业网络体系和支撑体系。

对上海来说，建立上海自贸区的目的是带动"五个中心"建设，探索政府经济管理模式的创新；对中央来说，建立上海自贸区是更好地应对国际经济贸易和投资规则变化与挑战、提高对外开放水平、以开放促改革促发展所提出来的国家战略。目前，上海自贸区挂牌已经满四周年，自贸区内实行的负面清单、企业信息公示、海关监管和质监等超过 36 项制度可以在全国或者部分地方复制推广。今后，应该进一步利用自贸区机制建设的优势，进行政策突破的探索。

总之，对于"一带一路"、"五个中心"建设和自贸区建设相互支撑的具体节点，要用多维度、多视角的分析方法，从机制建设要点和三个战略支点的纵横交织关系中寻找新的突破口。

（三）长江经济带发展推动"一带一路"发展

"一带一路"建设作为国家倡议提出分三步走的时间表：2014—2016 年为国内和国

际倡议动员阶段；2017—2021 年为倡议规划期；2022—2049 年为倡议实施期，到 2049 年初步实现目标。目前，上海正在制定未来 30 年的发展战略，这与我国"一带一路"倡议的时间点相契合。为此，提出以下对策建议，旨在从内容上将上海未来 30 年的发展与我国的"一带一路"倡议对接，构建起"一带一路"和长江经济带有效衔接的短、中、长期发展战略。

1. 合作构建常态化的区域安全体系。没有安全一切都无从谈起。上海作为"一带一路"和长江经济带最大城市之一，也是反恐的重点地区。上海亟须配合国家战略，发挥国际大都市的作用，建立长效化的反恐机制。上海应建立与各省市联动的反恐机构、反恐信息网、反恐警力，重点保护城市公用设施和生命线工程，实施、推进上海的反恐综合治理战略，制定符合上海实情的防恐反恐规划，在防范预警、快速反应、后果处理、全民教育等机制建设上作出努力。

上海应配合国家战略，在全球性国际合作中发挥国际大都市特有的建设性作用，与"一带一路"和长江经济带沿线国家和地区逐步健全反恐体制和机制，合作构建"一带一路"和长江经济带区域合作安全体系。一是在区域维和行动、打击制毒贩毒、反海盗等方面共同推动构建国际反恐法律体系。二是建立信息共享网络和联防联动机制，适时分享对中亚、西亚、南亚等地国际恐怖组织和人员的信息，共同预防、打击、缉拿恐怖分子。三是分享反恐经验，并吸收欧美等世界各国经验，与中西南亚等国家和地区合作培训反恐特种作战部队，精细分工，分类培训狙击组、排爆组、侦察组、谈判组等反恐人员。四是积极参与区域或次区域以及大型活动的多边反恐合作、联合搜救和反海盗合作等，如上海合作组织的反恐机制、湄公河与东海等地的跨国反恐合作，以及中美就集装箱运输安全和民航安全等达成的中长期反恐交流与合作机制，推动中俄、中巴、中英、中法、中德、中澳、中印、中日等安全反恐问题对话与合作等。五是促进"一带一路"和长江经济带文明对话与综合治理，举办不同文明之间的对话论坛，倡导"尊重多样文明，谋求共同发展"的上海精神，促进"一带一路"和长江经济带综合治理，发展民生，推动教育文化发展，标本兼治，共同铲除恐怖主义毒瘤。

2. 搭建区域合作的多机制、多层次平台。上海在"一带一路"和长江经济带战略中的龙头地位非常重要，上海应利用其独特优势主动争取在"一带一路"和长江经济带机制建设、有关优惠政策和授权等方面获得国家支持，积极搭建起"一带一路"和长江经济带区域合作的多机制、多层次合作平台，从根本上获得内在和外在驱动力，以提升上海建设"一带一路"和长江经济带的能力和影响力。一是积极推进区域合作机制建设，如上海合作组织、亚信会议、中国东盟自由贸易区、APEC、金砖国家合作机制等"一带一路"和长江经济带众多机制。二是积极参与次区域合作机制的活动，如中俄哈蒙四国六方机制、中哈霍尔果斯国际边境合作中心跨境自由贸易区建设、湄公河流域机制、图们江合作机制等。三是积极参加我国其他省区与"一带一路"国家和地区间的重要机制与活动,如中国—亚欧博览会、欧亚经济论坛、东北亚经济论坛、东南亚区域论坛、陇海兰新经济促进会、广交会等。四是研究设立具有长效机制和能够承载上海"一带一路"和长江经济带建设的常设机构,如"两带一路论坛"或博览会。该论坛或博览会应是国家级别的、可吸收"两带一路"沿线国家和机构参与的具有行政编制和功能的正式机构,在中央直接领导和授权下,全权负责协调和承办上海与"一带一路"和长江经济带沿线国家和地区以及区域组织的所有相关事务。

通过这些重要机制和活动,可将我国发达的长三角区域与后发达的西北、西南和东北三边连为一体,将长江经济带与"一带一路"连接起来,通过战略对话论坛、承办会议、提供智力支持、争取区域机制分支机构落户上海、分享经验和信息、培训专业人员、企业投资等提升"一带一路"和长江经济带的区域合作能力和水平,形成良性频繁互动的机制,以扩大这些区域组织以及上海的国际影响力。

3. 推动区域标准一致化建设,建设统一大市场。上海应发挥其在国内、"一带一路"和长江经济带区域标准化建设的标杆优势,利用上海自贸试验区建设的多项试点和政策,推动"一带一路"和长江经济带区域的标准一致化建设,打破省区间、国家间的标准壁垒和规则壁垒,建设"一带一路"和长江经济带统一大市场。一是积极推动食品、化工、汽车零部件、服装、医疗用品等众多行业标准一致化。二是建立统一的进出口检验检疫标准、交通运输标准、金融业务和创新标准、海关与税务的查验和通过等功能领域的标准。三是建立地区间、国家间各对口部门间可协调合作的标准执行、监督与追溯机制。四是建立持证上岗制度,主导"一带一路"和长江经济带区域的专业培训,将对各方都适合、各方协商都认可的标准适时推广到"一带一路"和长江经济带沿线各国和地区,从国际标准和规则的追随者和学习者转变为国际标准和规则的制定者和主导者,为我国在国际区域经济合作竞争中占据更加有利的地位和参与建立更加公正合理的国际经济秩序发挥重要作用。

4. 构建"一带一路"和长江经济带的资源整合体系。上海与"一带一路"和长江经济带沿线的众多省区和国家在资源能源供需和上、中、下游产业链等众多方面存在互补性,具有建立该区域资源整合方面互补的机制、路径和模式的潜力和基础。随着我国在能源资源领域逐步对民营企业放开,应鼓励上海及长三角地区的国营和民营企业"走出去"。一是积极参与哈萨克斯坦、乌兹别克斯坦、土库曼斯坦、缅甸等"一带一路"资源能源富集国家和地区的油气等一次能源及其他矿产资源的招投标项目。二是为改善上海和长三角地区的生态环境,在更多使用清洁能源、争取西气东输更大份额的同时,积极参与西部大开发西电东送项目建设,积极开发中西南亚地区的太阳能、风能、水能等新能源,并积极参与南海和东海海上油气开发和风能开发等项目,探索上海参与开发资源能源项目后与有关部门和地区资源分成的新模式和新路径。三是与哈萨克斯坦、俄罗斯、泰国等粮、油主要出口国建立良好的技术支持、设备帮助、人员培训、进出口方式等长效合作机制。四是积极引进"一带一路"沿线国家和地区的企业落户上海自贸试验区，为尚不发达的合作伙伴降低合作门槛，培育和帮助这些企业发展壮大，形成产业互补、投资相互依赖的互嵌式格局。五是帮助中亚等内陆国家在上海建立物流基地，通过上海港走向海洋，将"丝绸之路经济带"与"海上丝绸之路"有效对接，发挥上海不可替代的引领作用。一旦上海成为"一带一路"和长江经济带最大的资源整合区，就既能解决"一带一路"和长江经济带资源的供需问题，也为该区域起到极大的示范和带动作用。

5. 确立产业发展的优先重点领域。从全球范围看，新一轮工业革命正在不断深化，它是信息技术与制造业的深度融合，是以制造业数字化、网络化、智能化为核心技术，同时集成新能源、新材料、生物技术等方面的技术突破而引发的新一轮产业变革，它将对人类经济活动和社会生活产生根本性的影响。"一带一路"和长江经济带沿线国家和地区正面临新一轮产业结构调整和提升，上海应结合比较优势选择移出和承接的产业，积极探索产业转移合作模式，并站在"一带一路"和长江经济带的广阔区域确立产业发展的优先重点领域，有进有出，重点发展高科技产业、先进制造业和现代服务业。一是淘汰污染严重、耗费资源多且生产效率低的产业。二是确定向"一带一路"和长江经济带沿线国家转移产能过剩、设备和技术依然领先、能为当地带来巨大收益的产业，在转移时必须考虑到与当地需求、经济发展水平和环保要求的对接，如上海正在将上汽、宝钢的产业部分转移至面向"一带一路"和长江经济带重要市场的新疆地区，上海纺织等众多具有优势技术和设备企业的产能可主动向棉花主产区的中亚、西亚等国家转移。三是转移的产业也可以从单纯的制造业转变为制造业、服务业和研发产业多领域的综合性转移。四是主动、有选择地争取承接具有未来发展优势的创新型、高科技产业。五是与"一带一路"和长江经济带国家和地区建立利益共享机制，建立起该地区产业分工和产业链差异化发展、而非同质化竞争的区域产业体系，创造互利共赢的产业格局。

6. 大力引进和培育国内外知名和有潜力的电子商务企业。要占领"一带一路"和长江经济带未来发展的制高点，上海必须下大力气发展电子商务。上海不但要有具有国际规模的本土电子商务企业，还要吸引世界众多各具特色、规模和服务质量一流的电子商务企业落户上海，构建起"一带一路"和长江经济带最具规模、服务质量最好的电子商务平台。一是上海应吸引欧美国家最具世界规模和创新理念和能力的电子商务企业在上海建立中国分公司，建立行业世界标杆，如美国电商巨头亚马逊将在上海自贸试验区设立国际贸易总部，通过"跨境通"平台，实现美国货物直邮中国。二是重点选择"一带一路"和长江经济带沿线国家和地区最有特色或规模最大的电子商务企业进行合作，鼓励它们在上海设立分支机构，如上海可吸引俄罗斯最大的独联体企业平台 Megagroup 落户上海自贸试验区，其对中国广阔的市场非常看好，合作的愿望很强烈。三是重点培育部分具有潜力的上海电子商务企业或吸引其他省区具有快速发展能力的电子商务企业落户上海,给予各方面的优惠政策和条件以鼓励其健康快速发展。四是同我国其他省区与"一带一路"沿线国家和地区有合作关系的电子商务企业合作,鼓励它们落户上海或建立上海分公司。如与新疆奎屯市的亚欧国际物资交易中心有限公司合作,构建了我国首个面向上海合作组织成员国间多边贸易的第三方全流程电子商务交易和服务平台;还可与新疆克拉玛依市的国内首家云计算交易平台新疆中亚商品交易中心合作,为新疆包括整个西部利用资源优势实现跨越式发展提供了模式支持,使传统的"西气东输"升级为"西数东输",并在行业内首次提出云经纪人的概念,为市场交易的规模化发展提供保障。五是与"一带一路"和长江经济带协调建立人民币跨境支付等业务,将产业、新媒体和金融服务等进行深度融合。上海电子商务平台的建设和模式创新,将在为我国企业抱团经营,与国外强势企业进行市场竞争,合作制定产业标准,影响全球信息产业发展格局,争夺世界产业话语权方面作出突破性的贡献。

7. 为创新企业营造良好宽松的氛围。未来20年,所有国家和地区面对的最大挑战仍旧来自创新。上海因其经济中心和国际大都市的定位,具有建立更加灵活宽松创新机制的可能。上海应研究将中关村国家自主创新示范区有关试点政策在上海推广,在加强自贸试验区、各类科技园区、工业园区硬件建设的同时,在有针对性的引进和"走出去"政策等软件方面为企业创造良性互动、宽松有序的创新氛围,从引进创新人才、提供创新资金和场地、鼓励国际交流,到重视保护企业专利产品、简化各项审批程序、减少对企业的行政干预等各方面营造良好氛围,构建起"一带一路"和长江经济带区域创新体系和企业家创业乐园。

8. 创造区域治理的典范和新模式。上海具有创造区域治理典范的能力和优势。除了已建立的比较先进的医疗、教育、养老等社会保障体制外,上海还在积极探索聚焦能源、产业、建设、交通、农业、社会生活六大方面,构建多部门、多领域大气污染协同治理机制,制定实施严于国家要求的产业准入目录和污染排放标准,同时,还将进一步完善市、区(县)两级环境空气质量和环境气象监测网络,加大力度推动长三角区域大气污染联防联控等。上海的经验可以与"一带一路"沿线国家和长江经济带沿线地区分享,可向它们推广我国较为完善的环境治理体系,并吸取国际先进的经验,与该地区国家和省区进行联防联治,明确划分治理区域和各级责权,并建立区域生态补偿机制,从源头治理,建立区域"利益同盟"、奖惩机制和法律框架,共同促进"一带一路"和长江经济带沿线国家和地区的可持续发展。

目前,世界公认的大型城市群有美国波士顿—纽约—华盛顿城市群、北美五大湖城市群、日本东海道城市群、法国巴黎城市群、英国伦敦城市群。随着上海建成社会主义现代化国际大都市,上海作为龙头带动的长三角地区将可能成为世界第六大城市群、"一带一路"和长江经济带最大城市集群。上海依托发达的长三角经济圈,通过与周边地区良好的竞合关系,将成为亚太经济圈最发达的引擎,发挥出巨大的辐射功能和最优的综合竞争力，以有效带动"一带一路"和长江经济带发展。

六、结论

"一带一路"建设是集国内发展和对外开放于一体的综合性国家发展和国际合作倡议。上海位于"一带一路"和长江经济带的交汇之处，具有多方面的比较优势。在对接"一带一路"建设的过程中，上海要进一步加强"一带一路"建设与"五个中心"和自贸试验区建设之间的协同联动，还要更好地利用国际国内两个市场和两种资源，构筑与"一带一路"沿线国家多层次、多渠道的金融、经贸投资、科技创新、人文交流和互联互通合作网络。

上海作为我国着力打造的国际经济、金融、贸易和航运中心，在"一带一路"建设中真正的突破方向不是具体项目，而是搭建高端合作的平台与创新开放的机制，全面提升上海自身在全球经济治理中的制度性话语权，这才是上海得天独厚的比较优势。

在经贸投资领域，上海将拓展投资贸易网络，巩固传统市场优势，大力拓展新兴市场。借助上海在"一带一路"沿线国家举办经贸展会的平台，与展会举办城市建立经贸合作伙伴关系。加快实施"走出去"战略，鼓励上海优势领域企业把握商机，培育和壮大市场主体。加强与兄弟省市的对口合作，深化人才、信息、项目、市场等方面的合作。在金融领域，上海将推动国际金融中心建设和"一带一路"倡议有机结合，加快推进金融市场开放，加快推动人民币国际化，吸引带动沿线国家金融机构集聚。支持境外机构在上海金融市场发行人民币债券，推动建立亚洲债券发行、交易和流通平台。还将研究探索与"一带一路"沿线国家主要金融中心推进金融合作协议，研究结算清算、信用担保、风险分担等方面的合作。人文交流领域，上海将着眼于体制机制创新，积极开展文化旅游合作，培育一批精品项目，促进文化融合。提高对外交往水平，制定与沿线国家的中长期交往规划，积极打造多边交流网络。进一步加强教育培育合作，根据沿线国家的教育需求，支持各类院校开展境外办学。在基础设施方面，将结合上海建设国际枢纽港的目标，进一步加快海港、空港建设，完善上海与长三角铁路通道的互联互通，积极融入欧亚铁路网。

目前，世界经济复苏乏力，急需新的经济增长点带动世界经济。以上海为核心节点的国家战略应按照一定的路径渐进地推进，加强顶层设计与统筹，在延续、提升、融合中探索，开辟新的路径，力求更好地突出区域经济要素的集聚功能，起到全方位辐射与带动作用。

参考文献

[1] 姜睿."十三五"上海参与"一带一路"建设的定位与机制设计 [J].上海经济研究,2015,29 (3):81 – 88.

[2] 姜睿.以上海为核心节点的"一带一路"等国家战略整合机制探索 [J].现代经济探讨,2015 (4):54 – 58.

[3] 上海市人民政府发展研究中心课题组.上海积极主动融入"一带一路"国家战略研究 [J].科学发展,2015 (5):79 – 90.

[4] 刘乃全,李鲁,刘学华.上海服务"一带一路"国家战略的定位和路径探析 [J].经济与管理评论,2015 (5):140 – 146.

[5] 王海燕.上海在"一带一路"和长江经济带建设中的定位与作用研究 [J].科学发展,2015 (3):92 – 98.

[6] 徐静."一带一路"国家战略中上海的定位与切入口研究 [J].科学发展,2016 (3):66 – 72.

[7] 肖林.实现科技创新中心与国家战略全面联动发展 [J].科学发展,2015 (6):61 – 64.

[8] 林乐芬,王少楠."一带一路"建设与人民币国际化 [J].世界经济与政治,2015 (11):72 – 90,158.

[9] 林乐芬,王少楠."一带一路"进程中人民币国际化影响因素的实证分析 [J].国际金融研究,2016 (2):75 – 83.

[10] 曾婧."一带一路"战略下的中国自贸区机遇 [J].特区经济,2015 (8):13 – 16.

[11] 赖满瑢."一带一路"与自贸区战略对接研究 [J].中国集体经济,2015 (33):33 – 34.

[12] 程微."一带一路"国家战略及上海自贸区建设对上海港集疏运体系的影响 [J].集装箱化,2015,6 (26):13 – 17.

[13] 李忠.在上海自贸区发行"丝路债券"初探——基于人民币国际化的视角 [J].证券市场导报,2015 (12):51 – 57.

[14] 国金.上海自贸区扩区开启 "2.0 版"对接"一带一路" [J].环球市场信息导报,2015 (19):7.

[15] 杨广青,杜海鹏.人民币汇率变动对我国出口贸易的影响——基于"一带一路"沿线 79 个国家和地区面板数据的研究 [J].经济学家,2015 (11):43 – 50.

[16] 王哲."一带一路"战略中的自贸区机遇 [J].中国报道,2015 (5):16 – 19.

[17] 顾洪辉.上海在"一带一路"战略中角色 [J].沪港经济,2016 (1):26 – 27.

[18] 曾婧.一带一路"战略下的中国自贸区机遇 [J].特区经济,2015 (8):13 – 16.

上海自贸试验区已推出的
金融改革政策梳理及效果评估

◎ 韩冬梅[①]

摘要：中国（上海）自由贸易试验区，是中国政府设立的首个"试验性"自贸区，承担着探索试验，扩大投资领域，推进贸易发展方式，深化金融领域创新，完善法制保障，实现以开放促发展、促改革、促创新，形成可复制、可推广的经验，服务全国的发展的战略任务。

金融开放与创新是上海自贸试验区建设的重要组成部分。国务院在2013年自贸区成立之初就提出"深化金融领域的开放创新"这一主要任务；2015年，国务院在《进一步深化中国（上海）自贸区改革开放方案》中进一步提出加大金融开放创新力度；2015年10月，"一行三会"和上海市政府等机构联合出台"金改40条"政策。作为中国金融改革的试验田，上海自贸区成立以来金融开放创新的实际效果和影响受到高度瞩目。我们从金融对外开放、金融产业集聚两个视角对自贸区金融开放创新的实际效果进行了评估。

我们发现，自贸区金融开放、金融创新等政策对上海市经济产生了积极的促进作用。我们建议，后续相关政策仍需适当地、适时地推出，以推进上海自贸区长期持续的发展。

关键词：自贸区　金融开放政策　持续发展

一、引言

2013年9月，中国（上海）自由贸易试验区正式挂牌成立。作为中国大陆首个自由贸易试验区，上海自贸区在制度创新和改革开放等方面承担着先行者的角色。成立之初，国务院颁布的《中国（上海）自由贸易试验区总体方案》明确了自贸区建设的五大主要任务，其中一条就是"深化金融领域的开放创新"。在上海自贸区的总体建设任务

---

① 韩冬梅，上海财经大学信息管理与工程学院教授。

中，金融开放和创新是上海自贸试验区建设的重要组成部分。针对金融领域的开放与创新，《中国（上海）自由贸易试验区总体方案》对上海自贸试验区提出了"构建完善自由的贸易账户体系、扩大人民币跨境使用、推动利率市场化、加强外汇管理制度创新、推动金融服务业开放及金融市场国际化、强化金融监管和风险防范机制"等六大方面的具体目标。

2015 年 4 月，国务院发布《进一步深化中国（上海）自贸区改革开放方案》，加深了对金融开放力度的要求。该方案在《中国（上海）自由贸易试验区总体方案》的基础上，进一步提出"加大金融开放创新力度，加强与上海国际金融中心建设的联动"。

中国人民银行、证监会等陆续颁布了一系列政策法规。2015 年 10 月，"一行三会"和上海市政府等机构联合出台《进一步推进中国（上海）自由贸易试验区金融开放创新试点加快上海国际金融中心建设方案》（以下简称"金改40 条"）。作为中国金融改革的试验田，以及我国其他自由贸易试验区的标杆，上海自贸区成立三年来金融开放创新的实际效果和影响受到高度瞩目（见表1）。

表1   上海自贸区金融开放创新政策重点文件

部门	政策法规文件	颁布时间
国务院	中国（上海）自由贸易试验区总体方案	2013 年 9 月
	关于印发进一步深化中国（上海）自由贸易试验区改革开放方案的通知	2015 年 4 月
中国人民银行	关于金融支持中国（上海）自由贸易试验区建设的意见	2013 年 12 月
中国证监会	关于资本市场支持促进中国（上海）自由贸易试验区若干政策措施	2013 年 9 月
中国银监会	关于中国（上海）自由贸易试验区银行业监管有关问题的通知	2013 年 9 月
中国保监会	支持中国（上海）自由贸易试验区建设	2013 年 9 月
多机构	进一步推进中国（上海）自由贸易试验区金融开放创新试点加快上海国际金融中心建设方案	2015 年 10 月

从国务院、"一行三会"、上海市政府频频颁布的金融改革措施可以看出，上海自贸区金融开放创新"试验田"的作用日益凸显。作为中国金融开放改革的先行者，上海自贸区金融开放政策的效应研究对其他自贸区的建设有着"可借鉴、可复制"的重要作用。

我们的主要工作内容可分为以下两个板块：

◆ 自贸区金融开放政策效果评估

建设内容包括：首先根据相关文献选取能够代表金融开放力度的指标，采取反事实方法与 ARIMA 模型对自贸区金融开放的实际力度进行评估。然后搭建上海市宏观经济计量模型，利用此前求出的金融开放政策力度，模拟它对上海市主要经济变量的冲击程度。

◆ 自贸区金融产业集聚效果评估

建设内容包括：在分析自贸区金融创新传导动力机制的基础上，设定金融创新各经济主体的行为，运用仿真系统研究自贸区金融创新对上海市各相关经济主体的影响。

二、文献综述

（一）上海自贸区相关的研究现状

上海自由贸易区设立以来，国内学者从各个角度对其开展研究。由于成立时间较短，区内数据披露不完善，目前以定性研究居多。

1. 定性研究。定性研究主要对金融、贸易、法律监管三个层面展开探讨。

（1）金融领域。张伟、杨文硕（2014）分析了上海自贸区金融开放的定位与路径，并与香港进行比较，二者"在顶层设计和具体路径上有一定相通性和竞争性"，但短期"彼此并无可替代性"。黄礼健、岳进（2014）阐述了上海自贸区金融改革的主要思路，并分析了它对商业银行带来的机遇与挑战。张华勇（2015）论述了自贸区内的金融开放与金融创新活动将拓展、深化、促进人民币的国际化。

（2）贸易领域。王冠凤（2015）基于平台经济视角，研究了上海自贸区新型贸易业态的发展及拓展。孔亚楠、姜翔程（2015）论述了上海自贸区的建立能够加快离岸贸易发展，"巩固和加强上海国际贸易中心地位"。王冠凤、郭羽诞（2014）认为上海自贸区通过对外开放和体制机制改革，努力推进贸易体制改革开放，能够创造更加宽松的贸易自由化环境。

（3）法律监管领域。王茜、张继（2014）分析了自贸区的金融监管应注重保护投资者和公众的利益，且要把握合适的力度。李晶（2015）界定了上海自贸区负面清单的法律性质。孙元欣（2014）剖析了发达国家关于外资负面清单管理的法理基础、企业监管模式、国家安全审查等举措，为上海自贸区的负面清单管理提出了建议。

2. 定量研究。赵静（2016）基于系统动力学方法对上海自贸区进行仿真分析，研究结果表明上海自贸区能够有效促进上海及周边地区的经济、人才和政策的发展。李艳红、梁毓琪、郝晓玲（2014）借助文本挖掘的方法，研究社会各界对于上海自贸区的关注力分布，发现金融服务领域始终是几大领域中关注度最高的领域。项后军、何康（2016）从自然实验的角度研究发现自贸区成立影响了上海资本流动，并且资本外流比吸收国外资金更加明显。谭娜、周先波（2015）运用反事实分析方法和我国其他省份的经济数据，评估了上海自贸区带来的经济增长效应，结论是自贸区成立对上海经济增长具有显著的正效应。Daqing Yao（2015）定量比较了上海自贸区与其他自贸区的不同，对其设立对中国资本管制和金融自由化的影响进行了实证分析。罗素梅、周光友（2015）从自贸区金融自由化的角度出发，通过利率平价理论，研究中国利率市场化决定机制。殷林森、严可扬（2016）研究了在上海自贸区金融改革和中国跨境证券投资，指出在当前资本管制的情况下定额管理作为跨境证券投资的主要方式，仍然是比较适合现实情况的。

关于上海自贸区的定量讨论中，相当一部分研究评估了自贸区成立对于上海市经济的增长效应，但是并没有研究经济增长效应中来自自贸区金融开放的部分。本文聚焦于研究自贸区金融开放对于上海市经济的影响。

（二）政策模拟相关的研究现状

为了模拟外生政策冲击对于经济体的影响，需要先建立一套涵盖经济运行规律的模型系统。本文对大量的政策模拟相关文献进行了梳理，发现现有文献所采用的方法包括联立方程模型、一般均衡模型（CGE）、动态随机一般均衡模型（DSGE）、向量自回归模型（VAR）、世界贸易分析模型（GTAP）、状态空间模型以及三角分配模型，且都有针对中国宏观经济的实证研究。

1. 联立方程模型。高铁梅等（2007）建立了由 7 个模块、32 个方程构成的中国宏观季度经济模型，并模拟了利率、汇率、收入政策带来的冲击。蔡甜甜（2012）运用联立方程模型及情景分析，模拟了国际金融危机以来我国货币、财政及汇率政策的变动对宏观经济的影响。结果表明，提高存贷款利率、人民币汇率，可促进经济增长，扩大投资和出口。

2. CGE 模型。范小云等（2015）通过构建中国金融 CGE 模型，评价了中国金融危机应对政策的效果，研究发现投资刺激和减税政策对企业、居民的改善效果都很显著，能够促进生产总值增长。王克强等（2015）基于多区域 CGE 模型，模拟我国的用水效率、水资源税政策对经济的冲击。张晓娣（2014）利用 CGE 模型对医保政策进行情景模拟，考察其对经济增长、社保体系、代际福利的影响。

3. DSGE 模型。马亚明、刘翠（2014）基于新凯恩斯经济理论构建了动态随机一般均衡模型（DSGE），研究在房地产价格波动的情况下货币政策工具的选择。奚君羊、贺云松（2010）运用 DSGE 模型对中国货币政策的福利损失进行模拟分析。

4. VAR 模型。段忠东（2015）运用 SVAR 与反事实分析方法，对中国房地产价格对货币政策的效应进行实证研究，研究发现传导效应存在但较弱。

5. GTAP 模型。杨立强、马曼（2011）用 GTAP 模型测算出碳关税政策对我国出口贸易确实有冲击，且强弱与税率高低相关。

6. 状态空间模型。高铁梅、康书隆（2006）基于状态空间模型和卡尔曼滤波动态研究了 FDI 对经济增长的影响。结果表明，在中国市场化转轨过程中外商直接投资拉动了中国经济的增长，并且大力推动了我国的出口贸易。

7. 三角分配模型。郝枫（2014）重构扩展了三角分配模型，通过面板数据考察市场价格体系对我国要素分配的影响。

（三）金融开放相关的研究现状

关于金融开放的研究，主要集中于两个方面：一是关于金融开放的定义和度量方法；二是金融开放与经济增长的关系。

1. 金融开放定义及度量研究。华秀萍等（2012）在梳理国内外相关文献的基础上，发现金融开放的测度一直是国际经济学领域的难点和热点，但金融开放目前还没有普遍接受的定义。对于金融开放的程度，主要有法定开放度和事实开放度两种测度方法。资本账户的法定开放度（名义测度）考察资本账户、跨境交易等金融服务的法律管制程度；事实开放度（事实测度）主要有国内储蓄率和国内投资率的匹配、利率平价及国际资本流入三种常见测度方法。国际资本流动是金融开放的最直接的表现形式，也是文献中最常使用的指标。金融市场开放主要是指外国资金对于中国金融市场（如股票、基金、债券）等的投资程度。陈浪南等（2012）将外商直接投资、外汇储备等几项资本占GDP 的比重作为国际资本流入指标，来衡量中国金融开放程度。

Bekaert 和 Harvey（1995）认为，金融开放包括证券市场开放、资本账户开放、国外资本流入、ADR 和国家基金发行等七个方面。林清泉、杨丰（2011）选取国外资本总额占 GDP 的比重对我国金融对外开放程度进行了研究。张金清、刘庆富（2007）从政策法规角度建立了金融对外开放的评价指标。姜波克等（1999）利用直接投资、证券及其他投资、央行国外净资产等指标度量金融开放程度。

对以上关于金融开放度量的观点进行整合梳理如图 1 所示。其中最直观、最准确的

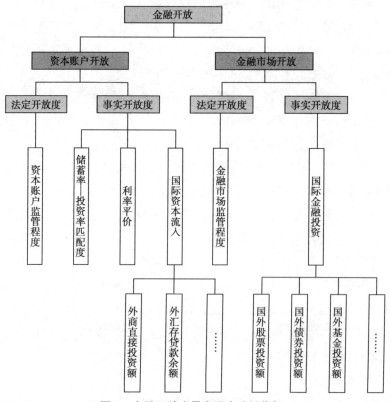

图 1　金融开放度量主要方法及指标

衡量方式是国际资本流入、国际金融投资，结合上海市的数据情况，对应的变量有 FDI、外汇存贷款余额、外国证券投资额（主要通过 QFII 渠道投资）等。

2. 金融开放与经济发展的关系研究。王舒健、李钊（2006）归纳了金融开放与经济增长关系的研究，虽然在理论基础层面学界认为前者能够通过多种渠道促进后者，然而大量的实证研究却结果不一。原因不仅在于采用的实证研究工具不同，同时也和金融开放的概念不同有关。金融开放应该包括资本账户开放、金融部门开放、股票市场开放三个方面，综合来看才更全面。林清泉、杨丰（2011）对实证研究结果各异的解决方案是，加入国家治理指标变量，考察在此变量取值不同时金融开放对经济的影响。结论是低于某阈值的国家（一般是发展中国家），金融开放可能会抑制经济增长；反之会加强。张永升等（2014）通过实证研究得出的结果和林清泉、杨丰（2011）有异曲同工之处，即是否有促进作用取决于该经济体的自身情况，发达国家比发展中国家更易获得正向刺激。吴卫锋（2012）研究发现总体上二者正向促进作用显著，新兴市场国家的反应更明显。

对于金融开放促进经济增长的路径，陈雨露、罗煜（2007）指出，主要是提升投资效率、数量，以及提升生产率等。Bekaert 等（2001）认为，金融开放通过影响资本成本、增长机会、放松管制等，增加投资的数量和效率，进而促进经济增长（见图2）。

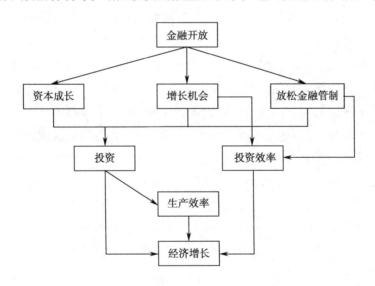

图2 金融开放促进经济增长的理论路径

（四）金融集聚相关的研究现状

1. 金融集聚的内涵。连建辉等（2005）认为金融集聚是一种高效的组织形式，因为它能够通过加强各类金融主体的专业化分工和促进金融网络的形成与发展来提升金融活动开展的效率。王步芳（2006）提出，金融机构在金融市场中专业化分工程度加强的状态下所产生的各种竞合关系的总和即金融集聚。黄解宇等（2006）认为，从动态的角度来看，金融资源在不同的区域条件下不断进行协调与配置的过程即金融集聚；从静态的角度来看，当上述变化进行到一定程度时，区域内的金融机构、产品以及人才等也将随之具备一定的密度和规模，并处于一种相互协调和有机结合的状态，即金融集聚。

2. 金融集聚的动因。国外的相关研究中，Kindle Berger（1974）是最早对金融集聚的形成原因进行探索的代表性研究者之一。他通过研究发现，在金融市场中，金融机构往往乐于集中在某个区域开展交易活动，当这些金融机构的集中达到一定程度时，将对区域外部形成一定的规模经济效应，从而增强对外部金融机构的吸引力，并进一步带动更多的金融机构和投资者加入该区域中，进而出现金融集聚现象。Park（1989）通过规模经济理论来分析国际金融中心的形成因素，认为规模经济效应能够使得金融机构间的信息交流更加及时、便捷，同时也能促进金融基础设施在金融机构间的资源共享，从而加强金融机构间的协作，并推动各类金融资源在区域内的进一步集聚。Gehrig（1998）通过研究发现，金融交易对信息的依赖性和敏感性等特性决定了各类金融机构往往倾向于在信息获取更为便捷、信息流通更为及时的区域开展业务，随着时间的日积月累，就出现了金融机构在该区域的集聚现象。Porteous（1999）从信息流通的角度对金融业较为发达的四座澳洲城市中的金融集群进行分析研究，提出"信息不对称论""信息腹地论""路径依赖累积效应"是金融集聚现象产生的根本原因。Zhao（2004）通过对纽约、伦敦等世界范围内的大型国际金融中心的金融集聚现象进行分析与比较，发现合理的税收制度、成熟的经济体系以及完善的金融法制能够促进金融集聚的形成。

国内的相关研究中，潘英丽（2003）通过对金融机构的空间集聚以及外部规模经济效应进行研究，认为政府相关政策的扶持在很大程度上影响着金融机构的区位选择。连建辉等（2005）从金融集聚的经济性质出发，提出金融产业集群是现代金融活动的中枢和栖息地，由于其带有的生产经营和区域创新优势能够大力推动区域内金融机构的发展壮大，越来越多的金融机构倾向于采用这种高效的组织体系。梁颖（2006）从金融地理学的角度出发，提出金融集聚现象是金融资本在微观层面上追逐空间整合以及金融机构在生产经营层面上注重区域临近叠加作用产生的结果。黄解宇等（2006）应用空间经济学理论对金融集聚进行分析，发现其最初源自产业集聚，而由于金融资本往往具有更强的流动性，相关的金融资源在区域空间内不断找寻最优配置状态的过程中，将产生推动金融主体向金融要素禀赋更为优质的区域加速集聚的动力。刘红等（2007）认为金融机构出于降低内外部交易成本的目的，会倾向于以金融产业集群的组织形式开展交易活动，由于金融集聚大幅拉近了彼此间的物理距离，交易双方得以有效降低交通、技术等外部交易成本；同时，由于金融产业集群内通常会存在某些约定俗成的惯例和做法，能够有效降低由匹配交易对手、议价等交易行为带来的内部交易成本。

车欣薇等（2010）通过建立能够体现金融产业特点的两区域模型，发现金融机构在金融产业集群还未开始形成之前和正在形成过程中所注重的选址因素是截然不同的。在还未开始形成的阶段，金融机构会将地理位置作为其选址的第一考量；而在正在形成的阶段，金融机构将综合考量多方面的因素，其中起决定作用的包括机会成本因素、信息量因素、规模经济因素以及金融产品因素。李正辉等（2012）通过对我国东部、西部以及中部的相关数据建立联合面板模型，研究发现对金融集聚现象影响最为显著的因素有三个：一是规模经济效应；二是信息不对称现象；三是政府的相关政策法规。

3. 金融集聚的效应。金融集聚所能够带来的积极效应是金融产业集群强大竞争优势的源泉。金融集聚的效应主要可概括为以下五类，其中前四类为正面效应，最后一类为负面效应。

（1）规模经济效应。规模经济效应主要体现在以下三个方面。

①提高资金周转效率。随着金融集聚程度的不断加深，集群中往往会吸引到包括多家银行在内的各类资金雄厚的金融机构，此时区域中将沉淀大量的可用资金，能够有效降低资金借贷的难度与成本，进而有力地促进当地与周边区域金融机构和各类企业投融资交易活动的展开，因为在这样一个禀赋丰富的金融市场中，通过从资金池中融到的资金，企业实际上只需要支付交易金额的一部分就能应对原本大规模的支付金额，在节约周转资金的同时，也有效提高了资金周转的效率。

②改善市场流动性，降低投资风险。随着金融集聚程度的不断加深，当地金融市场的规模也将逐步攀升。越来越多的借贷双方集中到区域内，同时拉动资金的总需求和总供给，各类有价证券和理财产品的交易量及交易频率都将日益增大，这也就意味着当地金融市场的流动性得到了改善。此外，随着区域中可供交易的金融产品种类日渐丰富，投资者可以通过将资金分散配置到股票、债券、金融衍生品等不同的大类资产中以降低投资风险，而金融机构则能够借助资产证券化手段转移部分信用风险。

③加强金融机构间的联系与合作。随着金融集聚程度的不断加深，有限的区域内将集聚大量的金融机构，这将大大加剧企业间的竞争。此时，各类金融机构将积极寻求相互合作，以充分整合彼此所拥有的资金、技术、客户以及信息等资源，在降低由于"各自为政"所造成的资源损耗和信息不对称的同时，转而联合开发创新型金融产品，探索新的共赢增长空间。

（2）技术创新效应。金融集聚将导致区域内金融机构间的竞争加剧，从而相互侵蚀彼此的利润空间。在这样不断变化的复杂环境中，各类金融机构出于获取超额利润和扩大市场占有率的最终目的，将积极开展创新活动，以推出更多高质量、多样化和差异化的金融产品和服务来超越竞争对手，打造新的利润增长点。

此外，伴随着金融集聚的过程，区域中各企业主体往往会同步建立各种正式与非正式的联系，直至形成一整个系统性的大型区域网络，而这又将加速知识渗透与信息传递的速度，让相关的创新思想与经验得以在各个金融机构间迅速扩散开来，同时营造出有利于协同创新的良好环境与氛围，从而进一步促进金融机构的产品、技术与管理方式等多类创新。这也是金融产业集群整体的创新能力与频率通常远高于其他区域的重要原因。

（3）金融辐射效应。金融辐射效应主要体现在以下两个方面：

一是对于周边地区的辐射，即当区域内的金融集聚程度达到一定水平时，趋于白热化的竞争将使得部分金融机构把"战场"转向周边地区，通过开设分支机构的方式来开辟周边市场，同时，富余的金融资本和从业者等金融资源也将扩散，使得周边地区金融资源的数量与质量得到同步提升，从而有力推动周边地区金融产业和整体经济的发展。

二是对于其他产业的辐射，即当区域内的金融集聚程度达到一定水平时，区域中将沉淀大量的可用资金。此时，通过天使投资、VC、PE、产业基金以及信托计划等多样化的现代融资手段，将能够为诸如高新技术产业等发展潜力巨大却面临资金短板问题的其他类型产业提供资金支持，以促进它们的发展壮大。

（4）自我强化效应。金融集聚带来的规模经济效应与技术创新效应能够有效降低金融机构的生产运营成本，加强其技术创新能力及竞争优势，在有效控制风险的同时提高资金的投资回报率，从而逐渐造成极化现象。以上优势无疑将对集群区域外的相关企业产生十分有力的吸引，而随着越来越多的区域外金融机构加入金融产业集群中，原有集群的规模与层次将得到进一步的升级，同时也将产生更为强大的规模经济效应与技术创新效应，并不断通过上述正反馈机制像滚雪球一样进行自我强化。

（5）规模不经济效应。除了积极的正面效应之外，过度的金融集聚也可能给集群带来消极的负面效应，即规模不经济效应。具体体现为：当集群内金融机构的密度过高时，将可能引起区域内写字楼的租金出现水涨船高的现象，从而直接推高企业的生产运营成本；另外，大量的金融机构集中在一起将可能造成总产出过剩的局面，从而引发行业内的恶性竞争，减弱企业的盈利能力，甚至导致某些企业因为连续亏损或利润率偏低而被淘汰出局。

三、自贸区金融开放效果评估

2015 年 4 月，国务院发布《进一步深化中国（上海）自贸区改革开放方案》，加深了对金融开放力度的要求。金融开放是上海自贸试验区建设的重要组成部分，是中国全面金融改革的战略突破口之一。鉴于其重要地位，本课题组对上海自贸区的研究落脚在金融开放领域。那么，自 2013 年 9 月上海自贸区成立以来，自贸区金融开放的力度究竟有多大？而自贸区金融开放对于上海市经济究竟有无影响？影响有多大？这是本课题组想要研究的问题。

学界对上海自贸区的经济增长效应有所研究，然而对于经济增长来自金融开放政策的促进作用还未有所研究。本课题组将金融开放政策力度与上海市经济系统相链接，得到了上海市经济受到自贸区金融开放政策刺激的幅度。金融开放是上海自贸区改革的重要任务，本课题组的研究对于评估上海自贸区金融开放改革效果有实际参考意义。同时，作为中国金融开放改革的先行者，上海自贸区金融开放政策的效应研究对其他自贸区的建设有着"可借鉴、可复制"的重要作用。

本课题组对上海自贸区金融开放的效果评价分为两个步骤来研究。第一步，采取反事实方法与 ARIMA 模型对自贸区金融开放的实际力度进行评估；第二步，搭建上海市宏观经济计量模型，利用在第一步中求出的金融开放政策力度，模拟它对上海市主要经济变量的冲击程度。

◆ 上海自贸区金融开放政策力度定量研究

上海自贸区在金融领域的试验是上海市金融改革的缩影，如果能够刻画出有自贸区和无自贸区的情况下上海市金融开放程度的变化，就可以得到上海自贸区金融开放政策的力度。根据对金融开放研究的梳理，结合可获得的数据，本课题组选取了上海市外商直接投资额、外汇存款余额、固定资产投资（外资）、QFII 新增账户数作为金融开放力度的度量指标。

◆ 基于上海市计量经济模型的金融开放政策影响实证分析

本课题组依照基本的宏观经济框架，针对 1978—2012 年自贸区成立前的经济数据，利用联立方程模型模拟了上海市经济系统，表征一个经济系统各局部经济变量的相互依存关系。本课题组建立的上海市经济系统由 7 个基本模块构成，分别是生产模块、消费模块、收入模块、投资模块、外贸模块、金融模块、科技模块。针对模型内的每一个方程，笔者都进行了仔细的检验，包括协整检验、平稳性检验、残差序列自相关检验、模型稳定性检验等，确保每个方程的效果。在建立好经济系统模型的基础上，本课题组将

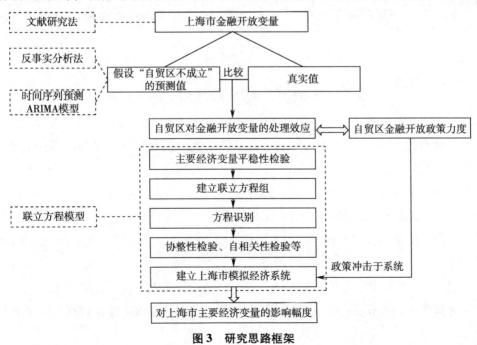

图3 研究思路框架

利用反事实和 ARIMA 模型得到的金融开放力度反映在经济系统中，以观察其对上海市经济系统主要变量的量化冲击幅度（见图3）。

（一）自贸区金融开放政策力度定量研究

本课题组首先对上海自贸区金融开放政策的力度进行定量刻画。依照前文对金融开放相关文献的梳理，结合上海市数据披露的情况，选取上海市外商直接投资额（FDI）、上海市外汇存款余额（DEPOSITF）、外资固定资产投资（INVESTF）、QFII 新增账户数（QFII）作为政策力度衡量指标。其中，前三个变量作为国际资本流入，衡量上海市资本账户开放的程度；QFII 是我国金融市场对外开放的主要途径，选取上证所 QFII 新增账户数衡量上海市金融市场开放的程度。

对于外商直接投资额、外汇存款余额、外资固定资产投资，本课题组收集了全国其他省市的数据，用于做反事实分析。对于 QFII 新增账户数，由于仅上海市、深圳市有数据，不适宜进行反事实分析，本课题组对其进行 ARIMA 时间序列预测，探究 QFII 数据沿原有时间趋势的走势，以分析在成立自贸区后的事实情况是否对其产生了积极的拉动作用。以上指标真实的增速并不能直接反映自贸区金融开放政策的力度，而是要将真实情况与假设没有自贸区的情况作对比，这个变动的幅度才能更加客观地反映出自贸区金融开放政策的力度（见图4）。

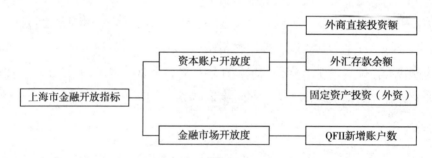

图4　上海自贸区金融开放政策力度对应指标变量

上海市 FDI 的数据来源于上海市统计局；同时本课题组选取了全国其他 30 个省、自治区和直辖市的 1984—2012 年的外商直接投资增速的截面数据（数据来源于各省份统计局），用反事实的方法拟合上海市的 FDI 增速。相较于直接使用 FDI 数据，使用年增长率数据能够消除各省、自治区、直辖市经济体量不同的影响。首先通过对各省份 FDI 同比增长率数据进行 ADF 检验，它们都是平稳的，符合模型要求。我们将 1984—2012 年的数据作为反事实模型的训练集，训练集长度 $T1 = 29$，预测集长度 $T2 = 3$，满足模型要求的时间跨度 $T1 > T2$。

以上四种指标的数据基本情况如表 2 所示。值得注意的是，对于月度数据，本课题组并未对其进行季节化处理，因为采用的是相较上一年的同比增速数据，季节性已经消除。

表2 金融开放政策指标数据描述

	省份数	数据频率	增速数据区间	训练集 T1	预测集 T2
FDI	30	年度	1984—2015	29	3
DEPOSITF	17	月度	2008M1—2015M12	68	28
INVESTF	29	年度	2005—2015	8	3
QFII	—	月度	2010M1—2015M12	44	28

1. 金融开放力度指标一：外商直接投资。上海市自贸区成立于2013年9月，图5和图6给出了上海自贸区成立（2013年）前后上海市FDI数据及其年增长率。

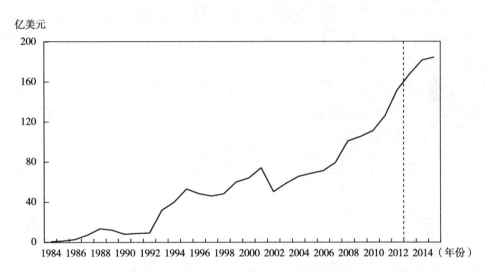

图5 上海市 FDI 历史数据

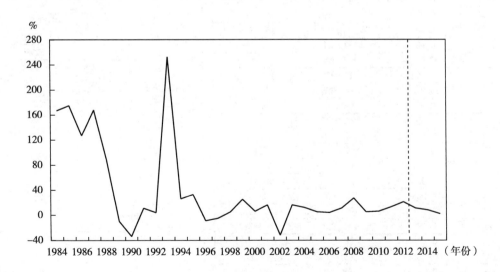

图6 上海市 FDI 历史增速

从图 6 可以看出，上海市从 1993 年以来外商直接投资额增长迅速，特别是在 1993 当年增速超过 200%，这一次的高增长主要得益于政策推动。1992 年，中央开始推行"将上海建设成为国际经济、金融、贸易中心"的战略决策，上海市投资环境不断改善，对外开放的领域不断扩展。

相比之下，自贸区成立后的 2013—2015 年，FDI 的增速反而略有下滑，但这并非意味着自贸区的金融开放政策没有成效。实际上，简单的图示无法观测到若无自贸区的上海市金融开放程度的"反事实"结果，应该对政策效果进行定量分析而非相信直观结果。

本课题组依据反事实分析方法的操作步骤编写了 R 程序，将上述 30 个省份的所有组合全部遍历，去拟合上海市的国外直接投资增速。利用 AI 准测，挑选出省份数 N 从 1～30 的最佳控制组 M^*（N），见表 3－a。由表 3－b 可见，N = 27 时，即由 27 个省份去拟合上海市数据最佳，调整后的模型拟合度高达 0.9998。这 27 个省份的最优组合及系数如表 3－b 所示，结果表明吉林、陕西、贵州三省的 FDI 增速不能较好地拟合上海市数据。

表 3－a　　　　FDI 最佳控制组拟合评价

最佳控制组 M^*（N）			
N	Adj R－Square	AIC	BIC
1	0.4460	231.2906	234.0252
2	0.7139	213.0305	217.1324
3	0.8402	197.0015	202.4706
4	0.8945	185.7749	192.6113
5	0.9195	178.7213	186.9251
6	0.9550	162.5382	172.1093
7	0.9636	157.0616	168.0000
8	0.9698	152.2617	164.5674
9	0.9731	149.3636	163.0366
10	0.9779	144.0769	159.1172
11	0.9789	143.0803	159.4879
12	0.9847	134.0739	151.8487
13	0.9860	131.5219	150.6641
14	0.9884	126.0552	146.5646
15	0.9915	117.1063	138.9830
16	0.9936	108.3674	131.6114
17	0.9942	105.2202	129.8315
18	0.9957	95.6887	121.6673
19	0.9975	78.7210	106.0669
20	0.9982	68.7053	97.4186
21	0.9988	54.0797	84.1602
22	0.9989	48.2649	79.7127
23	0.9994	27.7300	60.5451
24	0.9996	9.5447	43.7271
25	0.9997	－52.8832	－17.3335
26	0.9998	－101.5947	－64.6777
27 *	0.9998 *	－285.6103 *	－247.3260 *
28	0.9999	－49.3917	－12.4748
29	0.9999	－36.4400	0.4770
30	0.9999	－2.9135	34.0035

表 3－b　　　　各省份系数

M^*（27）	
省份	系数值
北京	－0.2694
天津	0.2683
河北	－0.5937
山西	－0.1573
内蒙古	－0.1696
辽宁	－0.4440
黑龙江	0.9301
江苏	0.7203
浙江	0.6672
安徽	0.0855
福建	0.0088
江西	－0.3070
山东	－0.5739
河南	0.2234
湖北	－0.0783
湖南	0.4296
广东	－0.4071
广西	0.1717
海南	－0.1332
重庆	－0.1666
四川	0.3384
云南	－0.0257
西藏	0.0514
甘肃	－0.0072
青海	－0.0151
宁夏	0.1075
新疆	－0.0680
截距项	－0.0363
Adj. R^2	0.9998

图 7 所示是上海市 FDI 增速的真实数据（SH_FDI_GROWTH）及由其他 27 个省份拟合出的上海市 FDI 增速（SH_GWOWTH_FORECAST）的对比情况。虚线左边为 1984—2012 年未建立上海自贸区时的数据，从图 7 中可以看出真实值和拟合值高度吻合，且较好地拟合了重要拐点。所以，说明在 2013 年之前，上海市的 FDI 增速数据能够由该 27 个省份很好地拟合。

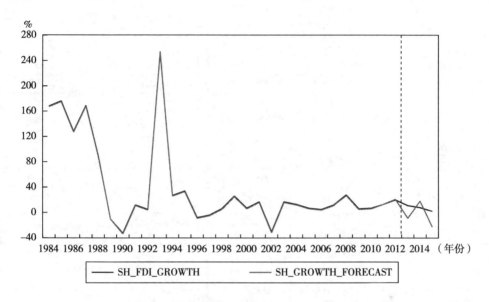

图 7　上海市 FDI 真实增速与反事实增速对比

通过表 4 得到的权重系数，预测 2013—2015 年上海市外商直接投资增速的反事实增长率，与真实增长率对比可量化得到自贸区金融开放政策的力度（处理效应），如表 4 所示。真实情况下，2013—2015 年的上海市 FDI 增速分别为 10.5%、8.3%、1.6%，看似并不高且逐年降低。然而如果反事实假设 2013 年未建立自贸区，上海市 FDI 增速仅 −9.2%、18.2%、−23.1%。2014 年政策效应显现不佳，FDI 指标下降 9.9%；而 2013 年、2015 年 FDI 的处理效应达到 19.7%、24.7%，说明 2013 年、2015 年以外商直接投资为代表的自贸区金融开放政策力度较大。

表 4　　　　　　　　　　　　上海市外商直接投资处理效应

年份	真实增速（%）	反事实增速（%）	处理效应（%）	真实 FDI（亿美元）	反事实 FDI（亿美元）
2013	10.5	−9.2	19.7	167.80	137.88
2014	8.3	18.2	−9.9	181.66	198.33
2015	1.6	−23.1	24.7	184.59	139.69

2. 金融开放力度指标二：外汇存款余额。外汇存款余额数据与外商直接投资的差别在于外汇存款余额的数据频率更细，为月度数据。本课题组对外汇存款月度数据做了同

比增速的处理，消除了季节性因素。反事实操作方法与上述针对外商直接投资的一致，在此不再赘述，以下展示分析结果（见表5–a和表5–b）。

表5–a   DEPOSITF 最佳控制组拟合评价

最佳控制组 R^*（N）			
N	Adj R – Square	AIC	BIC
1	0.4866	464.4914	469.8557
2	0.6433	426.1321	434.1785
3	0.7302	396.9350	407.6635
4	0.7670	382.0794	395.4901
5	0.7852	374.2241	390.3169
6	0.7965	369.3388	388.1137
7	0.8012	367.7482	389.2052
8	0.8168	359.8223	383.9614
9	0.8235	356.6767	383.4980
10	0.8269	355.5069	385.0103
11	0.8302	354.2691	386.4547
12	0.8315	354.3567	389.2244
13	0.8315	355.2195	392.7694
14	0.8298	357.0902	397.3222
15	0.8282	358.9862	401.9003
16	0.8263	360.9478	406.5440
17	0.8244	362.9477	411.2261

表5–b   各省份系数

M* （11）	
省份	系数值
北京	0.0821
山西	0.1573
江苏	0.3288
福建	0.0942
湖北	− 0.1580
广西	0.0425
海南	0.0949
重庆	0.0360
云南	0.0633
陕西	0.1450
西藏	− 0.0096
截距项	− 1.4876
Adj. R^2	0.8302

　　根据 AIC 准则，选取包括北京、山西在内的 11 个省份对外汇存款余额进行拟合效果最佳，调整后 R^2 值达到 0.83，在图 8 中可以看出在 2013M8 之前反事实的结果能够较好地拟合上海市的历史情况。观察图中 2013 年 9 月自贸区成立以来的状况，

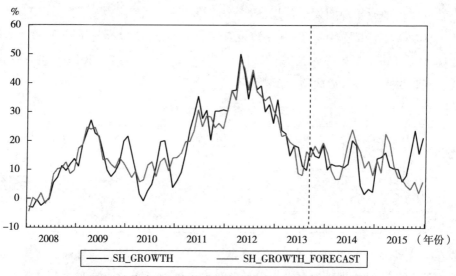

图8　上海市外汇存款余额真实增速与反事实增速对比

2013 年真实值与预测值较为相近，2014 年真实值低于预测值，2015 年真实值大幅超过预测值。

表 6 列示了上海市外汇存款的处理效应。真实情况下，2013—2015 年的上海市外汇存款余额的增速分别为 19%、2%、21%，反事实假设 2013 年未建立自贸区，则上海市外汇存款余额增速分别为 17%、9%、0。与 FDI 的情况类似，2014 年金融开放政策力度显现不佳，外汇存款指标的处理效应为 −7%；2015 年外汇存款的处理效应高达 21%，说明 2015 年以外汇存款余额为代表的自贸区金融开放政策力度较大。

表 6 上海市外汇存款处理效应

年份	真实增速（%）	反事实增速（%）	处理效应（%）	真实外汇存款（亿元）	反事实外汇存款（亿元）
2013	19	17	1	692.00	683.97
2014	2	9	−7	708.17	748.22
2015	21	0	21	858.00	749.49

3. 金融开放力度指标三：外资固定资产投资。对于固定资产投资（来自外资）指标，其他省份的数据长度较短，该指标的反事实模型效果可能不如外商直接投资、外汇存款余额精确，但是同样能为我们提供趋势上的指引。笔者曾尝试使用上海市外资固定资产投资的月度数据做 ARIMA 模型预测，但是该数据波动性过大，ARIMA 模型难以较好地拟合。因此，尽管数据长度较短，本课题组仍选择采用反事实方法对该指标进行预测。模型的拟合效果很好，见表 7。选取北京、天津、河北、江苏、安徽、甘肃六省市的数据即能对上海市的 INVESTF 增速进行较好的拟合，系数如下。

$$Shanghai = 36.9809 + 1.6342 \times Beijing + 0.4647 \times Tianjin + 0.0949 \times Hebei + 2.1756 \times Jiangsu + 0.2978 \times Anhui − 0.8300 \times Gansu$$

可见，甘肃省的 INVESTF 增速与上海市的增速呈反向指标，而北京、天津、江苏等较发达省市的增速与上海市呈正相关，特别是江苏省权重最高，这与二者同属于长三角经济区有较大关系。

表 7 INVESTF 反事实效果评价

Adj R − Square	AIC	BIC
0.9999	−128.7769	−128.2209

INVESTF 的处理效应如表 8 所示。2013 年、2015 年以 INVETF 为代表的金融开放政策处理效应分别为 1%、14%，而 2014 年为 −4%，这与 FDI、外汇存款指标的正负效应完全一致。

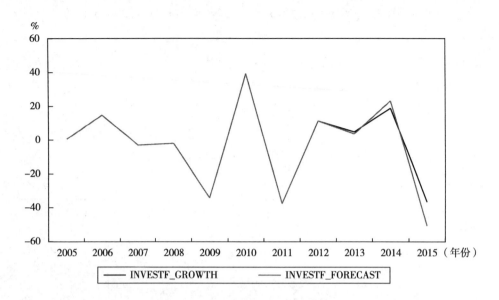

图9　上海市 INVESTF 真实增速与反事实预测增速对比

表8　　　　　　　　　　　上海市外资固定资产投资处理效应

年份	真实增速（%）	反事实增速（%）	处理效应（%）	真实投资额（亿元）	反事实投资额（亿元）
2013	5	4	1	172. 52	170. 57
2014	19	23	−4	205. 05	212. 55
2015	−37	−51	14	130. 13	101. 15

4. 金融开放力度指标四：QFII 新增账户数。对于 QFII 新增账户数，本课题组采取 ARIMA 模型对其月度数据进行拟合。首先用 ADF 方法检验其原序列、一阶差分序列、二阶差分序列的平稳性，结果如表9所示。QFII 新增账户从一阶差分开始平稳，说明其是 I（1）序列，在 ARIMA（p，d，q）模型中确定 d 的值为1。

表9　　　　　　　　　　　对 QFII 的 ADF 平稳性检验结果

	t – Statistic	Prob. *	检验结果
QFII	−1. 141618	0. 6950	不平稳
ΔQFII	−9. 773534	0. 0000	平稳
Δ^2 QFII	−8. 209022	0. 0000	平稳

对一阶差分序列 ΔQFII 建立 ARMA 模型，通过 Q 统计图确定 ARIMA（p，1，q）模型中 p、q 的值，如图10所示。图10中，ΔQFII 的偏自相关系数2阶截尾，以此确定 p =2；自相关系数2阶拖尾，则 q =2。因此，对 ΔQFII 序列建立 ARMA（2，2）模型，即对 QFII 序列建立 ARIMA（2，1，2）模型是较为合理的。

建立 ARIMA（2，1，2）模型的结果如表10所示，自回归项 AR（1）、AR（2）与移动平均项 MA（1）、MA（2）的 P 值均小于10%，模型效果显著。R^2 接近于 0. 80，

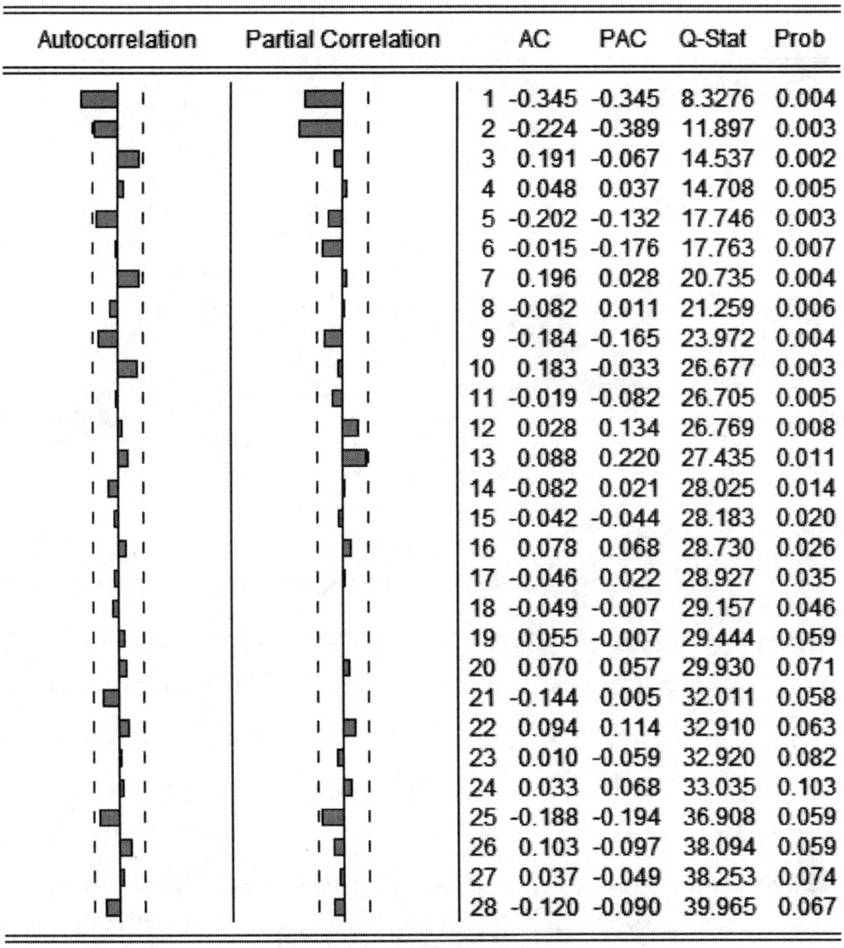

Autocorrelation	Partial Correlation		AC	PAC	Q-Stat	Prob
		1	-0.345	-0.345	8.3276	0.004
		2	-0.224	-0.389	11.897	0.003
		3	0.191	-0.067	14.537	0.002
		4	0.048	0.037	14.708	0.005
		5	-0.202	-0.132	17.746	0.003
		6	-0.015	-0.176	17.763	0.007
		7	0.196	0.028	20.735	0.004
		8	-0.082	0.011	21.259	0.006
		9	-0.184	-0.165	23.972	0.004
		10	0.183	-0.033	26.677	0.003
		11	-0.019	-0.082	26.705	0.005
		12	0.028	0.134	26.769	0.008
		13	0.088	0.220	27.435	0.011
		14	-0.082	0.021	28.025	0.014
		15	-0.042	-0.044	28.183	0.020
		16	0.078	0.068	28.730	0.026
		17	-0.046	0.022	28.927	0.035
		18	-0.049	-0.007	29.157	0.046
		19	0.055	-0.007	29.444	0.059
		20	0.070	0.057	29.930	0.071
		21	-0.144	0.005	32.011	0.058
		22	0.094	0.114	32.910	0.063
		23	0.010	-0.059	32.920	0.082
		24	0.033	0.068	33.035	0.103
		25	-0.188	-0.194	36.908	0.059
		26	0.103	-0.097	38.094	0.059
		27	0.037	-0.049	38.253	0.074
		28	-0.120	-0.090	39.965	0.067

图 10　ΔQFII 自回归 Q 图

对于从 2002 年成立以来变化较大的 QFII 数据来说算是较好的拟合效果；D. W. 值接近于 2，说明不存在残差序列自相关的问题。从图 11 中也可以看出，在 2013 年 8 月自贸区成立以前，模型预测的数值与真实值能够较好地拟合，在 2012 年、2013 年的两个高点，预测值也把握住了相应的趋势。

表 10　　　　　　　　　QFII 新增账户数 ARIMA 模型参数

Variable	Coefficient	Std. Error	t – Stat	Prob.
AR（1）	− 0. 217518	0. 063508	− 3. 425053	0. 0011
AR（2）	− 0. 947581	0. 062054	− 15. 27033	0. 0000
MA（1）	− 0. 079021	0. 042484	− 1. 860010	0. 0677
MA（2）	0. 952051	0. 027419	34. 72239	0. 0000
R – Squared	0. 795309		D. W. stat	2. 277595

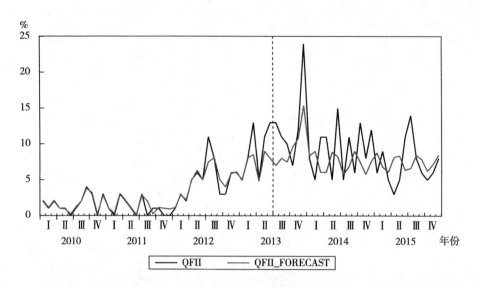

图 11　QFII 账户真实增长数与预测增长数对比

QFII 指标的力度如表 12 所示。2013 年、2014 年以 QFII 为代表的金融开放政策力度为 31%、11%，而 2015 年为 -4%。从图 11 中可以看出，真实的 QFII 新增账户在 2013 年第四季度激增，说明自贸区金融开放政策对 QFII 账户开放度的短期影响非常大，而 2014 年、2015 年的变动方向与其他三个指标不同。对于这一点，笔者认为是符合真实情况的。QFII 代表的是金融市场开放度，FDI、INVESTF、DEPOSITF 作为国际资本流动指标均代表的是资本账户的开放度，代表这两种开放度的政策力度有所不同。

表 11　　　　　　　　　　　　　上海市 QFII 新增账户数处理效应

年份	真实增长数量（户）	预测增长数量（户）	处理效应（%）
2013	132	101	31
2014	110	99	11
2015	86	89	-4

将四个变量的处理效应求平均值，我们可以得出上海自贸区金融开放的综合力度，将 FDI、DEPOSITF、INVESTF 求平均值我们得出资本项目开放力度，QFII 可作为金融市场开放力度指标。

表 12　　　　　　　　　　上海自贸区金融开放政策力度　　　　　　　　　单位：%

	2013 年	2014 年	2015 年
外商直接投资	20	-10	25
外汇存款余额	1	-7	21
外资固定资产投资	1	-4	14
QFII 新增账户数	31	11	-4

续表

	2013 年	2014 年	2015 年
金融开放综合力度	13	−2	14
资本账户开放力度	7	−7	20
金融市场开放力度	31	11	−4

（二）基于联立方程模型的金融开放政策影响实证分析

宏观经济系统涉及产出、收入、消费、投资、对外贸易等各个方面，各部分之间会互相影响，关系错综复杂。在宏观经济中，经济体通常被分成居民部门、企业部门、政府部门和对外部门。居民拥有和提供生产要素；企业购买和使用生产要素；政府也会参与经济活动，参与消费和投资，但其主要作用还是监管和调控；随着经济对外活动程度的加深，国外需求也是经济的重要组成部分。

本文对上海市经济系统进行建模，主要参照以下宏观经济基本框架：

第一，产出主要取决于生产要素的投入水平以及需求情况，在新古典主义经济理论中，采用劳动、资本、技术三种生产要素，即 $Y = f(K, L, t)$。

第二，收入水平与经济发展水平、税收水平有关，即 $W = f(Y, T)$。

第三，消费取决于可支配收入、利率等，即 $C = f(W, P, i)$。

第四，除消费之外，收入的其余各部分以各种形式储蓄起来，进入金融部门；储蓄还与存款利率有关。即 $S = f(W, C, i)$。

第五，投资主要取决于资本成本以及资本的来源。资本成本即贷款利率 f，资本来源包括储蓄、证券投资、外商直接投资、固定资产投资等。所以投资函数为：$I = f(f, S, FDI, \cdots)$。

第六，进口取决于汇率水平、国内市场需求、国内供给，出口取决于国内供给、汇率、国际市场需求等。即 $\text{Import} = f(E, Y, D)$，$\text{Export} = f(E, Y, D')$。进出口额度可能还和外汇存贷款余额有关。

本文建立的模型共包含 7 个模块，分别是生产模块、消费模块、收入模块、投资模块、外贸模块、金融模块、技术模块。共包含 34 个变量，其中 21 个作为内生变量，13 个作为外生变量，共包含 21 个方程。模块之间的关系如图 12 所示，其中，虚线边框的代表金融开放变量，无边框的代表外生变量。值得注意的是，这种关系是理论情形，对于上海市实际经济数据，关系显著与否还需经过实证检验。

模型共有 7 个模块，21 个内生变量，13 个外生变量。存贷款利率取自万得数据库，汇率数据取自国家外汇管理局，其余数据取自上海市统计网。各变量英文简称如表 13 所示。

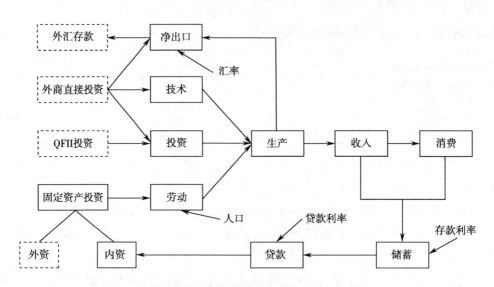

图12 上海市计量经济模型框架

表13　　　　　　　　　　　　　**各模块变量说明**

生产模块		
GDP1	第一产业生产总值（当年价格）	内生变量
GDP2	第二产业生产总值（当年价格）	内生变量
GDP3	第三产业生产总值（当年价格）	内生变量
GDP	上海市生产总值（当年价格）	内生变量
LL1	第一产业从业人员数	外生变量
LL2	第二产业从业人员数	外生变量
LL3	第三产业从业人员数	外生变量
LL	上海市从业人员数	外生变量
WAGETOTAL	工资总额	内生变量
INCOMEC	城市居民可支配收入	内生变量
INCOMEV	农村居民可支配收入	内生变量
CT	上海市总消费额	内生变量
CCITY	城市居民总消费额	内生变量
CVILLAGE	农村居民总消费额	内生变量
CGOV	政府消费额	外生变量
INVEST	固定资本形成额（总投资额）	内生变量
INVESTFIX	固定资产投资总额	内生变量

续表

生产模块		
INVESTF	固定资产投资额：外资	外生变量
INVESTD	固定资产投资额：内资	内生变量
FDI	外商直接投资额	外生变量
QFII	QFII 新增账户数	外生变量
IMPORT	进口总额	内生变量
EXPORT	出口总额	内生变量
NX	净出口	内生变量
DOLLAR	汇率（人民币/美元）	外生变量
DEPOSITT	人民币存款总额	内生变量
DEPOSITPC	城市居民存款总额	内生变量
DEPOSITPV	农村居民存款总额	内生变量
DEPOSITC	企业存款总额	外生变量
DEPOSITF	外汇存款总额	内生变量
FLOAN	人民币贷款总额	内生变量
RATE	一年期存款利率	外生变量
RATEF	$1 \sim 3$ 年贷款利率	外生变量
PATENT	专利授权量（发明专利）	内生变量
R_D	研发支出	外生变量

下面对各个变量进行平稳性检验，以便于建立后续方程，检验结果如表 14 所示。检验方法（C, T, Z）中，C 代表是否含截距项，T 代表是否含趋势项，Z 的数值代表滞后阶数；d 代表该变量最小是几阶单整，即 $X \sim I(d)$；Prob. 小于 5% 或 10% 代表该变量的 d 阶差分序列在 5% 或 10% 的置信条件下平稳。

表 14　　　　　　　　　　　　**变量平稳性检验结果**

	方法	d	Prob.	方法	d	Prob.
GDP	C, T, 1	2	0.0000	Log（GDP）	C, 0	1	0.0847
GDP1	C, 0	1	0.0072	Log（GDP1）	C, 0	1	0.0013
GDP2	C, 8	2	0.0491	Log（GDP2）	C, 0	1	0.0240
GDP3	C, T, 0	2	0.0000	Log（GDP3）	C, 0	1	0.0529
LL	C, 0	0	0.0539	Log（LL）	C, 0	0	0.0000
LL1	C, 0	1	0.0921	Log（LL1）	C, 0	1	0.0000

续表

	方法	d	Prob.		方法	d	Prob.
LL2	C, 0	1	0.0000	Log（LL2）	C, 0	1	0.0000
LL3	C, 0	1	0.0002	Log（LL3）	C, 0	1	0.0004
WAGETOTAL	C, T, 6	2	0.9998	Log（WAGETOTAL）	C, 0	1	0.0082
INCOMEV	C, 0	2	0.0000	Log（INCOMEV）	C, 0	1	0.0001
INCOMEC	C, 2	2	0.0001	Log（INCOMEC）	C, 0	1	0.0080
CT	C, 2	2 +	0.0589	Log（CT）	C, 0	1	0.0118
CCITY	C, 1	2	0.0000	Log（CCITY）	C, 0	1	0.0051
CVILLAGE	C, 4	2 +	0.6128	Log（CVILLAGE）	C, 0	1	0.0029
INVEST	C, T, 4	1	0.0024	Log（INVEST）	C, 1	1	0.0007
INVESTFIX	C, T, 9	1	0.0198	Log（INVESTFIX）	C, T, 2	1	0.0269
INVESTF	C, 0	1	0.0000	Log（INVESTF）	C, 0	1	0.0030
INVESTD	C, 5	2	0.0016	Log（INVESTD）	C, 0	2	0.0000
FDI	C, 0	1	0.0008	Log（FDI）	C, 3	0	0.0127
QFII	C, 0	2	0.0129	Log（QFII）	C, 0	1	0.0221
IMPORT	C, 5	2	0.0135	Log（IMPORT）	C, 0	1	0.0001
EXPORT	C, 8	2	0.0048	Log（EXPORT）	C, 0	1	0.0011
NX							
DOLLAR	C, 0	1	0.0003	Log（DOLLAR）	C, 0	1	0.0026
DEPOSITT							
DEPOSITPC	C, 7	2 +	0.1240	Log（DEPOSITPC）	C, 0	1	0.0286
DEPOSITPV	C, 0	1	0.0001	Log（DEPOSITPV）	C, 0	1	0.0000
DEPOSITC							
DEPOSITF	C, 0	2	0.0000	Log（DEPOSITF）	C, 0	1	0.0000
FLOAN	C, 1	2	0.0001	Log（FLOAN）	C, 0	1	0.0000
RATE	C, 0	1	0.0017	Log（RATE）	C, 0	1	0.0005
RATEF	C, 0	1	0.0001	Log（RATEF）	C, 0	1	0.0000
PATENT	C, 1	1	0.0004	Log（PATENT）	C, 1	1	0.0010
R_D	C, 8	2 +	0.9999	Log（R_D）	C, 0	1	0.0017

下面详细说明各模块方程的构建结果。由于各方程的构建过程相似，本文将对第一个方程的调试过程作较为详细的说明，后续方程不再赘述，直接说明最终调试出来的结果。

主要步骤是，建立方程前对每个变量及其差分序列进行平稳性检验，因为只有同阶单整的序列才有可能存在协整关系。对模型中每一个方程的协整性进行检验，以避免伪回归问题。最后对每个方程的残差序列进行协整检验，如果残差序列是平稳的，则说明回归方程的因变量和解释变量之间存在稳定的均衡关系。如果方程的系数不显著，考虑替换或者剔除，观察模型效果。

1. 联立方程模型构建。

（1）生产模块。生产模块的主要因变量是上海市生产总值，为了更加全面地体现上海市经济的影响，本文对三个产业的 GDP 分别进行建模，再合为总体 GDP。在新古典主义经济理论中，产出主要由劳动、资本、技术三种生产要素决定，即 $Y = f(K, L, T)$。在上海市披露的经济数据中，本文采用三个产业的劳动力数量（LL1、LL2、LL3）作为劳动要素，总投资（INVEST）作为资本要素，专利授权量（PATENT）作为技术要素。

根据道格拉斯生产函数，$Y = T \cdot L^\alpha \cdot K^\beta$，两边取对数得到 Log（$Y$）＝Log（$T$）＋$\alpha$Log（$L$）＋$\beta$Log（$K$）。因此，本文尽量建立关于各变量对数的方程。

①第一产业生产总值。由表 14 可知，Log（GDP1）、Log（LL1）、Log（INVEST）、Log（PATENT）均为一阶单整变量，因此它们之间可能存在协整关系，可以进行建模。假设：

Log（GDP1）＝C（1）×Log（LL1）＋C（2）×Log（INVEST）＋C（3）×Log（PATENT），得到的系数如表 15 所示。

表 15　　　　　　　　　　　　GDP1 参数表 1

Variable	Coefficient	Std. Error	t – Stat	Prob.
Log（LL1）	0.095848	0.030685	3.123613	0.0038
Log（INVEST）	0.475510	0.042548	11.17589	0.0000
Log（PATENT）	0.026775	0.031187	0.858542	0.3970
R – Squared	0.984308		D. W. stat	0.847819

Patent 的系数 P 值大于 5%，说明该变量对第一产业生产总值影响不显著。将其去掉之后重新建立方程如表 16 所示。

表 16　　　　　　　　　　　　GDP1 参数表 2

Variable	Coefficient	Std. Error	t – Stat	Prob.
Log（LL1）	0.071564	0.011847	6.040882	0.0000
Log（INVEST）	0.511430	0.007707	66.36300	0.0000
R – Squared	0.983947		D. W. stat	0.876795

上述方程的拟合程度很好，各变量系数也显著，但是 D. W. 值偏小。从残差序列的相关图中可以看出它的偏自相关系数 2 阶截尾，自相关系数 1 阶截尾，应对其用 ARMA（2，1）模型加以修正。对残差序列进行修正后的参数表如表 16 所示，此时通过观察相关图（见图 13），发现残差序列的自相关性已经消除。

Autocorrelation	Partial Correlation		AC	PAC	Q-Stat	Prob
		1	0.561	0.561	11.975	0.001
		2	-0.008	-0.470	11.977	0.003
		3	-0.228	0.078	14.082	0.003
		4	-0.154	-0.011	15.075	0.005
		5	0.053	0.130	15.194	0.010
		6	0.149	-0.037	16.185	0.013
		7	0.113	0.052	16.776	0.019
		8	-0.029	-0.120	16.817	0.032
		9	-0.218	-0.158	19.189	0.024
		10	-0.256	-0.016	22.582	0.012
		11	-0.046	0.145	22.698	0.019
		12	0.087	-0.165	23.122	0.027
		13	-0.001	-0.100	23.122	0.040
		14	-0.143	-0.040	24.381	0.041
		15	-0.190	-0.018	26.722	0.031
		16	-0.164	-0.144	28.553	0.027

图 13　GDP1 残差序列相关图 1

方程变量之间若要存在长期稳定的协整关系，必须对残差序列的平稳性进行检验，检验结果如表 17 所示。从表 18 中可以看出，该方程的残差序列在 1% 的置信水平下平稳。这说明上述变量之间存在长期协整关系，方程具有很强的稳定性。

表 17　　　　　　　　　　　　　　**GDP1 参数表 3**

Variable	Coefficient	Std. Error	t – Stat	Prob.
Log（LL1）	0.056702	0.018055	3.140454	0.0040
Log（INVEST）	0.519960	0.011283	46.08487	0.0000
AR（1）	0.488391	0.191023	2.556717	0.0163
AR（2）	-0.251518	0.180477	-1.393628	0.1744
MA（1）	0.714883	0.160315	4.459232	0.0001
R – Squared	0.993710		D. W. stat	1.802104

Autocorrelation	Partial Correlation		AC	PAC	Q-Stat	Prob
		1	0.129	0.129	0.6149	
		2	-0.000	-0.017	0.6150	
		3	0.162	0.167	1.6534	0.198
		4	-0.148	-0.200	2.5479	0.280
		5	-0.075	-0.018	2.7862	0.426
		6	0.204	0.197	4.6039	0.330
		7	0.009	0.003	4.6079	0.466
		8	0.066	0.065	4.8137	0.568
		9	-0.044	-0.171	4.9096	0.671
		10	-0.201	-0.124	6.9663	0.540
		11	-0.097	-0.045	7.4621	0.589
		12	-0.103	-0.079	8.0498	0.624
		13	-0.061	0.003	8.2655	0.689
		14	-0.095	-0.191	8.8133	0.719
		15	-0.065	-0.010	9.0849	0.767
		16	-0.088	-0.059	9.6099	0.790

图 14　GDP1 残差序列相关图 2

表 18 GDP1 残差序列平稳性检验结果

Res_ GDP1		t – Statistic	Prob. *
Augmented Dickey – Fuller test statistic		– 6. 111167	0. 0000
Test critical values:	1% level	– 3. 646342	
	5% level	– 2. 954021	
	10% level	– 2. 615817	

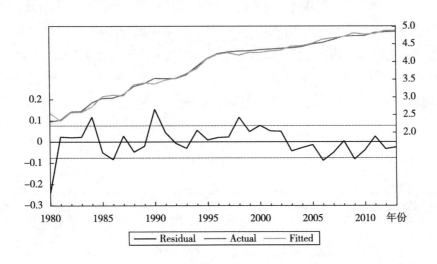

图 15　GDP1 方程拟合效果

②第二产业生产总值（见图 19 – a）。

$$Log(GDP2) = C(1) \times Log(LL2) + C(2) \times Log(INVEST) + C(3) \times Log(PATENT) + [AR(1) = C(4)]$$

表 19 – a　　　　　　　　　**GDP2 方程系数**

Variable	Coefficient	Std. Error	t – Stat	Prob.
Log（LL2）	0.361410	0.089409	4.042224	0.0003
Log（INVEST）	0.619898	0.070859	8.748375	0.0000
Log（PATENT）	0.113160	0.047782	2.368277	0.0245
AR（1）	0.866208	0.062352	13.89226	0.0000
R – Squared	0.972453		D. W. stat	1.466634

③第三产业生产总值（见图 19 – b）。

$$Log(GDP3) = C(1) \times Log(LL3) + C(2) \times Log(INVEST) + C(3) \times Log(PATENT)]$$

表 19 – b　　　　　　　　　**GDP3 方程系数**

Variable	Coefficient	Std. Error	t – Stat	Prob.
Log（LL3）	– 0.069674	0.088340	– 0.788703	0.4361
Log（INVEST）	1.021647	0.112761	9.060300	0.0000
Log（PATENT）	0.038866	0.057844	0.671920	0.0065
R – Squared	0.996775		D. W. stat	0.314377

　　第三产业劳动力数量的增加并不能显著地引起第三产业生产总值的增加，这说明上海市第三产业并不是劳动密集型产业（见表 19 – c）。单纯地增加数量是不够的，而是要提高人员素质、人均产出率。将 LL3 变量剔除后经过调整重新建立方程如下：

$$Log(GDP3) = C(1) \times Log(INVEST) + C(2) \times Log(PATENT) + [AR(1) = C(3)]$$

表 19 – c　　　　　　　　　**GDP3 方程系数**

Variable	Coefficient	Std. Error	t – Stat	Prob.
Log（INVEST）	0.833125	0.063585	13.10260	0.0000
Log（PATENT）	0.178397	0.064211	2.778305	0.0092
AR（1）	0.871510	0.075659	11.51895	0.0000
R – Squared	0.994809		D. W. stat	1.256105

④上海市生产总值。上海市生产总值（GDP）为三个产业的 GDP 之和，生产模块共

有以下 4 个方程。

Log(GDP1) = 0.0618 × Log(LL1) + 0.5169 × Log(INVEST) + [AR(1) = 0.8103, AR(2) = −0.4696]

Log(GDP2) = 0.3614 × Log(LL2) + 0.6199 × Log(INVEST) + 0.1132 × Log(PATENT) + [AR(1) = 0.8662]

Log(GDP3) = 0.8073 × Log(INVEST) + 0.2240 × Log(PATENT) + [AR(1) = 1.1913, AR(2) = −0.3958]

GDP = GDP1 + GDP2 + GDP3

从以上方程中我们可以看出，上海市第一产业 GDP 和劳动力、投资存在正相关关系，其中影响最强的是投资，而与科技进步无显著关系。目前，我国的农业依靠技术的程度还较低，但从西方国家经验来看，我国智慧农业、科技农业未来一定会有所发展，特别是在上海市这种经济最发达的地区。

上海市第二产业 GDP 和劳动力、资本、科技进步均存在正相关关系。投资对于第二产业 GDP 的影响非常大，相关系数高达 0.62。这和真实情况是吻合的，因为第二产业主要是地产、建筑业，依靠重资本投入拉动的效应很大。

与第一产业 GDP 与科技进步无关不同，第三产业 GDP 和科技进步的相关性相对较高，接近 0.18。这说明，上海市技术进步对于第三产业的产值有积极的拉动作用。同时，比较三个产业和劳动力数量的关系，第三产业和劳动力数量无显著关系。上海市服务业与技术进步有较大关系，并且不是劳动密集型行业。

（2）收入模块。收入和生产总值直接相关，可以分为城镇居民收入和农村居民收入。其中城镇居民主要从事二三产业，城镇居民人均收入和二三产业的人均产值有关；农村居民主要从事第一产业，农村居民人均收入和第一产业的人均产值有关。

①工资总额（见表20）。

Log(WAGETOTAL) = C(1) × Log(GDP) + [AR(1) = C(2)]

表 20　　　　　　　　　　WAGETOTAL 方程系数

Variable	Coefficient	Std. Error	t – Stat	Prob.
Log（GDP）	0.917216	0.110595	8.293472	0.0000
AR（1）	0.970610	0.030925	31.38584	0.0000
R – Squared	0.996865		D. W. stat	1.253023

②城镇居民人均可支配收入（见表21）。

Log(INCOMECITY) = C(1) × Log[(GDP2 + GDP3)/POPULARCITY] + [AR(1) = C(2)]

表 21 INCOMECITY 方程系数

Variable	Coefficient	Std. Error	$t-$ Stat	Prob.
Log〔（GDP2+GDP3）/ POPULARCITY〕	0. 481998	0. 138528	3. 479423	0. 0015
AR（1）	1. 010815	0. 002164	467. 1235	0. 0000
$R-$ Squared	0. 997070		D. W. stat	1. 515156

③农村居民人均可支配收入（见表22）。

Log(INCOMEVILLAGE) = C(1) + C(2) × Log(GDP1/POPULARVILLAGE) + 〔AR(1) = C(3)〕

表 22 INCOMEVILLAGE 方程系数

Variable	Coefficient	Std. Error	$t-$ Stat	Prob.
Log（GDP1/POPULARVILLAGE）	0. 43236	0. 10769	4. 01486	0. 0003
AR（1）	1. 00919	0. 00185	546. 704	0. 0000
$R-$ Squared	0. 99679		D. W. stat	1. 33853

收入模块共包含以下3个方程。从方程中可以证实，工资总额、人均收入和GDP是直接正相关的。

Log(WAGETOTAL) = 0.9172 × Log(GDP) + 〔AR(1) = 0.9706〕

Log(INCOMECITY) = 0.4820× Log〔(GDP2+ GDP3)/POPULARCITY〕 + 〔AR(1) =1.0108〕

Log(INCOMEVILLAGE) = 0.4324 × Log(GDP1/POPULARVILLAGE) + 〔AR(1) = 1.0092〕

（3）消费板块。此模块将消费细分为城镇居民消费、农村居民消费、政府消费。其中，居民消费与居民可支配收入、存款利率相关，政府消费被看作外生变量。

①城镇居民总消费（见表23）。

Log(CCITY) = C(1) × Log(INCOMECITY × POPULARCITY) + 〔AR(1) = C(2)〕

表 23 CCITY 方程系数

Variable	Coefficient	Std. Error	$t-$ Stat	Prob.
Log（INCOMECITY × POPULARCITY）	0. 612440	0. 079860	7. 668872	0. 0000
AR（1）	0. 982555	0. 011203	87. 70786	0. 0000
$R-$ Squared	0. 998484		D. W. stat	1. 859627

②农村居民总消费（见表24）。

$Log(CVILLAGE) = C(1) \times Log(INCOMEVILLAGE \times POPULARVILLAGE) + C(2) \times RATE + [AR(1) = C(3)]$

表24   **CVILLAGE 方程系数**

Variable	Coefficient	Std. Error	t – Stat	Prob.
Log（INCOMEVILLAGE × POPULARVILLAGE）	0. 463288	0. 054102	8. 563207	0. 0000
RATE	− 0. 014617	0. 007503	1. 948096	0. 0602
AR（1）	0. 969468	0. 014729	65. 81969	0. 0000
R – Squared	0. 996905		D. W. stat	1. 939218

③消费总额。消费总额为城镇居民消费、农村居民消费、政府消费之和。消费模块共有以下3个方程：

$Log(CCITY) = 0.6124 \times Log(INCOMECITY \times POPULARCITY) + [AR(1) = 0.9826]$

$Log(CVILLAGE) = 0.4633 \times Log(INCOMEVILLAGE \times POPULARVILLAGE) - 0.0146 \times RATE + [AR(1) = 0.9695]$

$CT = CCITY + CVILLAGE + CGOV$

从以上方程中可以看出，城镇居民消费和农村居民消费的区别主要在于和存款利率的关系。城镇消费和利率的关系不显著，上海市的城镇居民不会因为存款利率而改变自己的消费水平，仅和可支配收入有关；而农村居民消费对存款利率的变动更敏感。

（4）投资模块。投融资的渠道除了国内固定资产投资外，还有国外资金、股权投资等。投资模块和金融开放相关的变量有固定资产投资（外资）、外商直接投资、QFII 新增账户数。其中，外商直接投资不仅对投融资渠道产生影响，传导路径也相对多元。它给国内带来急需的资金和技术，一方面可能带来部分技术转让，提高经济体的技术水平；另一方面拓宽了投资渠道，对国内投资带来补充。此外，由于外商直接投资部分来自在中国建厂的外国企业，对出口可能也有所促进。QFII 作为金融市场对外开放的主要途径，便利化、丰富化了企业融资的渠道，可能也会对总投资额产生正向促进作用。

①总投资额（见表25）。

$Log(INVEST) = C(1) \times Log[GDP(-1)] + C(2) \times Log(INVESTFIX) + C(3) \times Log(FDI \times DOLLAR) + C(4) \times QFII$

表 25   **INVEST 方程系数表 1**

Variable	Coefficient	Std. Error	t – Stat	Prob.
Log［GDP（－1）］	0. 358728	0. 065245	5. 498201	0. 0000
Log（INVESTFIX）	0. 573643	0. 089232	6. 428646	0. 0000
Log（FDI × DOLLAR）	0. 072748	0. 024754	2. 938861	0. 0063
Log（QFII）	0. 000788	0. 005960	0. 132198	0. 8957
R – Squared	0. 998229		D. W. stat	1. 427482

QFII 的系数不显著，说明 QFII 作为投资渠道对总投资的扩大作用相对较小，将其剔除并调整得到下列方程（见表 26）：

$$Log(INVEST) = C(1) \times Log[GDP(-1)] + C(2) \times Log(INVESTFIX) + C(3) \times Log(FDI \times DOLLAR) + [AR(1) = C(4)]$$

表 26   **INVEST 方程系数表 2**

Variable	Coefficient	Std. Error	t – Stat	Prob.
Log（GDP（－1））	0. 452227	0. 079581	5. 682567	0. 0000
Log（INVESTFIX）	0. 460234	0. 104534	4. 402728	0. 0001
Log（FDI × DOLLAR）	0. 085119	0. 025265	3. 369069	0. 0021
AR（1）	0. 340071	0. 145982	2. 329539	0. 0270
R – Squared	0. 996892		D. W. stat	1. 790129

②固定资产投资总额。固定资产投资的来源可分为外资、内资两部分。外资部分由于是金融开放政策变量我们将其视作外生，内资部分我们推测和上海市 GDP、贷款总额相关。

INVESTFIX = INVESTF + INVESTD

③固定资产投资：内资（见表 27）。

INVESTD = C（1）× GDP（－1）+［AR（1）= C（2）］

表 27   **INVESTD 方程系数**

Variable	Coefficient	Std. Error	t – Stat	Prob.
GDP（－1）	0. 540192	0. 127059	4. 251491	0. 0002
AR（1）	1. 248063	0. 083309	14. 98117	0. 0000
R – Squared	0. 989905		D. W. stat	1. 850119

投资模块包含以下 3 个方程：

Log（INVEST）= 0.4522 × Log［GDP（－1）］+ 0.4602 × Log（INVESTFIX）+

$0.0851 \times \text{Log}(\text{FDI} \times \text{DOLLAR}) + [\text{AR}(1) = 0.3401]$

$\text{INVESTD} = 0.5402 \times \text{GDP}(-1) + [\text{AR}(1) = 1.248]$

$\text{INVESTFIX} = \text{INVESTF} + \text{INVESTD}$

方程结果显示固定资产投资的内资部分和贷款额关系不显著，仅和上一期 GDP 有关。总投资也是和上一期 GDP 正相关，因为经济好转增加了投资热情。QFII 虽然是外国资金在中国金融市场投资的主要渠道，但由于其体量仍然较小，对扩大总投资没有显著影响。

（5）外贸模块。

①进口总额。探究上期末外汇存款余额增加，是否会对用外汇购买进口商品产生积极作用（见表 28）。

$\text{Log}(\text{IMPORT}) = C(1) \times \text{Log}(\text{GDP}) + C(2) \times \text{Log}(\text{CT}) + C(3) \times \text{Log}[\text{DEPOSITF}(-1)] + C(4) \times \text{Log}(\text{DOLLAR})$

表 28　　　　　　　　　　　IMPORT 方程系数表 1

Variable	Coefficient	Std. Error	t – Stat	Prob.
Log（GDP）	– 1.204198	0.335442	– 3.589890	0.0012
Log（CT）	2.856486	0.406117	7.033645	0.0000
Log［DEPOSITF（– 1）］	– 0.601394	0.480377	– 1.251923	0.2203
Log（DOLLAR）	– 1.648621	0.395190	– 4.171721	0.0002
R – Squared	0.889147		D. W. stat	1.869995

和外汇存款余额关系不显著，剔除后得到下列方程（见表 29）：$\text{Log}(\text{IMPORT}) = C(1) \times \text{Log}(\text{GDP}) + C(2) \times \text{Log}(\text{CT}) + C(3) \times \text{Log}(\text{DOLLAR})$。

表 29　　　　　　　　　　　IMPORT 方程系数表 2

Variable	Coefficient	Std. Error	t – Stat	Prob.
Log（GDP）	– 1.677957	0.304852	– 5.504168	0.0000
Log（CT）	2.951003	0.400878	7.361346	0.0000
Log（DOLLAR）	– 1.485757	0.426098	– 3.486891	0.0014
R – Squared	0.889147		D. W. stat	1.869995

②出口总额（见表 30）。

$\text{Log}(\text{EXPORT}) = C(1) \times \text{Log}(\text{GDP}) + C(2) \times \text{FDI}(-1) + C(3) \times \text{DOLLAR} + [\text{AR}(1) = C(4)]$

表30 EXPORT 方程系数表1

Variable	Coefficient	Std. Error	t – Stat	Prob.
Log（GDP）	1. 072564	0. 349625	3. 067758	0. 0046
FDI（-1）	-0. 002466	0. 002503	-0. 984944	0. 3328
DOLLAR	0. 050148	0. 037113	-1. 351220	0. 1871
AR（1）	0. 999115	0. 018503	53. 99824	0. 0000
R – Squared	0. 994446		D. W. stat	1. 479422

上海市的 FDI 没能直接促进出口，这与曹伟（2005）对中国 FDI 和外贸关系的研究结果不同。将该变量剔除后得到以下方程（见表31）：

$$Log(EXPORT) = C(1) \times Log(GDP) + C(2) \times Log(DOLLAR) + [AR(1) = C(3)]$$

表31 EXPORT 方程系数表2

Variable	Coefficient	Std. Error	t – Stat	Prob.
Log（GDP）	0. 999508	0. 230908	4. 328600	0. 0001
Log（DOLLAR）	0. 528200	0. 199412	-2. 648787	0. 0126
AR（1）	0. 987934	0. 031201	31. 66306	0. 0000
R – Squared	0. 994819		D. W. stat	1. 615680

③净出口。

NX = EXPORT – IMPORT

（6）金融模块。

①城镇居民储蓄（见表32）。

$$Log(DEPOSITPC) = C(1) \times Log(INCOMECITY \times POPULARCITY) + C(2) \times Log(CCITY) + C(3) \times RATE + [AR(1) = C(4), MA(1) = C(5)]$$

表32 DEPOSITPC 方程系数

Variable	Coefficient	Std. Error	t – Stat	Prob.
Log（INCOMECITY × POPULARCITY）	0. 409988	0. 090453	4. 532624	0. 0001
Log（CCITY）	0. 321311	0. 152386	2. 108532	0. 0437
RATE	0. 047030	0. 009776	-4. 810668	0. 0000
AR（1）	0. 950392	0. 022625	42. 00673	0. 0000
MA（1）	0. 684341	0. 133699	5. 118509	0. 0000
R – Squared	0. 998765		D. W. stat	2. 004243

②农村居民储蓄（见表33）。

$$\text{Log(DEPOSITPV)} = C(1) \times \text{Log(INCOMEVILLAGE} \times \text{POPULARVILLAGE)} + C(2)$$
$$\times \text{Log(CVILLAGE)} + C(3) \times \text{RATE} + [\text{MA}(1) = C(4), \text{MA}(2) = C(5)]$$

表33   **DEPOSITPV 方程系数**

Variable	Coefficient	Std. Error	t – Stat	Prob.
Log（INCOMEVILLAGE × POPULARVILLAGE）	− 0.470922	0.074122	− 6.353334	0.0000
Log（CVILLAGE）	2.553763	0.195065	13.09188	0.0000
RATE	− 0.134123	0.034940	− 3.838686	0.0006
MA（1）	0.810903	0.133317	6.082509	0.0000
MA（2）	0.683132	0.137444	4.970259	0.0000
R – Squared	0.988526		D. W. stat	1.750338

③总存款额。

$$\text{DEPOSITT} = \text{DEPOSITPC} + \text{DEPOSITPV} + \text{DEPOSITC}$$

④总贷款额（见表34）。

$$\text{Log(FLOAN)} = C(1) \times \text{Log(DEPOSITT)} + C(2) \times \text{RATEF} + [\text{AR}(1) = C(3)]$$

表34   **FLOAN 方程系数**

Variable	Coefficient	Std. Error	t – Stat	Prob.
Log（DEPOSITT）	0.950187	0.013235	71.79517	0.0000
RATEF	− 0.031947	0.011220	2.847337	0.0080
AR（1）	0.508082	0.160847	3.158801	0.0037
MA（1）	0.257402	0.030752	8.370357	0.0000
MA（2）	0.955325	0.012271	77.85295	0.0000
R – Squared	0.996987		D. W. stat	1.639061

金融模块所有方程如下：

$$\text{Log(DEPOSITPC)} = 0.4010 \times \text{Log(INCOMECITY} \times \text{POPULARCITY)} + 0.3213 \times$$
$$\text{Log(CCITY)} + 0.0470 \times \text{RATE} + [\text{AR}(1) = 0.9504]$$

$$\text{Log(DEPOSITPV)} = - 0.4709 \times \text{Log(INCOMEVILLAGE} \times \text{POPULARVILLAGE)} +$$
$$2.5538 \times \text{Log(CVILLAGE)} - 0.1341 \times \text{RATE}$$

$$\text{DEPOSITT} = \text{DEPOSITPC} + \text{DEPOSITPV} + \text{DEPOSITC}$$

$$\text{Log(FLOAN)} = 0.9502 \times \text{Log(DEPOSITT)} - 0.0319 \times \text{RATEF} + [\text{AR}(1) = 0.5081]$$

（7）科技模块。

①专利授权量（见表35）。

$$Log(PATENT) = C(1) \times Log(R\_D) + C(2) \times Log(FDI) + [AR(1) = C(3),$$
$$AR(2) = C(4), MA(1) = C(5)]$$

表35　　　　　　　　　　　　　　PATENT 方程系数

Variable	Coefficient	Std. Error	t − Stat	Prob.
Log（R_D）	1.402994	0.105188	13.33801	0.0000
Log（FDI）	0.046988	0.100004	0.469859	0.6420
AR（1）	1.178636	0.171576	6.869475	0.0000
AR（2）	− 0.341798	0.168766	− 2.025278	0.0521
R − Squared	0.988425		D. W. stat	2.102631

上海市的科技水平和研发支出高度相关，同时和外商直接投资正相关，说明 FDI 对技术进步有积极带动作用。

$$Log(PATENT) = 1.4030 \times Log(R\_D) + 0.0470 \times Log(FDI) + [AR(1) = 1.1786,$$
$$AR(2) = -0.3418]$$

2. 冲击结果及分析。从此前的实证分析我们得出，代表上海自贸区金融开放力度的几个指标变化如表36所示。

表36　　　　　　　　上海市自贸区金融开放政策力度　　　　　　　单位:%

年份	资本账户开放度			金融市场开放度
	外商直接投资	外汇存款余额	外资固定资产投资	QFII 新增账户数
2013	20	1	1	31
2014	− 10	− 7	− 4	11
2015	25	21	14	− 4

保持其他外生变量不变，将上述变动全部反映到联立方程模型中，和真实数据进行对比，得到自贸区金融开放对上海市经济系统各模块的冲击如表37所示。

表37　　　　　　自贸区金融开放政策对上海市经济变量的影响幅度　　　　　单位:%

	2013 年	2014 年	2015 年
第一产业生产总值	2.12	2.86	3.25
第二产业生产总值	3.45	3.83	5.49
第三产业生产总值	3.87	4.14	7.53
上海市生产总值	3.7	4.02	6.73
工资总额	− 0.77	− 0.75	− 0.15

续表

	2013 年	2014 年	2015 年
农村居民可支配收入	−0.31	−0.07	0.07
城市居民可支配收入	2.03	2.17	3.26
上海市总消费额	1.35	1.44	1.9
城市居民总消费额	1.94	2.01	2.65
农村居民总消费额	−1.22	−1.09	−1
总投资额	3.88	5.92	7.3
固定资产投资总额	6.16	10.25	12.35
固定资产投资额：内资	6.36	10.71	12.52
进口总额	−1.43	−1.57	−2.95
出口总额	5.03	5.36	8.31
净出口	−6.19	−7.07	−8.02
人民币存款总额	0.33	0.39	0.48
城市居民存款总额	1.68	1.76	2.41
农村居民存款总额	−2.78	−2.59	−2.44
人民币贷款总额	0.6	0.54	0.56
专利授权量（发明专利）	9.79	2.16	11.34

从表 37 中可以看出，上海自贸区金融开放对上海市经济系统主要变量均产生了影响，且绝大部分是正向积极影响，这说明金融开放对于上海市整体经济是有益的。金融开放在一定程度上抑制了上海市的进口额度，同时刺激了出口（净出口其实提高了，但因为近年上海市净出口基数均为负值，所以冲击体现为负值）。金融开放对上海市农村居民的收入消费和储蓄均产生了反向影响，而对城市居民生活水平的影响是积极的，这说明金融开放促进了上海市的城市化。

在所有变量中，对自贸区金融开放最敏感的是固定资产投资额、专利授权量。这说明自贸区金融开放对于刺激上海市的投资和技术进步起到了十分积极的影响。

正如本文此前论述，金融开放细分为资本账户开放和金融市场开放。在考察了整体金融开放政策后，本文对两个角度的开放政策分别进行模拟。

由之前的分析可以得出，以 QFII 为代表的金融市场开放政策力度在 2013—2015 年分别为 31%、11%、−4%（见表 11）。将该冲击作用于上海市经济系统，结果发现金融市场开放政策并没有对上海市经济产生明显影响，变动幅度几乎全部为 0。本文认为，这是因为证券市场、债券市场等目前对外开放的渠道很局限、整体体量小，不足以对投资、生产总值等宏观经济变量产生影响。

因此，自贸区金融开放政策对上海市经济带来的积极影响，目前全部来自于资本账户开放这个方向。这更加印证了我们将金融开放细分来看的严谨性和必要性。

四、自贸区金融产业集聚评估

伴随着经济全球化节奏的日益加快和其程度的不断加深，国际资本正处于加速流动的状态。国际金融市场蓬勃发展的同时，不同国家以及不同区域的经济主体之间也产生着越来越紧密的相互关联。全球社会经济的突飞猛进，有效地加速和促进了各类产业的集聚。与此同时，各种金融产业集群也逐渐生成并在此基础上不断发展壮大。由于金融集聚现象能够在很大程度上加剧和强化各类金融企业之间的竞合，进而有效带动各类金融创新，同时又能够通过规模经济大幅降低金融企业的经营成本，以金融集群的形式"抱团取暖"已成为世界范围内的金融业发展的大势所趋。

金融集聚通常显现出十分突出的地域性特点。国际金融界中，从伦敦、纽约、东京、中国香港、新加坡等集聚了众多金融名企的较为成熟的世界金融中心城市的发展历程来看，金融集聚都是其中十分关键的环节之一。如今，金融集群已成为金融业发展的重要组织形式，其发展演进不但对本区域所在地金融中心的建立起到巨大的推进作用，对整个国家的经济发展与腾飞来说也是十分关键的。我国作为快速发展中的新兴市场国家之一，金融产业集群的重要作用正日益显现。目前，诸如北京、上海、广州、深圳等较有代表性的典型金融集聚地已初步形成，其中尤以上海的金融集聚现象最为突出。

2013 年 9 月 29 日，我国内陆首个自由贸易区——中国（上海）自由贸易试验区正式挂牌成立。上海自贸区的建立加速了各类金融企业在区内的集聚。相关数据显示，首批进驻自贸区的 36 家企业当中，金融机构有 11 家，所占的比例超过 30%，包括工商银行、农业银行、中国银行、建设银行、交通银行、招商银行、浦发银行、上海银行 8 家中资银行，花旗银行、星展银行 2 家外资银行及交银金融租赁公司。2014 年 6 月 4 日"国家使命：上海自贸区与金融创新"论坛举行时，上海自贸区管委会常务副主任戴海波先生表示，自挂牌 8 个月以来，上海自贸区已经集聚了 2 297 家金融企业，占所有新设企业总数的比例为 24%，其中，持牌类金融机构 57 家，融资租赁和股权投资类金融机构 321 家，金融信息服务、资产管理等金融相关类企业 1 919 家。

上海自贸区作为我国金融改革的试验田，经过两年多的改革发展与开放创新，吸引了众多金融机构的进驻，目前区内金融集聚的效应已经初步显现。从微观上来看，金融集聚是金融中心得以建成的基石。自 1970 年以来，金融集群这种高效的组织形式就开始被愈来愈多的金融机构认可和采用。首先出现的是银行业的集聚，随着时间的推移和金融业态的日益丰富，各种其他类型的金融机构也开始逐渐集聚进来，而当金融集聚的程度达到一定水平时，金融中心即应运而生。可见，深入探索和研究上海自贸区内的金融集聚现象，并基于上海自贸区金融产业集群的演进状况对相关政策进行评估并提出建议，对区内及周边地区金融产业及经济的跨越式发展，对上海国际金融中心的建设乃至我国金融业态的发展都具有十分重大的现实意义。

一方面，在金融集群形成和演进的过程中能够带来强大的规模经济，有效促成各类金融创新，并有望借助于辐射效应，在推动当地金融业态发展的同时，促进区域内其他产业集群的形成与演进，从而呈现出金融业与实体经济良性互动的大好局面。对上海自贸区金融产业集群相关问题进行研究，明确自贸区金融集群在演进过程中可能呈现的特点以及出现的问题，从而在政策制定层面有针对性地扬长避短，以促进其健康发展，进而发挥其在经济建设和金融改革中的巨大能量，助力实现打造上海国际金融中心的目标，符合上海自贸区乃至整个上海市金融业态当前的发展需要。

另一方面，上海自贸区作为金融创新和改革的先行者，在发展过程中与金融集聚效应相关的建设经验都是可推广与复制的，有着极大的借鉴价值，能够为上海市乃至我国其他地区的经济发展与改革提供宝贵的经验与借鉴，充分发挥上海自贸区在经济建设中的蝴蝶效应。例如，"一行三会"（即中国人民银行、中国银行业监督管理委员会、中国证券监督管理委员会和中国保险监督管理委员会）在上海自贸区建设中积累的相关经验，其中已有部分推广到了整个上海市。

对于任何类型的产业集群来说，基于知识外溢效应的集群整体技术和业务创新能力都是其长期竞争优势的来源和得以持续健康发展的深层次动因。有效激发集群内企业的学习与创新能力，进而进一步增强集群整体的学习能力与创新能力，才能实现集群的可持续发展。因此，本课题组主要从创新角度出发来对上海自贸区的金融产业集聚情况进行研究。

本课题组以 ACE 建模方法和 CAS 理论为指导，采用两个步骤对上海自贸区金融产业集群系统进行建模。首先，以真实的自贸区金融产业集群为基础建立面向对象的创新与上海自贸区金融产业集群协同演进的三层面概念模型；其次，以建立的三层面概念模型为基础构建面向对象的计算机仿真系统。

（一）金融产业集群三层面概念模型

概念模型作为上海自贸区真实金融产业集群与 Swarm 仿真模型相互连接的桥梁，其作用主要在于通过深入的分析将仿真过程中需要考虑的上海自贸区金融产业集群系统相关因素和特征进行提取和总结，并用于建立最终的 Swarm 计算机仿真模型。由于概念模型的构建不受仿真具体实现过程的限制，因此能够真实、有效地反映客观世界，并能够通用于各类仿真程序。

本课题组建立的概念模型将影响上海自贸区金融产业集群演进的要素划分为三个层面，分别为企业层面、产业集群层面和环境层面，简称三层面概念模型，如图16所示。上述三个层面中又包括了八个影响要素，分别为资本要素、技术要素、劳动要素、创新能力要素、集群产出规模要素、集群技术水平要素、市场总需求要素和创新环境支撑要素。

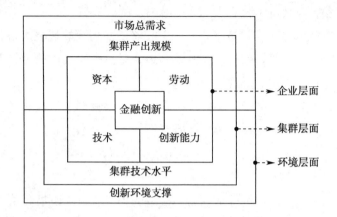

图16 上海自贸区金融产业集群三层面概念模型

（二）金融创新动力传导机制

模型中，金融创新是上海自贸区金融产业集群不断演化升级的根本驱动力。此处的金融创新有两层含义：一是金融制度层面的创新，由政府主导；二是金融产品及业务模式层面的创新，由金融企业主导。

金融行业作为受政府管制程度较高的领域，在未获得相应法规、条例批准的情况下，各类金融企业在实施金融创新行为时往往会受到各种限制。而上海自贸区的成立，则开启了全面深化金融业改革开放的新征程，并有效地对整个自贸区的金融业态起到了"松绑"的作用。

因此，在上海自贸区中，以负面清单制度和"金改40条"等为代表的金融制度创新堪称是自贸区金融产业集群演化升级的先导力量。一方面，"金改40条"等金融创新制度的推出，有力地驱动了区内金融企业的金融产品及业务模式创新，而先发制人的创新往往是超额利润的来源之一，这将吸引有一定实力的金融企业积极加入到区域中来；另一方面，由汇率市场化、负面清单等一系列金融改革及创新开放制度吸引入驻的知名跨国金融企业与区内本土金融企业相互融合的过程，能够让本土金融企业借助知识外溢效应，通过信息交换与学习模仿获取国外先进技术及业务经验，有效降低学习成本，从而在追求超额利润的目的下加入产业集群，并通过与集群内企业建立的各种正式及非正式合作共同打造有利于协同创新的良好环境，进一步提高整个区域网络的平均技术水平。上述创新动力传导机制如图17所示。

（三）金融企业主体创新决策行为

创新决策，即在面临创新压力的情况下决定是采用自主创新的方式还是直接购买新技术、业务来提高自身的技术、业务能力。

当自适应企业主体自身的技术水平 $FirmT_t$ 低于集群平均技术水平 $AverageT_t$ 时，其将面临一定的创新压力。对此，企业有两种选择。

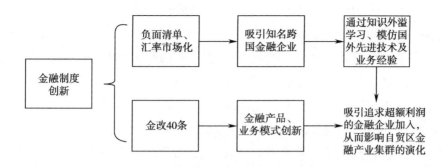

图 17　上海自贸区金融创新动力传导机制

◆ 若购买技术的价格 $PriceT_t <$ 自主创新的成本 C_t^I 并且 $PriceT_t <$ 资本 K_t，企业将选择直接购买技术，此时将引起企业资本的减少，减少的值即等于 $PriceT_t$。

◆ 若购买技术的价格 $PriceT_t >$ 自主创新的成本 C_t^I，企业将选择自主创新，此时将产生创新成本，并进一步引发总成本的增加。其中，企业自主创新成功的概率将直接受到其所处的创新环境的影响。若创新成功，企业技术水平将大幅提高；反之，企业技术水平只能通过知识外溢效应微量增加。

另外，企业创新作为以企业为主导的经济活动，将同时受到来自环境的外部压力和来自企业的内在动力这两大方面的影响。具体而言，影响企业创新活动的因素主要包括以下两种：(1) 内部动力，包括企业的创新能力和创新行为可能带来的相对竞争优势、超额利润，其中，创新能力将影响创新成本，因此较强的创新能力是企业创新活动成功开展的基础；(2) 外部压力，即不断变化的市场需求和环境中技术、业务水平发展所催生的创新要求（见图18）。

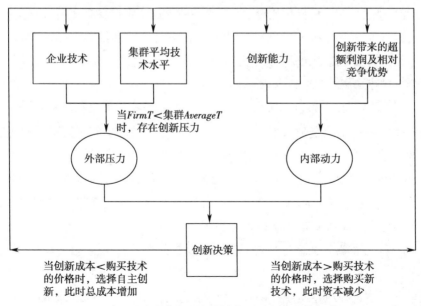

图 18　金融产业集群中金融企业的创新决策要素

概念模型将上海自贸区金融产业集群视为一个创新网络，而集群的持续演进则是集群内金融企业主体不断进行金融创新的结果。通过查阅大量相关文献，本课题组总结得出金融产业集群演进过程一般可粗略分为四个阶段：（1）萌芽阶段。在此阶段中，集群中的各类金融企业主体还没有建立内在联系，集群内的创新机制也尚未形成，但知识外溢效应已开始发挥作用，国内外各类金融企业开始基于政策、区位等优势在区域内集中，并同时吸引其他潜在的金融企业主体对象加入。（2）发展阶段。在此阶段中，集群中金融企业主体的内在关联初步形成，企业金融创新行为开始大量涌现，集群中技术、业务等各方面比较优势突出的标杆类金融公司及各类大型跨国金融公司通过先行的金融创新和知识外溢有效带动着集群内其他成员企业的业务升级和技术进步。（3）成熟阶段。在此阶段中，整个产业集群开始进行动态调整，金融企业主体的创新速度趋缓，集群内企业数量及企业间联系均处于相对稳定的状态。（4）更新阶段。在此阶段中，根据集群发展状况的不同，将分化出两种截然不同的演进路径：其中发展阻力较大的集群将面临瓶颈并逐渐衰退；发展较为顺利的集群能够避开由于大规模扩张所造成的"拥挤效应"，并融入全球价值链中继续扩张，进一步拓展海外市场，实现可持续发展。

（四）影响上海自贸区金融产业集群演进的要素

1. 企业层面要素。从企业层面来看，影响上海自贸区金融产业集群演进的要素包括四种：资本要素、技术要素、劳动要素和创新能力要素。企业主体若能在尽量避免错误决策的基础上对上述四种要素进行有效配置，就能够在竞争激烈但同时也机遇良多的集群中顺利生存下来并取得良好的发展，从而在激发企业内部的创新活力的基础上，通过创新行为打造集群整体的动态竞争优势，促进企业创新与产业集群协同演进。

（1）资本要素。在上海自贸区内，金融企业主体的资本主要有两大来源，第一个来源是企业自有的资本储备，第二个来源是其获得的国内外企业的投资，特别是自贸区负面清单制度的实施，大大促进了包括国外金融集团在内的外商投资。影响企业资本要素投入的因素包括当期的市场供求状况、企业技术业务水平、创新水平及劳动要素投入水平等。

（2）技术要素。在上海自贸区内，金融企业主体的技术主要包括两部分：一部分是企业原有技术，另一部分则是从集群知识外溢效应中习得的新技术。影响企业技术要素的因素包括企业在技术、业务方面的资金投入量及创新水平等。

（3）劳动要素。在上海自贸区内，金融企业主体的劳动要素多为素质较高的金融从业人员及高级信息技术人力资源。影响企业劳动要素投入的因素包括当期的市场供求状况、企业技术业务水平及资本要素投入水平等。

（4）创新能力要素。在上海自贸区金融产业集群中，金融企业主体的创新能力主要包括两部分：一部分来自企业资本、技术业务等要素中可用于驱动创新的部分；另一部分则来自学习模仿，即通过集群知识外溢效应所生成的创新网络而增加的新知识。

2. 产业集群层面要素。上海自贸区金融产业集群中的自适应金融企业主体在微观层面作出的诸如进驻集群、生产、创新、退出集群等决策，聚合到宏观层面则体现为产业集群整体的萌芽、发展、成熟、更新等现象。因此，集群的演化阶段是以集群内企业主体的数量和质量为标志的。从"量变"的层面上看，集群形成的标志是集群的产出规模达到一定水平。从"质变"的层面上看，集群形成的标志则是集群平均技术达到一定水平。因此，模型中将集群产出规模要素和集群技术水平要素视为金融创新影响上海自贸区金融产业集群演进过程中的重要观察指标。

（1）集群产出规模要素。在上海自贸区金融产业集群中，集群产出规模即体现为一定时间内集群中全体金融企业主体的产出之和。

（2）集群技术水平要素。在上海自贸区金融产业集群中，集群技术水平即体现为集群中全体金融企业主体技术水平的平均值。当企业技术水平低于集群技术水平时，将存在技术势差，进而对企业施加创新的压力。

3. 环境层面要素。在上海自贸区金融产业集群中，市场总需求将在很大程度上影响集群的产出规模，创新环境的支撑力度则将直接影响企业创新成功的概率，进而左右集群技术、业务水平的变动。因此，模型中将市场总需求要素和创新环境支撑要素视为创新影响上海自贸区金融产业集群演进过程中的重要影响指标。

4. 市场总需求要素。在任何产业集群的演进过程中，市场总需求都是自适应企业主体得以存续的关键因素，其变化将在一定程度上左右产业集群的兴衰。集群中的各类企业唯有密切关注市场需求的变动，并因地制宜地对此做出快速反应，才能实现可持续发展，进而通过持续的创新活动获取超额利润，推动整个产业集群的有序演进。

当供过于求（即集群产出规模超出市场总需求）时，则预示着产业集群中的企业所创造的产能过剩且无法及时被市场所"消化"，这将给整个集群带来"拥挤效应"，并可能引发企业间的恶性竞争，导致企业生产经营成本迅速攀升，甚至出现"柠檬效应"，从而对产业集群的演进造成严重的负面影响，危害集群整体的健康发展。

由于金融市场是一个复杂度极高、变化性极大的市场，其对国内乃至国际市场环境的大小波动十分敏感，上海自贸区金融产业集群所对应的市场总需求往往是动态随机且难以捉摸的。因此，模型中把市场总需求视为外生变量。同时，鉴于其具有一定的路径依赖性，模型中将其设置为随上一期的市场总需求在一定范围内随机变动。

5. 创新环境支撑要素。在上海自贸区金融产业集群中，金融企业主体创新成功的可能性与创新环境支撑的发展状况息息相关。创新环境支撑力度越大，集群内自适应企业主体创新成功的可能性则越大。创新环境支撑要素可以用创新载体的数量来衡量，即创新载体的数量越多，创新环境支撑力度就越大。

上海自贸区金融改革"金改40条"中第二条提出："支持经济主体可通过自由贸易账户开展涉外贸易投资活动，鼓励和支持银行、证券、保险类金融机构利用自由贸易账户等开展金融创新业务，允许证券、期货交易所和结算机构围绕自由贸易账户体系，充分利用自由贸易账户间的电子信息流和资金流，研究改革创新举措。"

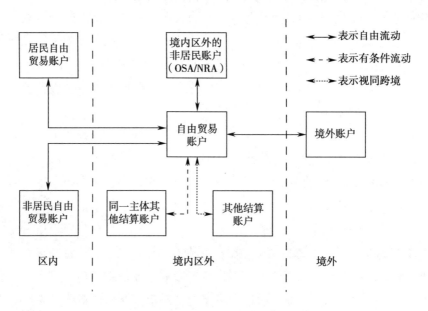

图19　自由贸易账户的资金流动规则

自由贸易账户体系作为自贸区中"含金量"最高、也最为核心的金融改革制度之一，在促进投融资便利、拓展金融市场开放度的同时，也在极大程度上加快了围绕自由贸易账户展开的金融产品创新的节奏，是战略意义十分重大的金融创新载体。通过自由贸易账户，企业主体将能够开展包括海外发债、海外融资、交易衍生品等在内的多种业务；金融机构则可以开展分账核算业务，搭建一个与国际金融市场接轨的相对独立的金融运作环境。借助于分账核算单元，金融机构可在"电子围网式"的金融环境中实施风险可控的金融创新。目前，已有多个金融机构积极对接创新需求，并成功推出一系列金融创新产品及服务。截至2015年末，已有28家银行在上海自贸区开展分账核算业务，开设的自由贸易账户数达到4.4万个。其中，浦发银行作为首批5家（分别为中国银行、工商银行、建设银行、浦发银行、上海银行）开展分账核算业务的金融机构之一，在金融同业内首创了全市覆盖的业务分布模式，并成功开展了结售汇、境外融资、境外直投等多维度的金融创新业务。另外，在跨境投融资业务领域也有较大创新，其中，农业银行通过自由贸易账户开展自营福费廷业务，突破了之前必须同境外商业银行合作开展NRA代理福费廷业务的限制。

自由贸易账户开户数的日益增多和其普及范围的日益扩大，则将进一步带动银行、证券、保险等金融机构利用自由贸易账户积极探索开发增长潜力巨大的创新业务。

通过搜集、查询相关资料，可获得上海自贸区自由贸易账户体系自2014年6月18日启动以来，各月末的自由贸易账户数，如表38所示。

表38 自由贸易账户数

时间	自由贸易账户数
2014/6/30	460
2014/7/31	1 972
2014/10/31	6 000
2014/11/30	6 925
2014/12/31	9 741
2015/4/30	12 466
2015/5/31	16 000
2015/6/30	20 000
2015/7/31	22 000
2015/8/31	26 000
2015/9/30	33 000
2015/10/31	36 000
2015/11/30	39 000
2015/12/31	44 000

其中，2014 年 8—9 月以及 2015 年 1—3 月的自由贸易账户数据未能获得。为此，本课题组使用 SPSS 软件对上述缺失数据进行了合理的估计和补全，并得到图 20 所示的结果。

图20 将每月末的自由贸易账户数据导入 SPSS

然后，本课题组针对补全缺失值后的自由贸易账户数时间序列进行了趋势预测，所得结果如图 21（a）~ 图 21（b）所示。

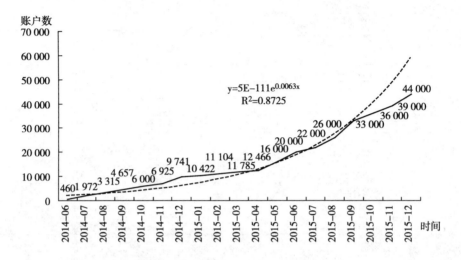

图 21 - a　采用指数函数进行拟合的结果

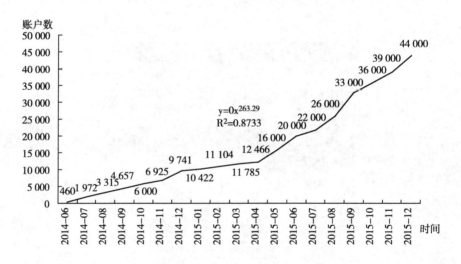

图 21 - b　采用幂函数进行拟合的结果

当采用指数函数进行趋势预测时，其 R^2 为 0.8725；

当采用幂函数进行趋势预测时，其 R^2 为 0.8733；

当采用线性函数进行趋势预测时，其 R^2 为 0.9187；

当采用对数函数进行趋势预测时，其 R^2 为 0.9178。

可见，采用线性函数进行趋势预测时的 R^2 是最大的且达到了 0.9187，因此可以近似地认为自由贸易账户数服从一个线性的增长趋势。

（五）金融创新载体对金融产业集群集聚状态的影响作用分析

上海自贸区中创新载体的数量（创新环境支撑要素）直接决定了集群中金融企业金

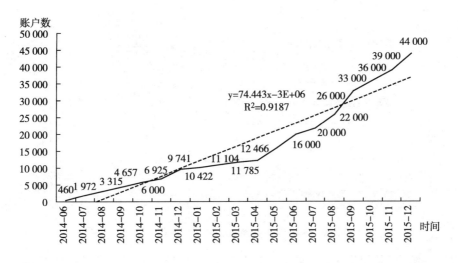

图21-c 采用线性函数进行拟合的结果

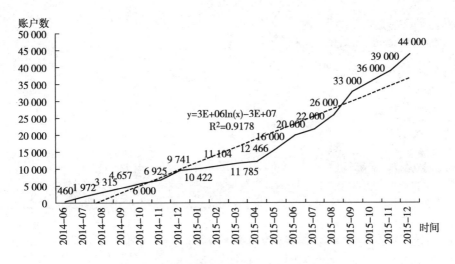

图21-d 采用对数函数进行拟合的结果

融创新活动开展成功的概率，从而将进一步影响企业在下一个运行周期中的技术、业务水平，而企业技术、业务水平又将直接影响各个企业在下一个运行周期中的创新决策以及进驻、退出集群的决策，进而最终影响到整个上海自贸区金融产业集群在下一周期的集聚状态，如图22所示。

单击控制面板上的Start按钮，可得到如图23所示的仿真结果。

运行的结果图23显示：在前300个运行周期，随着金融创新载体FTA的数量随时间持续增加，区域中的创新网络也不断得到同步的完善，因此自贸区金融产业集群中创新环境的支撑力度也在逐步加强，具体体现为集群中企业开展金融创新活动获得成功的概率从最初的0.3逐步提高到了最终的0.7。与此同时，集群的平均技术/业务水平获得了快速的提升。在第400个运行周期附近，集群的平均技术/业务水平首次出现了下滑

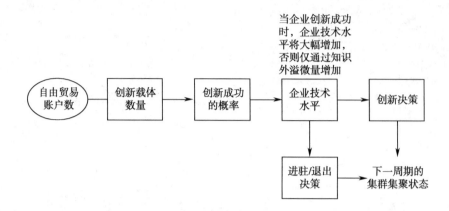

图22　金融创新载体对自贸区金融产业集群集聚状态的影响

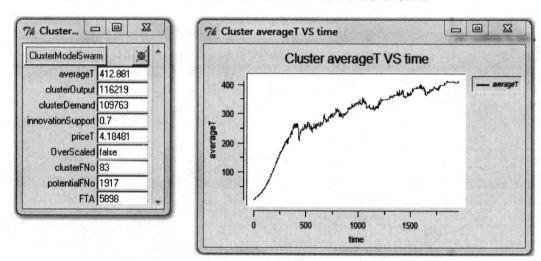

图23　上海自贸区金融产业集群平均技术/业务水平随时间变化情况

的现象。

　　对此，学者仇保兴曾在其相关著作中提出过经济学意义上的解释：当产业集群中的企业竞争过于激烈时，将引发类似于"烧钱模式"的恶性竞争，导致企业生产经营成本迅速攀升，甚至出现"柠檬效应"。此时，一部分技术、业务水平较高但资本实力较弱的企业将因为产品或服务市场份额的不断下降以及持续亏损被迫退出集群，而一部分技术、业务水平较低但资本实力较强的企业则能够依靠充足的资金供应来逐步扩大市场份额，进而得以留在集群中继续生存。同时，对于技术、业务水平较低但资本实力较强的企业来说，由于自主创新的成本较高，它们往往会倾向于直接购买现成的技术（包括不惜重金对技术、业务水平高的其他企业主管或核心员工进行"挖墙脚"），从而破坏集群的创新氛围，导致集群的平均技术、业务水平出现"开倒车"的现象。而随着知识外溢效应进一步发挥作用，集群周围某些创新文化浓厚且创新能力较强的潜在企业主体又能够通过不懈的技术产品更新和业务模式升级来弱化那些技术、业务水平较低但资本实力较强的企业所拥有的资金优势，并在预期收益为正时加入集群，进而得以再次推动集群平均技术、业务水平的提升。

此后，集群的平均技术/业务水平体现为震荡上升的态势，其间经历了 7 次左右相似的波动，然而，每个波动的"波谷"都高于前一个，并在第 2 000 个周期附近趋于稳态，生动、形象地展示了自贸区金融产业集群中金融企业通过技术、业务等创新活动实现的熊彼特式增长。

运行的结果图 24 显示：起初，受益于上海自贸区相关的金融政策优势和得天独厚的金融创新环境以及知识外溢效应带来的技术、业务水平的提高，大批金融企业竞相涌入金融产业集群中追逐这片"蓝海"所带来的超额利润，企业数量在较短的时间内实现了迅猛的增长。同时，由于自贸区成立时间较短，相关的金融市场信息收集与发布机制尚未建立，因此存在较为严重的信息不对称，而各个企业为了在新开辟的市场中快速抢占市场份额，将倾向于加大资源要素的投入，进而扩大自身的产出规模，由此造成集群总体产出规模在短时间内出现"井喷"现象。然而，由于市场需求的增长速度有限，这时集群内的市场容量将迅速达到饱和状态，并出现严重的供过于求现象，从而导致企业间竞争加剧，综合实力不够强大的企业则因为在激烈的竞争中持续亏损而被淘汰出局，正如曲线图中所反映的集群中金融企业主体数量的急剧下滑。在第 400 个运行周期附近，集群中金融企业主体数量停止了下滑，并在此后的运行过程中保持在一个相对稳定的水平。这主要是因为，随着竞争失败的企业陆续退出集群，集群内供过于求的状况得到好转，集群中企业的盈利状况也相应地得到改善，从而企业数量停止了减少的趋势；另外，随着自贸区创新载体带来的创新空间被充分挖掘和利用，其对集群中企业金融创

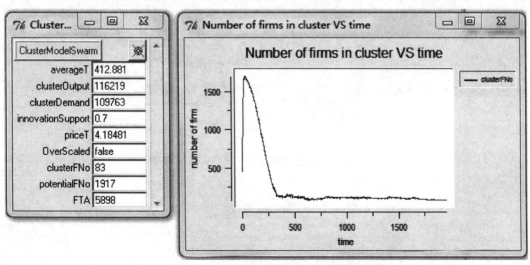

图 24   上海自贸区金融产业集群中金融企业主体数量随时间变化情况

新活动的促进作用也将出现边际递减，从而通过推出金融创新产品及业务来获取超额利润的难度也将逐渐加大。同时，在经历了前期大涨大落的经验教训之后，金融企业对自贸区金融产业集群也将有一个更为理性的认识，从而在综合权衡利弊的情况下更加谨慎地考虑是否进驻以及何时进驻自贸区金融产业集群等问题，而不是盲目跟风涌入，而此时得以留在集群中继续生存和发展的大多是综合实力足够强大的企业。

运行的结果图25显示：起初，随着集群中企业数量的迅猛增长，集群的产出规模也出现了同步的快速扩张。而当产出规模大幅超过市场需求时，随着竞争失败的企业退出集群，集群的产出规模又出现了快速的缩减。在第400个运行周期附近，集群的产出规模开始趋于稳定，并实现了围绕市场需求上下小幅波动的动态均衡。此后，从第1 000个运行周期附近开始，随着市场需求的进一步扩大，集群产出规模在实现供求动态均衡的基础上获得了阶段性的有序扩张，并生动、形象地体现了熊彼特"商业周期理论"中关于创新的论点，即企业创新活动是现代市场经济体系形成周期性波动的根本动因。另外，随着集群中金融创新载体持续增加所带来的创新网络的完善进一步带动企业技术、业务水平实现阶段性突破，集群中的金融企业将得以更好地挖掘和满足市场的新需求，并创造出更多能够抓住客户痛点的接地气的金融产品与服务，从而在扩大市场需求的基础上实现集群产出规模的良性扩张。

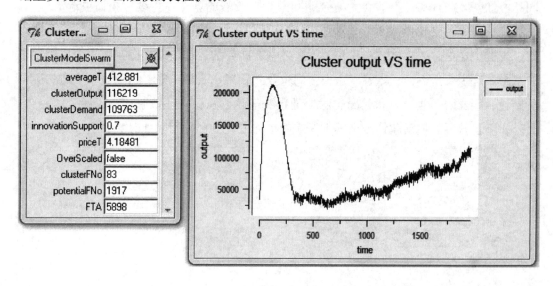

图25　上海自贸区金融产业集群产出规模随时间变化情况

五、结论与建议

（一）金融开放政策评估结论及建议

对自贸区金融开放政策评估的主要结论及建议如下：

1. 2013—2015 年，自贸区金融开放政策综合力度分别为 13%、-2%、14%，总体力度较大。细分来看，资本账户、金融市场两方面的开放力度在不同时间段是各有侧重的，前者在 2013 年、2015 年较强，而后者在 2013 年、2014 年较强。建议相关部门对金融开放保持持续关注，适时地推行进一步的政策，保持金融开放执行力度。

2. 自贸区金融开放政策在 2013—2015 年对上海市 GDP 的影响分别为 3.70%、4.02%、6.73%，对上海市整体经济有积极影响。上海自贸区应继续合理地推进金融开放政策，使上海市经济在其刺激下发展得更好。上海自贸区金融开放已经证实了其可行性、有效性，建议其他自贸区试点可以上海自贸区为标杆进行适当复制。

3. 自贸区金融开放政策对固定资产投资和技术进步的影响最大，同时对上海市的对外贸易、城市化有促进作用。因此，在制定金融开放相关政策时，应重点关注其对投资效率、技术进步方面的促进效果。

4. 从金融开放的两个视角看，以上积极刺激主要来源于资本账户开放，金融市场开放还未对经济产生显著影响，原因在于金融市场对外开放的渠道目前仍然较为局限、整体体量小。建议在把控风险的前提下适当从其他方面扩大证券等市场的开放力度。

简而言之，上海自贸区成立后，其金融开放政策的力度较大，同时对上海市经济产生了积极影响。本文建议上海自贸区继续深入推进金融开放政策，进一步刺激上海市经济。

（二）金融产业集聚效果评估及建议

从仿真结果来看，可以发现上海自贸区金融产业集群在演进的过程中主要存在如下问题：第一，在集聚初期出现了集群产出规模和集群中金融企业数量在短期内大幅震荡的现象；第二，在集聚中期出现了集群平均技术/业务水平的阶段性下滑现象；第三，在集聚的后期，集群产出规模虽然实现了一定程度的良性扩张，但仍存在继续增长的空间。

本文针对存在的问题提出了相应的政策建议。

1. 加强支持型金融组织建设，有序引导集聚过程。针对仿真结果中上海自贸区金融产业集群产出规模和集群中金融企业主体数量在集聚前期出现的"大起大落"现象，政府应加快在区内推动建设类似于行业智囊团的高水平支持型金融组织。其主要职责包括但不限于：建立准确、敏捷、全面的信息系统，定期统计并及时发布区内重要经济指标、区内金融市场相关运行数据、区内已有和新增金融企业综合信息、金融产品与服务运营数据等重要信息，从而有效降低信息不对称，防止出现企业因市场信息缺乏而错误地增加要素投入所造成的严重供过于求现象；同时，利用自身所掌握的充分的信息与丰富的专业知识为集群中的金融企业和潜在进入者提供专业的信息咨询服务，引导企业根据环境的变化和自身实际情况进行合理决策，以促进企业和整个金融产业集群的健康有序发展。

2. 为业务能力强但资本实力弱的金融企业提供资金支持，鼓励企业创新。针对仿真结果中上海自贸区金融产业集群平均技术/业务水平在集聚中期出现的阶段性下滑现象，政府应鼓励银行等资金供给方为那些业务能力强但资本实力弱的金融企业提供贷款与融资便利，甚至在必要时给予一定的政府补贴，以补全其资金短板，使这类企业尽量避免在激烈的竞争中因资金短缺的问题而被淘汰，并得以留在集群中为集群平均技术/业务水平的提高继续作贡献，从而尽可能地降低平均技术/业务水平在阶段性的波动中下滑的幅度，同时也鼓励企业积极开展金融创新活动以进一步提高自身乃至集群的平均技术/业务水平，实现"质"上的有效提升。

3. 推动企业融入全球价值链，大力扩展市场需求。在经济全球化的时代背景下，面对瞬息万变的金融市场和不断更新的市场需求，金融企业间的竞争往往更加激烈，自贸区金融产业集群要实现升级和可持续发展就必须与国际接轨。因此，政府应积极促进自贸区内本土金融企业与大型跨国金融集团的互动与合作，积极推动本土金融企业融入全球价值链。一方面，让本土金融企业能够学习、吸收跨国金融集团的高水平业务经验；另一方面，也扩大了企业业务水平与环境要求的平均水平之间的技术势差，从而迫使本土金融企业以国际化的标准来要求自己，积极开展各类金融创新活动，在强化自身竞争优势的同时，创造出更多契合客户需求的创新产品与服务，进而通过创新来有效扩展市场需求，将"市场蛋糕"做大。

参考文献

［1］张伟，杨文硕. 上海自贸区金融开放的定位与路径分析——兼与香港自由港金融演进路径比较［J］. 商业研究，2014（441）：131－136.

［2］黄礼健，岳进. 上海自贸区金融改革与商业银行应对策略分析［J］. 新金融，2014（3）.

［3］张华勇. 上海自贸区人民币国际化试验研究［J］. 湖南社会科学，2015（4）：143－147.

［4］王冠凤. 上海自由贸易试验区金融服务贸易自由化研究［J］. 经济体制改革，2015（1）.

［5］孔亚楠，姜翔程，甘超. 上海自贸区的建立对离岸贸易的影响［J］. 商业经济研究，2015（29）：24－26.

［6］王冠凤，郭羽诞. 上海自贸区贸易便利化和贸易自由化研究［J］. 现代经济探讨，2014（2）：28－32.

［7］王茜，张继. 我国金融服务业的开放与法律监管问题研究——基于上海自贸区的分析［J］. 上海对外经贸大学学报，2014（3）：28－38.

［8］李晶. 中国（上海）自贸区负面清单的法律性质及其制度完善［J］. 江西社会科学，2015（1）：154－159.

［9］孙元欣. 外资负面清单管理的国际镜鉴：上海自贸区例证［J］. 改革，2014（10）：37－45.

［10］赵静. 上海自贸区的经济溢出效应——基于系统动力学的方法［J］. 国际商务研究，2016

（2）：77－86.

[11]李艳红，梁毓琪，郝晓玲.上海自贸区国内外关注力分布研究——基于新闻报道和期刊文献的视角［J］.中国管理科学，2014（11）：544－551.

[12]项后军，何康.自贸区的影响与资本流动——以上海为例的自然实验研究［J］.国际贸易问题，2016（8）：3－15.

[13]谭娜，周先波，林建浩.上海自贸区的经济增长效应研究——基于面板数据下的反事实分析方法［J］.国际贸易问题，2015（10）：14－24.

[14]罗素梅，周光友.上海自贸区金融开放、资本流动与利率市场化［J］.上海经济研究，2015（1）：29－36.

[15]殷林森，严可扬.我国跨境证券投资发展与上海自贸区金融制度改革［J］.上海金融，2016（2）：76－80.

[16]华秀萍，熊爱宗，张斌.金融开放的测度［J］.金融评论，2012（5）：110－121.

[17]陈浪南，逄淑梅.我国金融开放的测度研究［J］.经济学家，2012（6）：35－44.

[18]林清泉，杨丰.金融开放与经济增长——基于面板阈值模型的实证分析［J］.应用概率统计，2011（2）：163－171.

[19]张金清，刘庆富.中国金融对外开放的测度与国际比较研究［J］.国际金融研究，2017（12）：61－69.

[20]姜波克等.开放经济与经济发展［M］.上海：复旦大学出版社，1999.

[21]王舒健，李钊.金融开放能促进经济增长吗［J］.世界经济研究，2006（10）：53－58.

[22]张永升，杨伟坤，荣晨.金融开放与经济增长：基于发达国家与发展中国家的实证分析［J］.财政研究，2014（3）.

[23]吴卫锋.新兴市场国家在金融开放与经济增长关系中的作用——兼论对中国金融开放的启示［J］.山西财经大学学报，2012（11）.

[24]陈雨露，罗煜.金融开放与经济增长：一个述评［J］.管理世界，2007（4）：138－146.

[25]高铁梅，康书隆.外商直接投资对中国经济影响的动态分析［J］.世界经济，2006（4）.

[26]蔡甜甜.中国宏观经济政策效应模拟分析［J］.财经问题研究，2014（11）.

[27]范小云，张景松，王博.金融危机及其应对政策对我国宏观经济的影响——基于金融 CGE 模型的模拟分析［J］.金融研究，2015（9）：50－65.

[28]王克强，邓光耀，刘红梅.基于多区域 CGE 模型的中国农业用水效率和水资源税政策模拟研究［J］.财经研究，2015（3）：40－52.

[29]马亚明，刘翠.房地产价格波动与我国货币政策工具规则的选择——基于 DSGE 模型的模拟分析［J］.国际金融研究，2014（8）.

[30]奚君羊，贺云松.中国货币政策的福利损失及中介目标的选择——基于新凯恩斯 DSGE 模型的分析［J］.财经研究，2010（2）.

[31]段忠东.住房价格在货币政策传导中的作用效果——基于 SVAR 模型的反事实模拟研究［J］.当代经济科学，2015（5）：11－21.

[32]杨立强，马曼.碳关税对我国出口贸易影响的 GTAP 模拟分析［J］.上海财经大学学报，

2011（5）.

　　［33］高铁梅，康书隆．外商直接投资对中国经济影响的动态分析［J］．世界经济，2006（4）.

　　［34］朱慧红．上海外商投资不断升温［J］．涉外税务，1994（10）：13－14.

　　［35］安虎森．空间接近与不确定性的降低——经济活动聚集与分散的一种解释（1）［J］．南开经济研究，2001（3）：51－56.

　　［36］安蕊，朱巍．产业集群功能演变的原因初探［J］．中国科技产业，2004（11）：45－47.

　　［37］宝慧玉，高宝俊．管理与社会经济系统仿真［J］．武汉大学学报，2002（16）：147－149.

　　［38］常嘉佳．金融集聚对企业创新效率的影响研究［D］．云南大学硕士论文，2015.

　　［39］车欣薇，部慧，梁小珍，王拴红，汪寿阳．一个金融集聚动因的理论模型［J］．上海经济研究，2010（8）：41－59.

　　［40］陈继祥．产业集群与复杂性［M］．上海：上海财经大学出版社，2005.

　　［41］陈剑锋，万君康．产业集群中技术创新集群的生命周期研究［J］．武汉理工大学学报（信息与管理工程版），2002（5）：62－66.

　　［42］陈磊．基于系统动力学的住宅房地产价格研究［D］．武汉理工大学硕士论文，2009.

　　［43］陈柳钦．产业集群技术创新环境论综述［J］．南都学坛，2000（6）：98－103.

　　［44］仇保兴．小企业集群研究［M］．上海：复旦大学出版社，1999.

　　［45］党怀清．论中小企业集群的演化［J］．中南财经政法大学学报，2005（3）：121－125.

　　［46］杜伟．企业技术创新动力的基本构成分析及现实启示［J］．软科学，2005（4）：77－92.

　　［47］郝仕敏，谭东风，亓俊鑫．可复用概念模型开发方法［J］．情报指挥控制系统与仿真技术，2005（4）：70－72.

　　［48］胡佛．王翼华译．区域经济学导论［M］．北京：商务印书馆，1990.

　　［49］黄解宇，杨再斌．金融集聚论［M］．北京：中国社会科学出版社，2006.

　　［50］黄省志．产业集群的动力机制分析［J］．中国科技论坛，2007（9）：36－39.

　　［51］贾明江，蔡继荣．企业集群发展阶段的探讨［J］．软科学，2004（6）：83－87.

　　［52］李俭锋，苏立峰．产业集群发展与技术创新［J］．南昌大学学报（人文社会科学版），2005（4）：56－60.

　　［53］李正辉，蒋赞．基于省域面板数据模型的金融集聚影响因素研究［J］．财经理论与实践，2012（4）：12－16.

　　［54］连建辉，孙焕民，钟惠波．金融企业集群：经济性质、效率边界与竞争优势［J］．金融研究，2005（6）：24－29.

　　［55］梁颖．金融产业集聚评述［J］．经济学动态，2006（8）：96－100.

　　［56］刘春芝．产业集群与技术创新的外部经济效应分析［J］．沈阳师范大学学报（社会科学版），2005（2）：45－49.

　　［57］刘红，叶耀明．交易费用视角下的金融集聚效应［J］．金融理论与实践，2007（12）：11－13.

　　［58］刘晓光，刘晓峰．计算经济学研究新进展——基于Agent的计算经济学透视［J］．经济学动态，2003（11）：81－86.

［59］刘友金，郭新．集群式创新形成与演化机理研究［J］．中国软科学，2003（2）：91－95．

［60］罗若愚．外商投资与天津电子信息产业群的形成演化研究［J］．经济地理，2006（2）：261－264．

［61］孟浩，史忠良．产业集群的技术创新负效应分析［J］．河北经贸大学学报，2005（3）：43－47．

［62］宁钟，刘学应．产业集群演进的系统动力学分析［J］．预测，2004（2）：66－69．

［63］潘英丽．论金融中心形成的微观基础——金融机构的空间聚集［J］．上海财经大学学报，2003（1）：50－57．

［64］隋广军，沈明浩．产业集聚生命周期演进的动态分析［J］．经济学动态，2004（11）：39－41．

［65］孙沛东，徐建牛．国外产业集群技术创新研究综述［J］．广州大学学报（社会科学版），2004（7）：71－77．

［66］王步芳．首都金融产业集群优势与发展研究［J］．首都经济论坛，2006（12）：31－36．

［67］王大洲．企业创新网络的进化与治理：一个文献综述［J］．科研管理，2001（5）：96－101．

［68］王缉慈．创新的空间——企业集群与区域发展［M］．北京：北京大学出版社，2001．

［69］韦伯．李刚剑译．工业区位论［M］．北京：商务印书馆，1997．

［70］魏守华．集群竞争力的动力机制以及实证分析［M］．北京：中国工业经济出版社，2002．

［71］吴利学，魏后凯．产业集群研究的最新进展及理论前沿［J］．上海行政学院学报，2004（5）：58－62．

［72］许国志．系统科学［M］．上海：上海科技教育出版社，2003．

［73］叶建亮．知识溢出与企业集群［J］．经济科学，2001（3）：23－30．

［74］赵东奎，张世伟．基于主体计算经济学初探［J］．吉林大学社会科学学报，2003（2）：32－38．

［75］宗晓武．中国区域经济增长中的金融集聚因素研究［D］．南京师范大学硕士论文，2008．

［76］Yao DQ．，Whalley J．The China（Shanghai）Pilot Free Trade Zone：Background，Developments and Preliminary Assessment of Initial Impacts［J］．Social Science Electronic Publishing．2015．

［77］Bekaert G．，Harvey CR．Time－Varying World Market Integration［J］．Journal of Finance，1995．

［78］Bekaert G．，Harvey CR．，and Lundblad C．Emerging Equity Markets and Economic Development［J］．Journal of Development Economics，2001．

［79］Adylot．Collective Learning，Tacit Knowledge and Regional Innovative Capacity［J］．Regional Studies，1985，33（4）：305－317．

［80］Audrestch D．，Feldman MP．R&D Spillovers and the Geography of Innovation and Production［J］．American Economic Review，2010（3）：630－640．

［81］Bell M．，Albu M．Knowledge Systems and Technological Dynamism in Industrial Clusters in Developing Countries［J］．World Development，1999（9）：1715－1734．

[82] Best, Michael H. Cluster Dynamics, Ch. 3 in: The New Competitive Advantage: The Renewal of A-merican Industry [M]. Oxford University Press, 2001.

[83] Bonabeau. Agent - Based Modeling: Methods and Techniques for Simulating Human Systems [J]. Proceedings of the National Academy of Sciences of the United States of America, 2002 (3): 7280 - 7287.

[84] Brenner T. Simulating the Evolution of Localized Industrial Clusters: An Identification of the Basic Mechanisms [J]. Journal of Artificial Societies and Social Simulation, 2001 (3): 4 - 21.

[85] Kindle Berger C. P. The Formation of Financial Centers: A Study in Comparative Economic History [J]. Princeton Studies in International Finance, 1974 (36): 1 - 80.

[86] Doeringer PB., David G T. Business Strategy and Gross industry Clusters [J]. Economic Development Quarterly, 1999 (3): 225 - 237.

[87] Economides, Nicholas. The Economics of Networks [J]. International Journal of Industrial Organi-zation, 1996 (6): 673 - 699.

[88] Eisingerich A., Falck O., Heblich S., Kretschmer T. Cluster Innovation Along the Industry Life Cycle [R]. Jena Economic Research Papers (JERP), 2008.

[89] Frenken T. Knowledge Bases and Regional Innovation Systems: Comparing Nordic Clusters [J]. 2000 (5): 1173 - 1190.

[90] Schumpeter J. A. Business Cycles: A Theoretical, Historical and Statistical Analysis of the Capitalist Process [M]. New York: McGrew - Hill, 1939.

[91] Klink H A., Langen P W. Cycles in Industrial Clusters: The Case of Shipbuilding Industry in the Northern Netherlands [J]. Journal of Social and Economic Geography, 2001 (4): 449 - 463.

[92] Krugman P. Increasing returns and economic geography [J]. Journal of Political Economy, 1991 (9): 483 - 499.

[93] Tesfatsion L. Introduction to the special issue on agent - based computational economics [J]. Jour-nal of Economic Dynamics and Control, 2001 (25): 281 - 293.

[94] Maillat, D. Territorial Dynamic, Innovative Milieu and Regional Policy [J]. Entrepreneurship and Regional Development, 1984 (7): 57 - 165.

[95] Marshall, A. Principles of Economics [M]. London and New York: Macmillan, 1920.

[96] Martin R., Michael A. Knowledge systems and technological dynamism in industrial clusters in de-veloping countries [J]. World Development. 1999 (9): 171 - 173.

[97] Padmore T., Schuetze H., Gibson H. Modeling Systems of Innovation: An Enterprise Centered View [J]. Research Policy, 1998 (6): 605 - 624.

[98] Park Y. S., Essayyad M. International Banking and Financial Centers [M]. Boston: Kluwer Aca-demic Publishers, 1989.

[99] Porteous, D., The Geopraphy of Finance: Sptatial Dimensions of Intermediary Behavior [M]. Ave-bury: Aldershot, 1995.

[100] Porter M. E. Clusters and New Economics of Competition [J]. Harvard Business Review, 1998 (6): 77 - 90.

［101］Porter M. E. The Competitive Advantage of Nations ［M］. New York: Free Press, 1990.

［102］Pouder R., John C H. Hot Spots and Blind Spots: Geographical Clusters of Firms and Innovation ［J］. The Academy of Management Review, 1996 (4): 1192 - 1225.

［103］Roberta C. Spatial transfer of knowledge in high technology milieu: learning versus collective learning process ［J］. Regional Studies, 1999 (4): 353 - 365.

［104］Baptista R., Swann P. Do Firms in Clusters innovate more? ［J］. Research Policy, 1998 (27): 525 - 540.

［105］Gehrig. Citiesand the Geography of Financial Centers ［M］. Center for Economic Policy Research, Washington, D. C. 1998.

［106］Tichy Q. Clusters: Less Dispensable and More Risky than Ever, Clusters and Regional Specialization ［M］. London: Pion Limited, 1998.

［107］VanDijk M. P. Small Enterprise Cluster in India and Indonesia, an Evolutionary Perspective ［M］. European Institute for Comparative Urban Research, Reasmus University Rotterdam, 1997.

［108］Zhao XB., Zhang L., Wang T. Determining Factors of the Development of a National Financial Center: The Case of China ［J］. Geoforum, 2004 (4): 577 - 592.

如何降低上海的创新创业成本

◎ 李耀华①

摘要： 创新创业是经济转型、经济发展的必由之路。首先，本文在界定创新创业成本的基础上，从国内和国际两个方面比较了上海创新创业成本所处的位置，并指出了降低创新创业成本的关键着力点：融资环境和商务办公成本。其次，基于上海市的创新创业企业调查，找出降低创新创业成本的大致方向。最后，结合上海以往以及近一年的实践，提出进一步的政策建议：（1）加大上海市政府引导基金的力度、实现分类管理并在可能的条件下承担风险；（2）鼓励贷款机构与风险投资共建创新生态系统，尤其是要放开小额贷款公司的投资功能，实现小贷的投贷联动；（3）在培育孵化器时实现多部门统筹规划；（4）创业投资企业也需要工商注册给予便利。

关键词： 创新创业　成本　融资

一、序言

经济增长的放缓使得政府十分重视经济体创新创业的活力。从 2015 年《国务院关于大力推进大众创业万众创新若干政策措施的意见》到上海市的"科创 22 条"，无不透露着政府对创新创业的重视。上海市对创新创业的支持和经济结构的转型其实从 2012 年就开始了，当年上海的经济增长速度只有 7.5%，全国排名倒数第一。而在 2015—2016 年为了进一步促进创新创业，各级部门又出台了各种政策，以期降低大众创业万众创新的成本。比如，2015 年 4 月上海开始试点开展科技创新券工作的发放和使用，意在降低小企业和创业团队的研发费用，最高以 10 万元为限。再如，2015 年 6 月开始实施的《上海市科技小巨人工程实施办法》改变了以往直接给钱的粗放补贴方式，明确了主要对企业的研发费用予以直接补贴的政策方向。又如，2016 年 2 月公布的《上海市天使投资风险补偿管理暂行办法》对投资机构投资种子期科技型企业项目所发生的投资损失予以补偿，从而改善企业的早期融资环境。

---

① 李耀华，上海财经大学经济学院副教授。

本文在总结上海为降低创新创业成本所做努力的基础上，试图探究还存在怎样的问题？有何可借鉴的经验？能提供怎样的政策建议等一系列问题。

二、成本理论与研究现状

经济学在成本理论上已经相当完善，创新创业成本的研究可以借鉴经济学的相关成本理论。在此基础之上对以往的研究进行梳理和总结，从而为本文的研究提供基础。

（一）成本理论

由于创新创业本质上是一种企业活动，因此，可以借鉴企业成本的相关成熟理论。针对企业创新活动的成本，曼昆（2011）在经济学中描述的十分清楚，即显性成本和隐性成本。其中，显性成本又被称为会计成本，会产生现金流出从而被会计师记录下来。这些成本可以由生产函数的任何一个变量变动带来，如劳动力、资本、土地等生产投入要素。隐性成本则是看不到的成本，它们不需要企业支出货币，通常用机会成本的思路来考量。企业的全部成本由显性成本和隐性成本的共同组成。因此，在下面的研究中主要借鉴经济学的成本理论进行分析。

（二）研究现状

虽然成本理论早已十分成熟，但由于颠覆性的创新活动多来自新创企业，因此，对创新创业成本的关注就具化为对新创企业成本的分析。就国内的文献而言，据中国知网数据统计，2012—2015 年以"科技创新""创业"下的"成本"为关键词的学术文章以及相关主题的报纸文章总共有 173 篇，其中报纸共有 158 篇，期刊论文仅有 15 篇。从时间上看，2012 年有 17 篇，2013 年有 27 篇，2014 年有 15 篇，2015 年有 51 篇，2016 年有 63 篇。2015 年以来，关于"科技创新""创业""成本"的研究显著增加。国外的文献主要反映在调查报告上，如国际著名创业调查公司 Startup Genome 发布的全球创业生态系统报告等。这些已有的研究分别论及了以下内容：（1）创新创业成本的含义和构成。创新创业成本根据含义的宽窄被分为狭义成本和广义成本，根据感知程度被分为硬成本和软成本，分别对应于城市的硬环境和软环境及经济学中的显性成本和隐性成本，如《科技创业》研究部（2005）。（2）国外的做法和经验。比如，国外成熟创新创业区的特点，国外孵化器的发展经验以及国外税收优惠政策和启示等，如陈晴（2014）、谢波峰（2010）、徐瑞哲和章迪思（2015）、中国高技术产业发展促进会知识产权战略研究课题组（2014）。（3）降低创新创业成本的途径。比如，通过监管方式的转变降低创业成本，如张骏、傅贤伟、谈燕（2015）和卢阳旭（2015）；通过减税降费降低成本，如余丰慧（2014）、谈毅（2015）；通过融资补贴等方式降低融资成本，如曾颖（2015）、朱宝琛（2015）；通过完善孵化器服务体系降低创业成本，如谈毅和徐俊（2015）、刘晓莹（2015）、茹璟和任颋（2014）等。

这些研究触及了创新创业成本的方方面面，但缺乏针对上海地区的相关研究，这使得政策制定缺乏相应依据。本文力图通过对上海的实地调研和对国外经验的借鉴，提出降低上海创新创业成本的相关政策建议。

三、创新创业成本的构成

虽然"万众创新，大众创业"的口号喊了很久，但是怎样界定创新创业行为以及相关的成本是深入探讨的基础。因此，本部分特别阐明了本文所研究的创新创业的范围以及相关成本的含义。

（一）创新创业的界定

创新和创业似乎是两个不同的概念。创新是指创造与以往不同的新想法。这个创新可以是大企业的创新也可以是初创企业的创新。创业则是指建立新企业的过程。由创业建立起来的企业可以是传统行业的小微企业，比如一个面包店、一个水果店等，也可以是具有新技术、新商业模式等具有创新性的小微企业。本文所研究的创新创业恰恰是二者的交叉部分，即具有创新特征的创业行为，而非创新＋创业。具体表现如图1所示。

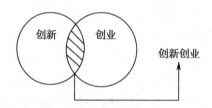

图1　创新创业界定

（二）创新创业研究范围界定的原因

创新创业界定为创新和创业的交集而非之和，主要由于如下两个原因。

首先，面对一个世界范围内的现实，百年老店的持续创新能力越来越难保持，真正有颠覆性的创新都是新创立的小企业所带来的。在詹姆斯和杰里1994年为《基业长青》写的序言里，这样描述他们选择的样本公司："我们选出一组真正杰出、经历岁月考验的公司，这些公司平均创立日期是1897年。"这些公司经历了上百年，十分优秀，但在该书出版后的十年中，在作者名单中的基业长青的公司都经历了业绩和声誉的巨大下滑。比如书中提到的Motorola、Ford、Sony、Walt Disney、Boeing、Nordstrom、Merck等公司的命运。[①] 刨除这些典型的案例，我们可以参考一下整体大公司的情况。在Thomas C.

---

① Jennifer Reingold & Ryan Underwood. Was "Built To Last" Built To Last? [DB/OL]. https：//www. fastcompany. com/magazine/88/node/50992.

Financial Survey and Review　　　84

Powell 和 Reinhart[①] 的研究中发现，市场中的成功领导者越来越短寿。标准普尔 500 上榜的企业，在 1930 年前后通常预期能在名单中待 65 年，但在最近，企业通常只能在标准普尔 500 上榜后续 15 年左右。因此，从整个世界来看，更多颠覆性的创新是大家没听说过的那些新创的小企业做出的。

其次，创新创业企业和传统的小企业是有本质不同的。一方面，如果开始设立一家传统的小企业，设立成功的概率是可知的，大约在 75% 左右；但另一方面，如果你是从事创新创业，即使你的想法、团队、产品和计划足够好到可以获得 VC 的支持，但你依然有将近 75% 概率失败。[②] 同时，你不可能看到一家本地的汽车修理店能够发展到财富 500 的高度或者雇用一万名员工的规模，但有上百的创新创业企业迅速地朝向这个目标发展。即创新创业很少成功，一旦成功，则能创造辉煌。

（三）软成本和硬成本

创新创业成本根据范围有狭义和广义之分。狭义的成本概念主要指企业受到劳动力、土地、资本等生产要素影响而产生的成本。广义的成本概念则在狭义基础之上又囊括了融资便利度、知识和人才水平、创新要素的汇聚能力等环境因素。我们在本文研究的对象——创新创业成本是广义的概念，它根据感知程度可被分为硬成本和软成本。硬成本多指看得到的会计成本，如房租、水电费、工人工资、交通通信费、餐饮消费费用等，也即显性成本的范围。软成本则多指环境等因素带来的机会成本，即隐性成本的范围。

四、上海创新创业成本与国内外的比较

本部分在将创新创业成本分为软成本和硬成本的基础上，分别进行了国际比较和国内比较，并得出了影响创新创业成本的主要因素：融资环境和商务成本。

（一）创新创业成本比较逻辑

基于创新创业成本的软成本和硬成本组成，进行国际和国内的比较。由于软成本在国家之间差异巨大，也是政府着力塑造的，因此对软成本进行国际间比较。而硬成本如土地、人力、资本等要素在国家间流动远不如国内流动方便，在相似的国内软环境下，对硬成本进行国内比较。创新创业成本的分类和比较逻辑如图 2 所示。

（二）融资是国际间创新创业成本的关键

国际间创新创业软成本的比较，即世界主要的国际大都市和科创中心的环境状况，

---

① As C. Powell & Reinhart "Rank friction: an ordinal approach to persistent profitability." Compustat, Deloitte analysis.

② Blank S. Why the Lean Startup Changes Everything [DB/OL]. Harvard Business Review, 2013, https://hbr.org/2013/05/why-the-lean-start-up-changes-everything.

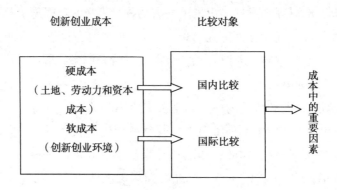

图 2　创新创业成本分类和比较逻辑

可以借鉴国际著名创业调查公司 Startup Genome 发布的全球创业生态系统报告。该报告列出了影响软成本的各项指标，并进行了综合排名。直观地，越是排名靠前的创业地其软成本越低。Startup Genome 前后总共发布了两期报告，即 2012 年和 2015 年报告。Startup Genome 报告的数据相当一部分来自 Compass 的调查。如 2015 年的报告包括了对 40 个地区的 11 000 份参与者的调查，对超过 25 个国家的 200 个针对创业者、投资者和产业专家的面访等。虽然，这些调查因为数据可得性原因未能包括中国大陆和台湾地区及日本和韩国，但却预期北京大概在前 5 名，上海应该在前 15 名。在这两期报告中展现了如下的特点。

1. 在 2012 年的报告中，融资指数在众多影响因素中占主要位置。在 2012 年的创新创业生态排名中，综合考虑了创业产出指数、融资指数、公司业绩指数、人才指数、支撑指数、心态指数、潮流指数、分化指数八个维度。在这八个维度中，融资指数是最重要的一个（如表 1 所示）。

表 1　世界主要国际大都市和科创中心环境排名及各项指标与综合指标的差异（2012）

排名和差异 城市	总	产出		融资		业绩		人才		支撑		心态		潮流		分化	
	排	排	差	排	差	排	差	排	差	排	差	排	差	排	差	排	差
硅谷	1	1	0	1	0	1	0	1	0	1	0	1	0	1	0	1	0
特拉维夫	2	2	0	1	1	12	10	5	3	5	3	9	7	17	15	18	16
洛杉矶	3	4	1	6	3	2	1	3	0	13	10	11	8	4	1	11	8
西雅图	4	19	15	7	3	6	2	2	2	4	0	6	2	11	7	14	10
纽约	5	3	2	4	1	8	3	12	7	9	4	8	3	7	2	8	3
波士顿	6	10	4	1	5	7	1	7	1	8	2	7	1	5	1	20	14
伦敦	7	7	0	5	2	10	3	9	2	5	2	3	4	14	7	17	10
多伦多	8	6	2	9	1	3	5	10	2	5	3	15	7	12	4	5	3
温哥华	9	13	4	12	3	9	0	4	5	14	5	2	7	9	0	19	10
芝加哥	10	8	2	15	5	5	5	14	4	7	3	13	3	18	8	9	1

续表

排名和差异 / 城市	总	产出		融资		业绩		人才		支撑		心态		潮流		分化	
	排	排	差	排	差	排	差	排	差	排	差	排	差	排	差	排	差
巴黎	11	14	3	13	2	4	7	17	6	6	5	12	1	15	4	6	5
悉尼	12	5	7	14	2	16	4	6	6	12	0	16	4	1	11	3	9
圣保罗	13	9	4	10	3	15	2	19	6	11	2	5	8	16	3	4	9
莫斯科	14	16	2	19	5	18	4	11	3	10	4	14	0	8	6	2	12
柏林	15	15	0	11	4	13	2	13	2	20	5	18	3	5	10	16	1
滑铁卢	16	11	5	16	0	14	2	16	0	17	1	17	1	10	6	13	3
新加坡	17	18	1	8	9	19	2			16	1	20	3	19	2	12	5
墨尔本	18	12	6	17	1	20	2		3	18	0	19	1	3	15	15	3
班加罗尔	19	17	2	18	1		2	18	1	15	4	10	9	20	1		9
圣地亚哥	20	20	0	20	0	11	9	20	0	19	1	4	16	13	7	7	13
差异总值	—	—	60	—	51	—	66	—	62	—	60	—	88	—	110	—	144

注：在各项指标排名和综合指标排名的基础上，计算了各项指标排名与综合指标排名差异的绝对值，如产出差异 = 绝对值 | 产出排（名）－综合排（名） | 。最后一行的差异总值则是一个指标的差异之和，如产出差异总值 =（0 + 0 + 1 + 15 + 2…）。

从表1最后一行的指标可以看出，融资差异是最小的，差异总值是51，即在所有指标中，融资指标是最重要的。

2. 虽然2015年的报告调整了排名的影响因子，但融资指数依然占据了最主要的位置。2015年调整后的影响因子分别是业绩指数（Performance）、融资指数（Funding）、市场触及指数（Market Reach）、人才指数（Talent）和创业经验指数（Startup Exp.）。首先，使用和表1同样的计算方法，融资指数依然是最重要的指数（见表2）。虽然业绩指数与融资指数并列排第一，但业绩指数是用来代替不能被剩下几个指数解释的诸多因素的，并非指单个因素。其次，报告说明在几个因素与排名的多元相关分析和回归分析中发现，给融资0.25的系数是最合适的，超过了其他几个因素的系数。

表2　世界主要国际大都市和科创中心环境排名及各项指标与综合指标的差异（2015）

排名和差异 / 城市	总	业绩		融资		市场		人才		创业经验	
	排	排	差	排	差	排	差	排	差	排	差
硅谷	1	1	0	1	0	4	3	1	0	1	0
纽约	2	2	0	2	0	1	1	9	7	4	2
洛杉矶	3	4	1	4	1	2	1	10	7	5	2
波士顿	4	3	1	3	1	7	3	12	8	7	3
特拉维夫	5	6	1	5	0	13	8	3	2	6	1
伦敦	6	5	1	10	4	3	3	7	1	13	7

续表

城市＼排名和差异	总	业绩		融资		市场		人才		创业经验	
	排	排	差	排	差	排	差	排	差	排	差
芝加哥	7	8	1	12	5	5	2	11	4	14	7
西雅图	8	12	4	11	3	12	4	4	4	3	5
柏林	9	7	2	8	1	19	10	8	1	8	1
新加坡	10	11	1	9	1	9	1	20	10	9	1
巴黎	11	13	2	13	2	6	5	16	5	15	4
圣保罗	12	9	3	7	5	11	1	19	7	19	7
莫斯科	13	17	4	15	2	8	5	2	11	20	7
奥斯汀	14	16	2	14	0	18	4	5	9	2	12
班加罗尔	15	10	5	6	9	20	5	17	2	12	3
悉尼	16	20	4	16	0	17	1	6	10	10	6
多伦多	17	14	3	18	1	14	3	15	2	18	1
温哥华	18	18	0	19	1	15	3	14	4	11	7
阿姆斯特丹	19	15	4	20	1	10	9	18	1	16	3
蒙特利尔	20	19	1	17	3	16	4	13	7	17	3
差异总值	——	——	40	——	40	——	76	——	102	——	82

注：在各项指标排名和综合指标排名的基础上，计算了各项指标排名与综合指标排名差异的绝对值，最后一行的差异总值则是一个指标的差异之和。

3. 融资和产出的先后关系，决定了更好的融资有更好的产出。在 2012 年至 2015 年中，加拿大的相关城市与其他前 20 名的城市相比，创新创业生态增长缓慢。特别是温哥华下降了 9 名，从第 9 名下降到第 18 名；多伦多也下降了 9 名，从第 8 名下降到第 17 名。融资是其中的重要原因，在 2013 年至 2014 年，加拿大的相关城市 VC 投资增长率仅为 5%，而前 20 名的创新创业生态系统平均增长率则有 98%，加拿大的融资的恶劣环境是其创新创业生态增长缓慢的先导因素。与加拿大城市相比的是印度的班加罗尔，它在 2015 年的报告中前进了 4 名，从第 19 名前进至第 15 名。它在 2013 年至 2014 年中的融资是非常迅速的。它是全部前 20 名的生态系统中 VC 增长速度最快的。其中种子轮的融资增长也是最快的，年均增长率达到了 53%（自 2012 年年中开始至 2015 年年中三年的年度平均）。

4. 融资指数综合考虑了 VC 的投资总量和获得一轮融资的时间两个因素。这两个因素是衡量获得融资的重要指标，但最终融资是要退出企业的，VC 有很好的退出也是融资环境持续下去的需要。在 2015 年排名第 12 名的巴西圣保罗，是唯一一个排在前 20 名的拉丁美洲创新创业生态系统，报告对它的评价是"这是一个 VC 充裕的创新创业系统，只是风投少有退出"，虽然在 2012 年到 2015 年，从第 13 名前进到第 12 名，但"缺乏流动的投资更像是一种窒息的增长方式"。

总之，在国际的创新创业生态环境比较中，融资是占最重要角色的。从创新创业的增长过程来看，更好的融资环境会带来企业更快的增长，从而带来高的产值和企业价值。同时，融资生态的持续发展也需要有较好的融资退出环境。

（三）商务成本是国内创新创业成本的关键

硬成本是由使用劳动力、土地和资本等要素带来的明显可见的成本，即商务成本、工资成本和资本成本。在一个国家内，资本要素的流动性最强，其后是劳动力，流动性最差的是土地。因此，在国内决定各个地方硬成本差异的因素主要取决于土地要素产生的商务成本。创新创业企业一定不是传统的劳动密集型企业，同时，在企业成长的早期，可能还没有太多雇员，因此，劳动力成本不可能成为企业的主要成本。而资本成本由于其流动方便，各地相似。倒是商务成本是从企业一开始设立就会产生的，并且完全不同的商务地点决定了其存在巨大差异的商务成本。下面，从三个方面具体说明这一点。

1. 实地调研。笔者在实际调研中走访了多家创新创业企业。某企业家在企业快速发展取得盈利并改善了办公条件后说："我们再也不用像以前那样，在名片上印着公司的地址是某某路、某某弄、几号楼几零几，躲在居民小区里。"另一家入住大学科技园区的创业企业负责人说："从我创业开始，就我一个人，主要的费用支出就是科技园区的房租支出，过了一年之后我才招聘了一名技术人员，在整个前两年中主要支出就是房租。"

2. 美国加州硅谷和得州奥斯汀的案例。美国加州的硅谷是创新创业的发源地。在最初硅谷形成创新创业生态时，主要因为其紧邻斯坦福大学，有很多新思想，同时，商务成本不高，甚至企业会选择在车库中创业。较低的商务成本为创新创业提供了良好的成长环境。近年来，硅谷依然维持着创新创业最佳生态的位置，但湾区的整个商务和生活成本因为众多公司的存在变得日益昂贵起来。在过去的 6 年中，湾区一个卧室或者两个卧室的公寓价格接近增长到原来的 3 倍，从而使得这里成为美国最贵的居住区。[①] 因为办公成本和生活成本的日益增加，很多硅谷的创新创业公司都在得州的奥斯汀建立第二个办公地点。奥斯汀与硅谷相比，一方面有足够并且价格相对便宜的工程师，另一方面有更低的办公成本和生活成本。这直接带来了得州的奥斯汀从 2012 年报告中的毫无一席之地到 2015 年成为前 20 名中的第 14 名。所以，在任何一个创新创业生态区早期发展时，商务成本的低廉是一个绝对优势。

3. 创新创业生态中政府支持着力点。各个创新创业生态区的政府为了促进创新创业

---

① Collaborative Economics. Silicon Valley Competitiveness and Innovation Project – 2015 ［EB/OL］. http：// svcip. com/files/SVCIP_2015. pdf.

的发展也都有相应的政策支持，2015 年的报告对前 20 名创新创业生态区的政府行为进行了统计。政府关注最多的一项是 cost and availability of workspace，即商务空间的可得性及价格，共有 16 个创新创业生态区的政府着力于此。其次被关注频率较高的是 cost of living，即生活成本，被 13 个创新创业区所关注。虽然还有税收、移民、工程师培训、国家法律、地方法规、对国外投资者的吸引力、交通基础设施、数字基础设施等，但只有商务空间的可得性和价格是大家普遍关注的。以美国的纽约为例，虽然，它不是创新创业的发源地，但因为产业转型，城市发展需要新的活力，因此政府鼓励创新创业等新产业的发展。纽约是美国最大的城市，人口众多，商务成本价格不菲，政府在转型中积极性颇高，在 2015 年的报告中，纽约地方政府的积极性达到 40%，相比硅谷地方政府 23% 的积极性和北美平均 28% 的积极性是很高的。不但地方政府积极着力，而且联邦政府的积极性也非常之高，达到 53%，相比硅谷联邦政府的积极性只有 11% 和北美平均政府的 25% 的积极性，也是翻倍了。这么高的政府积极性，所解决的最重要的问题依次是商务空间的成本和可得性、生活成本以及税收。而纽约在整个创新创业生态系统中的排名也从 2012 年的第 5 名上升到了第 2 名，仅次于硅谷。

五、影响成本的关键因素——融资和商务的供求分析

从上文的分析中可知，促进创新创业的关键因素，一方面是融资环境，另一方面是商务成本。下面就对上海市创新创业企业的融资和商务需求，以及相应的融资和商务供给进行分析。对供求结合中产生的问题予以具体分析，从而为下一步的政策建议提供基础。

（一）企业融资的需求和供给分析

为了摸清企业的融资需求，本课题采用了调查问卷和面访的方法。问卷调查选择在上海市杨浦区进行。选择杨浦区主要是因为其作为老工业基地，大企业纷纷在结构调整中外迁或关闭，区内现存的企业主要是服务类和科技类的中小企业，这种企业构成十分具有融资需求调查的代表性。问卷不但涉及了中小企业的企业特征、总体融资需求规模、银行融资需求、创业投资融资需求、政府资金需求等融资需求问题，也涉及了中小企业获得的各种渠道的融资供给的现状。问卷主要选择了区内的中小企业，共发放了 81份问卷，回收 75 份，回收率 92.6%。面访则主要针对为中小企业提供融资的科技支行、具有创业投资功能的孵化器以及风险投资机构等。面对面的采访主要采用半结构化方式，即依照事先准备好的题目访谈，并且根据情况进行自由追问。

1. 调查企业的基本情况。总共有 75 家企业参与了调查，其中有 91% 的企业创始人是男性，8% 的企业创始人是女性，女性占比很低。这些创始人的年龄在 45 岁及以上的占 53%；其次是 36 岁至 45 岁的，占比 33%；35 岁及以下的仅占 12%。创始人的学历

以本科为最多，占到 33%；硕士其次，占到 32%；专科及以下占到 21%。这些创始人自认为自己的风险偏好是稳健型的占 57%，进取型的占 28%，仅有 11% 选择了保守型。[①] 这些企业中，有 33% 的企业获得了高新企业认定，有 20% 的企业被认定为"小巨人""专精特新"等企业。在专利保有量上，有 31% 的企业有 1~5 个专利，有 20% 的企业拥有 10 个以上专利，另有 4% 的企业拥有 6~10 个专利，即接近一半以上的企业都拥有专利。因此，从上面企业的基本信息调查中可知，样本的选择具有一定的代表性，可以部分代表创新创业企业群体。

2. 融资需求的特征分析。从调查问卷中发现，中小企业从政府获得资金十分困难，它们对从银行和创业投资机构为代表的市场化的融资更加有信心。在问及"您认为从政府获得资金支持的难度如何？"时，21.33% 的企业认为"十分困难"，41.33% 的企业认为"有点困难"，只有 31.67% 的企业认为一般。当被进一步问及获得政府资金的难点时，33.33% 的企业认为"申请门槛高"，32% 的企业认为"申请资料麻烦"，还有 26.67% 的企业认为"不了解有哪些支持项目"。针对企业从正式渠道（银行、政府创投资金、资本市场）获得足够融资的信心的调查显示，在"较容易获得"和"还是可能"的正面评价中，对银行贷款的评价是最高的，比例为 51%；对政府资金的评价是最低的，比例为 24%。在"很难吧"和"根本不可能"的负面评价中，对政府资金的评价是最差的，比例为 24%；对资本市场的评价是最好的，比例为 12%。对这三种融资渠道最不了解的也是政府资金，比例为 48%；其次是资本市场，比例为 41%（如表 3 所示）。

表3　　　　　　　　　　　企业从正式渠道获得足够融资的信心

评价类型	信心类型	融资的正式渠道					
		银行贷款（家）	比例（%）	政府创投（家）	比例（%）	资本市场（家）	比例（%）
正面评价	还是可能的	27	51	16	24	25	41
	较容易获得	11		2		6	
负面评价	很难吧	14	21	16	24	7	12
	根本不可能	2		2		2	
没有评价	不好说	18	24	36	48	31	41

根据以上分析可以得到以下的结论：从企业的角度看，它们最熟悉的是银行，最不熟悉的是政府创投，因为对银行只有 24% 没有评价是最低的，且正面评价最高占 51%，对政府创投却有 48% 的企业没有评价，达到最高水平，并且负面评价最高占 24%。因此，资本市场被夹在中间。其实企业对银行资金的亲近大家是有直观感受的，在调研中，一位负责中小企业融资的政府官员说："企业的创始人都把自己的企业当自己的孩

---

① 由于一部分数据缺失，比例加总不一定等于 100%。

子看，它和风险投资机构把企业当猪看是有着根本分歧的，企业的创始人更倾向于借钱，看好自己的孩子"。

3. 融资供给的特征。由于企业对市场化的银行贷款和创投资金的获得较为有信心，因此主要对市场化融资形成的供给予以分析。在基于问卷调查和面访的多渠道数据采集和分析中，得到了融资供给机构的如下供给特征。

贷款——看过去。在问卷调查中，有 50.67% 的企业选择银行贷款作为需要外部融资时的主要方式。在总共的 75 家企业当中，有 36 家企业获得过银行贷款，即占到企业总数的 48%。在这 36 家当中，有 14 家企业认为它们获得贷款是因为有足够的抵押或者充足的担保，有 22 家企业认为获得贷款主要是因为信用好。由此可见，即使是针对高新技术中小企业群体，证明实力的抵押或担保依然是需要的。贷款机构看企业看的是企业的过去，较好的过往财务状况可以保证未来的还款。轻资产的高新技术企业和初创期企业向银行贷款是较为困难的。银行对客户的要求也是有根据的，因为"银行在贷款时，需要查清楚企业的第一还款来源和第二还款来源，从而确保贷款的安全性，通常 100 笔贷款至少要回收 99 笔，只有这样的安全性才能保证居民储蓄存款的安全"，而"中小企业难以满足贷款要求"（面访资料）。银行的风险和收益要求与中小企业的风险收益结构不匹配。

投资——看未来。在问卷调查中，企业较少能获得投资机构的投资，只有 5 家，即 6.67% 获得过。企业认为投资机构对它们进行投资，首先看的是企业的创新能力，然后才是企业的财务指标。财务指标代表着企业过去经营的情况，但企业的创新能力代表着未来。投资机构看未来，它的收益和风险结构与中小企业的收益风险相匹配，是合适的早期企业融资来源。但现实中，企业能获得机构投资的概率更低。

4. 融资市场的供求错位。从上面的分析可知，相对于政府资金，企业更倾向于市场化的融资方式，尤其对贷款更熟悉。虽然企业对银行贷款的需求最大，但由于银行在贷款时主要看企业的过去，这和创新创业企业更看重未来的模式不符，银行的风险和收益要求与中小企业的风险收益结构不匹配。对于投资机构来讲，虽然它们是看企业的未来，即投资机构的眼光与创新创业企业的发展更一致，但企业获得投资的比率远低于获得贷款的比率。因此，融资的供给和需求错位，降低融资成本就十分困难。调研中负责中小企业贷款的科技支行的负责人说，"银行不能解决创新创业企业的融资问题""银行的根本模式与创新创业企业不符"。其实，这从银行的风险控制过程也可以得知。银行可以向传统的小企业放款，比如你想新开一家干洗店，你可以向银行说我贷款是为了购买固定资产，这时银行可以把你的项目和几百万个其他干洗店项目进行比较，因此可以得知是否可以向你发放贷款。对一个运行良好的银行来讲，虽然有些项目会收不回贷款，但已知概率，总体上就不会存在风险。但如果是创新创业企业，因为商业模式是全新的，所以没有任何数据和企业可以用来参考和比照，银行也就难以更好地满足创新创业企业的融资需求。

（二）企业商务办公需求和供给分析

在美国的硅谷创业模式中，创业地点是在车库等简陋的地方，相应的商务成本也非常低。但这个思路在中国行不通，创新创业企业的商务办公需求和城市的商务办公空间成本存在矛盾。

1. 商务办公空间的需求。在调研中发现，中国的创业者非常希望自己有一个好的商务环境，不要在郊区，最好在市中心，希望自己的生活品质能得到保证。如某主要做创业投资加孵化器的企业家认为"现在的创业者都比较矫情，希望有一个好的办公空间，不愿意待在太小的城市，不希望太偏远的地方，他们南京可以的，无锡就不去，市中心可以的，偏一点的郊区就不去"，但"作为创业者，他们没什么钱，支付不起商务办公空间"。

2. 商务办公空间的供给价格。众所周知，商务空间的供给越是大城市越贵，并且中心城区要比郊区更贵，越靠近市中心越贵。以针对创业早期企业短租的项目SOHO3Q的房租为例，因为其坐落在市中心，价格高昂，复兴广场的一人办公桌每天最低86元，一人独立办公室每天最低111元；外滩的一人办公桌每天最低100元，一人独立办公室每天最低130元。① 这个价格远远高于普遍2~5元每平方米的科技园区办公空间价格。

因此，商务办公空间的供给和需求存在矛盾。

六、政府降低创新创业成本的动力、实践和问题

政府在对市场无法解决的创新创业企业供给不足的问题上，有足够的经济学基础支持"看得见的手"——调控之手，出手来解决相关问题。事实上，政府近些年来也一直在做出这样的努力。本部分在梳理各级政府所做的各种措施的基础上，提出了前期工作中存在的问题，从而为进一步的改善提供方向。

（一）政府降低创新创业成本的动力

在上文的分析中可知，影响创新创业成本的关键因素——融资和商务成本的下降在市场的驱动下十分困难。政府在市场无法解决问题时，可以改变市场的效率。

1. 微观——创新创业具有正的外部性。从微观经济分析，创新创业可以带来整个社会的进步，这些收益超过了专利权收益。同时，创新创业多是由新设企业在逐步成长发展中完成的，这些新企业可以带来更多的就业、更好的经济结构转型。这些都表明创新创业具有正的外部性。存在正的外部性时，市场会产生供给不足的现象，因为这些企业主体无法享受它所带来的全部的收益。此时，政府可以通过"看得见的手"——调控之

---

① 参见SOHO3Q的网站。

手增加企业技术创新的产生。

2. 宏观——政府出手可以加速经济调整。从宏观经济分析，经济波动是无法避免的，但是政府出手可熨平经济波动，从而实现稳定的经济增长。我国当前处于经济结构的下调期，如果政府出手加速改变之前依靠生产要素投入的粗放型的经济增长方式，增加具有创新创业特征的企业生长方式的供给，可以使中国经济早日走上新轨道。如果不依靠政府，让经济自己慢慢恢复，恐怕需要一个很长的过程。

（二）政府降低创新创业成本的实践和问题

自从 2012 年上海以 7.5% 的经济增长速度排名全国倒数第一，政府参与降低创新创业成本以促进经济结构转型的努力就一直没有停止过。下面就各级政府在针对降低创新创业成本的关键因素——融资和商务上的现状及存在问题予以梳理和分析。

1. 政府对贷款融资促进的现状和问题。由于我国是债权主导的融资体系，所以，政府从来没有放松过降低使用债权工具的成本。

（1）政府早期在做的努力，贴息、贴税、发产品。以万众创新、大众创业的典范——杨浦区为例，其为了降低创新创业企业使用债权融资的成本，在设立政策性担保机构的同时，分别采用了直接补贴和间接服务等方式。其中直接补贴为对符合条件的创新创业企业补贴一部分银行贷款利息、补贴一部分贷款担保的担保费。间接服务则为通过联系科技园区、担保公司、银行、保险公司等多方机构，构筑了解中小企业的全面信息集，从而使得原来无法控制风险的创新创业企业能够控制贷款风险，以使债权可行，如，"创智天地一号"和"创智天地二号"的中小企业集合贷款、"创智天地三号"的中小企业集合委贷、"银元宝""银园保险"等的系列产品、知识产权质押、全国第一单中小企业私募债、全国第一单"新三板"股权质押及定价等（李耀华、吴军，2014；吴军、魏果望，2014）。甚至尝试了投贷联动，即以债权进、以可债转股，债权在取得利息收入的同时也获得了更高的咨询费收入。因此针对"科创 22 条"的贷款金融措施全部都实施过，取得了一定的成效，也存在一定的问题。

表现的问题主要集中在以下几个方面：首先，由于贴息贴费受到财政预算的约束，惠及企业面非常有限，即缺乏普惠性。其次，提供间接金融服务需要较高的专业技术，因此在杨浦区可行，在其他区普及起来就十分困难。最后，只有贷款和投资机构合作，才能增加创新创业企业债权融资的可得性，但这时需要考虑银行储蓄存款的安全性，否则难以广泛铺开。

（2）在过去的一年中，政府积极主动推动的以银行为主体的投贷联动。政府正是看到了投贷联动对创新创业企业促进的可能性，在过去一年中着力推动此事。在 2016 年 4 月，由银监会、科技部、人民银行联合印发《关于支持银行业金融机构加大创新力度开展科创企业投贷联动试点的指导意见》明确指出要开展投贷联动的试点工作。在后续的工作中，银监会牵头并部署了第一批试点的 10 家银行。同时，该指导意见提出试点投贷联动的银行在组织构架方面需有两种设置：一是设立投资功能的子公司，由其子公司开展股权投资，通过制度安排，由投资收益抵补信贷风险；二是设立科技金融专营机构，专司与科创企业股权投资相结合的信贷投放。

以银行为主体的投贷联动始终无法绕过存款安全性这道坎。不管是具体操作中对"贷"的风险补偿、"投"和"贷"的风险偏好冲突还是相关法律保障，其实都是因为银行是面向普通公众的储蓄存款机构，表内业务中的储蓄存款是有着根本性的安全性要求的，而深入的投贷联动行为本质上会让银行承担超过存款安全性要求的风险。

（3）当下小额贷款公司期盼的基于投资功能放开的小贷投贷联动。随着小额贷款行业的深入发展，以及当下的经济结构调整，小贷行业跑马圈地的时代结束了，出现了行业洗牌的趋势。自2016年1月至9月，从上海市金融办的网站得知共有6家小额贷款公司被取消了试点资格。小额贷款公司只有细分领域的专业化发展才能把握住契机。一些本来就专注于为创新创业企业服务的科技型小贷提出了向它们开放投资功能的要求。虽然它们呼吁多次，但依然没有刮来春风。

总结：为了长期发展，投贷联动是必经之路。一方面，政府动员"国家队"银行努力前行，但无法绕开银行存在存款安全性的要求；另一方面对小额贷款公司的投资功能迟迟不肯放开。

2. 政府对创业投资促进的现状和问题。

（1）政府前期努力。为了促进创业投资的发展，现有的政策主要分为两类：一类是通过政府引导基金的方式，引导社会资本进入创业投资领域，增加创业投资的供给；另一类是对创业投资机构的商务成本进行补贴和对所缴纳税收进行部分返还（包括个人所得税和企业所得税）。政府引导基金在上海市和各区分别得以设立，虽然管理模式可能各不相同，如上海市是委托国有的上海创业投资有限公司进行直接管理，而杨浦区则是委托硅谷银行资本进行间接管理，但促进创业投资的意图是相同的[1]。这些引导基金对引导创业投资起到了一定的作用，以杨浦区创业投资引导基金为例，其设立于2009年，并委托给硅谷银行资本进行管理和投资，其以母基金的形式投向多家创投基金，包括IDG资本、鼎辉创投、启明创投、达晨创投、戈壁合伙人、创新工场、大学生创业接力基金等。补贴和税收返还则是直接激励创投基金落户某地区的有力措施。政府对创业投资的促进十分重视，经过几年的发展，各种做法越来越完善，但依然存在以下的问题：首先，政府引导基金是财政资金，往往有保本甚至盈利的动机，同时，由于对所投子基金有地域控制，特定地域内有限的企业资源使达到这一双重目标十分困难。其次，部分税收返还虽然能够增加创业投资的盈利能力，但对于新设的创业投资机构，由于其需要很长时间才能盈利，所以在短期内并不能得到适当的激励，也就难以解决创新创业企业

---

[1] 参见上海市政府引导基金网站和杨浦区政府网站。

"最先一公里"的资金来源。

（2）2016 年新的补贴办法。2016 年 2 月公布的《上海市天使投资风险补偿管理暂行办法》规定对投资机构投资种子期科技型企业项目所发生的投资损失予以补偿，从而改善了企业的早期融资环境。这样似乎是一种解决创新创业企业"最先一公里"的好办法。只是该办法一经发布就饱受争议。按照该办法规定，对种子期科技型企业项目所发生的投资损失的补偿比例不超过实际投资损失的 60%，对初创期科技型企业项目所发生的投资损失的比例则不超过 30%。该办法还规定，每个投资项目的投资损失补偿金额不超过 300 万元，单个投资机构每年度获得的投资损失补偿金额不超过 600 万元。人们主要关注该办法可能带来的逆向选择和道德风险问题，即申请补偿的是投资决策能力差的风险投资基金，并且风险投资基金可能与被投企业形成合谋。[①] 其实，这里反映的主要是信息不对称下可能产生的问题。

该政策执行一年之际还没有更多的信息披露。虽然不知道政策运行的效果，但是分类管理和加强监督，从而最大限度地获得相关信息是必要的。

3. 政府对商务办公环境改善的现状和问题。上海市各个部门先后出台了诸多的改善创业企业办公环境的政策。例如，2014 年末浦东新区科委发布的新版《浦东新区科技发展基金孵化器资助资金操作细则》，对于新建或扩建孵化器，经区科委组织评审，一次性给予不超过 80 万元的资助，对孵化器的技术服务能力和融资服务能力都有补贴。[②] 又如，市科委在 2015 年 9 月发布的《关于开展 2015 年度创新创业企业服务体系建设工作的通知》中，对创业苗圃开展的预孵化包括办公场地等进行一定的后补贴。[③] 再如，上海市经济信息化委在 2015 年出台的《上海市中小企业发展专项资金项目》，对为中小企业提供信息服务、创业服务、管理咨询服务等的中小企业服务机构给予补贴。[④] 在实际的创业孵化器引入中，地区政府甚至会让渡政府产权内的房租收入，作为有力的吸引条件。从以上方方面面的措施看，各级政府着实在改善创业商务办公环境上做出了不少的努力，但也产生了如下问题：各级政府和各个部门分别在自己的权限和能力内对改善创业商务办公环境上出政策，这会导致孵化器等提供创业服务的机构多次申请，必然增加申请补贴的成本，即这种多级的补贴缺少相互协调和统筹规划。

七、相关经验

在科技成果从实验室走向市场的过程中，创业期被称为"死亡谷"，风险大。因此，

---

① 马文杰. 实施《上海市天使投资风险补偿管理暂行办法》应该注意防范道德风险［EB/OL］. 上海民建，2016，http：//www. shio. gov. cn/n2967/n2969/n3060/u1ai1843506. html.

② 参见上海市浦东新区科委网站。

③ 参见上海市科委网站。

④ 参见上海市经济信息办网站。

创业期商务成本的控制和小微企业的融资服务是世界性的难题。借鉴世界其他国家的相关经验，可以为解决上海问题提供思路。纵观世界各国发展创新创业的经验，有三个地区值得我们关注：一是美国的硅谷。Startup Ecosystem 2015 年的报告指出，虽然硅谷的增长速度与其他创新创业区相比并不是特别快，但却在绝对总量上占有无法超越的优势。它几乎占有总共前 20 名创业生态系统 47% 的创新创业价值。同时，硅谷作为自然演化形成的创新地，有一套完善的股权融资和债权融资紧密结合的经验，因此，硅谷在基于股权的债权融资方面有借鉴意义。二是以色列的特拉维夫。以色列是近些年通过政府介入成功促进创新创业的典型。它国土面积狭小，相当于上海的两倍多，但人口只有上海常住人口的 1/3。以色列的特拉维夫作为 2012 年排名第二的创新地，其私募基金数量虽然略低于第一名的硅谷，但天使投资数量超过了硅谷。因此在创业投资方面有较好的借鉴价值。三是美国的纽约。纽约在近几年创新创业的排名迅速上提，在 2015 的报告中前进了 3 名，拿到了银牌的位置。因为纽约是大城市转型创新创业的成功代表，而大城市最重要的问题是办公和生活成本的居高不下，它将展示给我们一个成功降低商务成本的典型。

（一）硅谷的投贷结合经验

在硅谷，硅谷银行金融集团是靠给中小科技型企业贷款而成功的典范。它依靠银行和风险投资的紧密结合，防范贷款风险，具体的模式为：硅谷银行资本（SVB Capital）通过投资而成为 VC、PE、科技型企业的股东，进而拥有股东身份的硅谷银行资本能够获得 VC、PE、科技型企业的大量信息。[①] 这些信息就成为硅谷银行寻找、发现客户的基础，也是硅谷银行信贷产品设计的基础。而 VC、PE、科技型企业暂时闲置资金也成为硅谷银行需要的低成本信贷资金来源之一。由于科技型中小企业资金需求非常迫切，潜在能够提供信贷的金融机构有限，因此对于贷款利率不那么敏感。硅谷银行就可以普遍高于其他银行的贷款利率提供贷款服务。加上硅谷银行的存款（部分活期存款无息）比较廉价，硅谷银行轻易地利用存贷款利差获得了较高的收益，并且借用 VC 和 PE 的股权实现对创新企业的风险控制。

在上面的模式中，硅谷银行的资金来源是 VC、PE 和科技型企业的企业存款，而非居民储蓄存款，因此，不会危及储蓄存款的安全性。而且，以科技型中小企业为服务对象的银行和投资业务结合紧密，共同分享企业的相关信息。

（二）以色列的创业投资经验

以色列很多风险投资基金旗下都有孵化器，而且这些孵化器都是风险投资基金和政府共同出资创办的。其中孵化器的出资政府占大头、风险投资机构占小头。以 Terralab Ventures 为例，它们的孵化器由政府出资 85%，自己出资 15%，但政府不持股，只获取

---

① 参见 SVB 网站。

固定收益（面访资料）。基于这样的激励机制，风险投资机构有非常大的动力严格筛选高质量的孵化项目，因此，在给风险投资机构带来收益的同时，提高了政府资金的使用效果。

在对同一个项目分阶段进行投资中，种子轮的风险最大、创业企业的死亡率最高。如果种子轮投资主要通过孵化器进行，并且孵化器如以色列的出资结构，那么在政府资金的支持下，就解决了创新创业企业"最先一公里"的资金来源，使得后续由风险投资机构阶段跟进投资的天使轮、PRE－A轮、ABC轮的投资有了可能。对于风险投资机构而言，这种投资模式能大大提高投资成功的概率。这种制度对风险投资机构有较大的激励作用。

（三）美国纽约的政府降低创业成本经验

2008年国际金融危机爆发后，以金融为驱动的纽约金融中心的发展出现了困难，需要重新找到新的发展动力。现在纽约经过时间的洗礼已经成为美国仅次于硅谷的创新创业重地。纽约市中心曼哈顿下城区的硅巷（Silicon Alley）现在已经成为全新初创企业的聚集地。因为纽约的特殊城市位置，创新创业的外国公司非常热衷于到美国开分部或者干脆把它们的总部移到这里。很多全世界的创新创业企业一旦在它们的创业生态中有一个具有功能性和可销售性的产品，它们通常会到纽约而不是硅谷开一家销售处来进入美国的市场。即使是国内，Google、Facebook、Twitter、Yahoo、eBay、Yelp、Linkedin等一批原先以硅谷为重心的诸多高科技巨头纷纷在这里开设研发机构和业务中心。纽约成功转型中国际大都市的城市特点也是不可缺少的。这一点和上海这座城市有相似的特征。同时，从2015年调查可知，纽约是美国地方政府和州政府都干预较多的城市，主要集中在创新创业商务成本和生活成本及税收等方面。具体纽约和其他前20名城市的比较如表4所示。

表4　　　　　前20名创新创业生态区的政府政策力度和前三个主要关注点

排名	城市	政府积极性评价		前三个政策关注问题		
		本地	国家	第一关注点	第二关注点	第三关注点
1	硅谷	23%	11%	生活成本	工作空间的成本和可得	移民
2	纽约	40%	53%	工作空间的成本和可得	生活成本	税收
3	洛杉矶	23%	21%	生活成本	工作空间的成本和可得	税收
4	波士顿	25%	9%	生活成本	工作空间的成本和可得	移民
5	特拉维夫	0%	0%	生活成本	工作空间的成本和可得	税收
6	伦敦	9%	10%	生活成本	工作空间的成本和可得	国家法律
7	芝加哥	24%	16%	软件工程师的训练形成	税收	生活成本
8	西雅图	35%	35%	税收	工作空间的成本和可得	生活成本
9	柏林	39%	37%	地方法规	国家法律	税收
10	新加坡	7%	5%	生活成本	工作空间	移民
11	巴黎	23%	26%	工作空间的成本和可得	税收	对外国投资者的吸引力

排名	城市	政府积极性评价		前三个政策关注问题		
		本地	国家	第一关注点	第二关注点	第三关注点
12	圣保罗	15%	7%	税收	地方法规	工作空间的成本和可得
13	莫斯科	16%	11%	生活成本	工作空间的成本和可得	税收
14	奥斯汀	33%	33%	工作空间的成本和可得	生活成本	软件工程师的训练和形成
15	班加罗尔	18%	21%	工作空间的成本和可得	地方法规	税收
16	悉尼	15%	18%	工作空间的成本和可得	对外国投资者的吸引力	交通基础设施
17	多伦多	30%	27%	工作空间的成本和可得	生活成本	对外国投资者的吸引力
18	温哥华	66%	68%	工作空间的成本和可得	软件工程师的训练形成	对外国投资者的吸引力
19	阿姆斯特丹	27%	15%	对外国投资者的吸引力	工作空间的成本和可得	生活成本
20	蒙特利尔	33%	37%	对外国投资者的吸引力	税收	地方法规（如许可证等）

数据来源：根据 Startup Ecosystem Report 2015 整理得到。

　　纽约关于工作空间的可得及成本的高度关注与其国际大都市高地价直接相关。纽约负责整个城市发展并且管理城市公共资产的 NYCEDC（New York City Economic Development Corporation，是非营利性的）培育了一批孵化器和联合办公空间，这些空间和孵化器可以为各个行业的许许多多的创业公司和小公司提供一些低价格的办公环境、商务服务、培训和沟通机会。已有 1 000 多家创业企业和 1 500 多个雇主从政府支持的孵化器中受益，并且这些公司已经获得了超过 1.8 亿美元的风险投资。[①]

　　在培育的孵化器和办公空间中，BXL Business Incubator 是首个由纽约市政府资助的为创业企业提供孵化等一系列服务功能的企业孵化器。CFDA Fashion Incubator 创立的初衷是为了支持纽约城市内的下一代的时尚设计师。NYCEDC 提供了最初三年 20 万美元的建设资助，目标是在三年之后这个孵化器可以自我维持下去。当然目标也已经达到。[②] Varick Street Incubator 是纽约城市计划中的一部分，目的是通过企业家的活跃来促进创新。由政府提供资本并且帮助与房产所有者之间对房租进行谈判。该孵化器是在 2009 年成立的，为创业公司提供场地，费用为每人每月 400 美元，6 个月后再选择是否续期。HBK Incubates 也是由纽约市政府资助成立的，它为 40 多家食品行业的创业企业提供了接近 4000 平方英尺的联合办公空间。以上的孵化器只是政府资助的一部分。由此可见纽约市政府在办公空间成本控制上所做出的努力。

---

① 纽约经济发展公司网站 http：//www. nycedc. com/service/incubators – workspace – resources。
② 纽约经济发展公司网站 http：//www. nycedc. com/service/incubators – workspace – resources。

八、政策建议

相关经验告诉我们上海努力的方向是不错的，但在具体实施过程中上海要结合自己的情况，较好地制定措施，并实现最终的目的。因此，根据上文中分析的问题和相关经验得到以下政策建议。

（一）加大上海市政府引导基金的力度并实现分类管理，在可能的条件下承担风险

由于种子轮风险投资风险巨大，市场解决困难，市政府引导基金可以更大规模地投入该领域中去。一方面，上海市政府层面可以引导基金的增加，避免各个区之间引导基金地域的相互限制，实现政策合力；另一方面，在与创业投资机构合作中，可以引入分类管理，对于过往业绩较好的创业投资机构，政府可以做一部分劣后来承担风险。这样，通过引入专业的创业投资机构，与更多的创业投资机构合作，让它们去甄别创业企业的风险。通过分类方法，使得不同级别的创业投资机构都能够得到政府的助力，从而最大限度上扩大政府引导资金的引导作用。通过上海市层级的政府引导基金力度的加大，解决区域之间的相互限制问题，进而解决创新创业企业资金的"最先一公里"问题。

具体到政府与创业投资机构合作中做一部分劣后来承担风险。2016年初公布的《上海市天使投资风险补偿管理暂行办法》即是这种主导思想，但是却饱受争议。专家提出的解决办法包括："首先，加强对风险投资机构的资格审查，确保优质的投资机构参与补偿计划"，认为"目前的《管理办法》中，仅仅对科技型小微企业的资质给出了详细的规定，而对于风险投资机构，仅仅要求在'创业投资备案管理部门完成备案'即可，没有更进一步的考核要求"。[①] 其次，"加强对投资机构及被投资企业的'事中'、'事后'的监督"。其实，与其让不了解也不常与投资基金打交道的科委等机构负责补贴，为何不让一直和投资基金打交道的上海市政府引导基金来做风险补贴？政府引导基金对风投的信息更完善，相对更有说服力。

（二）鼓励贷款机构与风险投资共建创新生态系统

在现实中，很多对自己非常有信心并发展良好的创新企业，并不愿意创业投资的稀释股权，这时贷款与风险投资相结合即投贷联动，能解决风险和收益匹配的问题。投贷联动有比较浅的层面，即投资和贷款的相对松散的合作，这样有利于风险的相对隔离；也有比较深的层面，即投资和贷款的深度合作，这样有利于为更早期的创新创业企业提供融资服务。

---

① 马文杰. 实施《上海市天使投资风险补偿管理暂行办法》应该注意防范道德风险［EB/OL］. 上海民建，2016，http：//www.shio.gov.cn/n2967/n2969/n3060/u1ai1843506.html。

1. 基于商业银行资金来源于居民存款这一现实，建议商业银行和投资的合作要保证风险的相对隔离。《商业银行法》第四十三条规定："商业银行在中华人民共和国境内不得从事信托投资和证券经营业务，不得向非自用不动产投资或者向非银行金融机构和企业投资。"主要就是为了防范商业银行居民储蓄资金的风险。因此，以商业银行为主体的贷款和投资的合作适合相对松散的形式。

2. 探索小额贷款公司放开投资功能实现投贷联动。小贷放开投资进行投贷联动是创新创业企业的需求。小贷放开投资功能可以实现投贷联动，该投贷联动摆脱了银行或者投资机构的投贷联动的缺陷和局限，能进一步地完善对创新创业企业的早期融资服务生态。

（1）从以往的实践中看，以往设立的科技支行和投资机构已经在探索投贷联动的服务，但存在如下的一些问题。首先，银行所参与的投贷联动一定是以保证贷款还款为先决条件的，这与银行的存款资金安全需要是相一致的，但这是相对松散的投贷联动。在现实的金融产品设计中，往往通过担保等方式转移多方参与的贷款产品的风险和相应收益，即使是有股票期权也是它方持有和行权。银行为何面对收益都不动心？这与银行是面向普通大众的存款机构密切相关，既然吸收公众储蓄，自然不能冒风险，即银行深度参与投贷联动始终绕不过存款资金安全的坎儿。其次，投资机构参与的投贷联动在企业的成长阶段中相对靠后，无法满足创新创业企业的早期融资需求。投资机构也会通过委托贷款的方式向被投企业发放贷款。比如某企业在新三板挂牌时，定向增发的投资机构同意委托贷款给企业一笔一年的资金，主要用于补税。显然，投资机构的投贷联动处于企业靠后的成长阶段。

（2）小额贷款放开投资功能从而开展投贷联动有如下的优势。首先，避免了存款资金的安全性问题。小额贷款公司的放贷资金是自有资金，因此可以承受一定的风险并得到相应的风险收益。实施投贷联动的典型——硅谷银行也只是吸收投资机构法人存款和投资机构管理人等的非普通公众存款。所以，避免存款机构所面临的风险是必需的。其次，关注于早期的创新创业企业。投资机构通常是基金制，并且会有 5~7 年的退出要求，这也是投资相对靠后阶段的原因。而小额贷款公司是公司制，没有退出要求，因此可以有更长的等待期，能投得更早、等得更长。最后，驻扎在科技园区附近的小额贷款公司通常能获得更多的企业信息，为投贷联动识别风险提供可能。有些科技型小贷，不但驻扎在科技园内，大股东也是科技园区方，能获得更多的企业信息，也就能更好地识别企业早期的风险，使得小贷进行投贷联动成为可能。

（3）从全国其他地区的实践看，对小贷公司开放投资功能是可能的。江苏省于 2010 年在《省政府办公厅关于开展科技小额贷款公司试点的意见》中批准的科技小额贷款公司的业务范围是向科技型中小企业发放贷款、创业投资。江苏省于 2015 年发布的《江苏省金融办关于进一步支持小额贷款公司持续健康发展的通知》中认定了互联网科技小额贷款公司可以运用互联网平台和技术，线上线下开展小额贷款、创业投资、融资性担保等业务。辽宁省于 2013 年印发的《辽宁省科技小额贷款公司暂行管理办法》中认为科技小额贷款公司可以从事创业投资业务。2015 年 7 月，山东省发布了《关于支持小额贷款公司做优做强的通知》，明确小额贷款公司在坚持贷款业务为主、确保风险可控的前提下，可申请增加股权投资、委托贷款、不良资产处置收购、金融产品代理销售业务。2015 年 12 月，厦门市在《厦门市人民政府关于印发进一步促进小额贷款公司发展意见的通知》里允许符合条件的小额贷款公司增加自由资金投资于本市小微企业发放的债务性融资工具；对本市小微企业进行股权投资；债转股。2016 年，四川省金融办下发了《关于开展科技小额贷款公司试点工作的通知》，其中认定小额贷款公司业务范围为发放贷款、创业投资及相关的咨询活动等。重庆市在 2016 年《重庆市金融工作办公室关于调整重庆市小额贷款公司有关监管规定的通知》中明确了小额贷款公司的运营资金使用范围只有各项贷款、票据贴现、同业拆出、购买持牌金融机构发售的金融产品和30% 的注册资金进行股权投资。

3. 对小额贷款公司投资功能的开放不是简单地"一刀切"，必须要通过对小额贷款公司的分级管理，差异化处理，同时要对小贷的投资比例进行相应的限制，从而促进小额贷款公司的健康发展，进一步降低创新创业的成本。

（1）对小贷公司分级管理，开放部分小贷公司的投资功能。在对小额贷款公司进行分级管理的基础上，放开符合一定条件的小额贷款公司的投资功能。小额贷款公司的分级可以参考以下指标：首先，注册资本指标；其次，从业人员数量指标；再次，高管相关创业投资工作经验指标；最后，主发起人的相关财务指标等。总之，对小额贷款公司的分级应该建立在全面考虑基础之上。对于相对经营稳健，并且确实有投资需求的小额贷款公司逐步放开其投资功能。

（2）限制小额贷款公司的相关投资比例，进行风险管理。在对小额贷款公司放开投资功能的同时，要对其投资业务进行风险管理。风险管理的目标是，坚持小额贷款的主要贷款业务，并且确保风险可控。参考控制的指标有创业投资总金额占资本净额的百分比，对单个企业的创业投资总额占小额贷款公司资本净额的百分比，对单个企业创业投资总额占被投资企业资本净额的百分比等。控制了相应比例就控制了小额贷款公司的贷款主业，以及相关的投资风险。

（三）进一步降低孵化企业的商务成本

企业商务成本的降低是大都市必须要考虑的，上海也不例外。可以通过以下几个方面进行改善。

1. 多部门统筹规划。多个部门对孵化器提供场地等各种服务的补贴，孵化器由于相互竞争，通常会将部分补贴转给被孵化企业。比如，在实际当中，有些孵化器因为科技园区不收商务租金，孵化器也就不收被孵化企业的商务租金。当多个部门对孵化器都有类似的政策时，可以对这些政策统筹规划，从而提高效率，并且降低申请成本。

2. 信息公开。基于现在上海市经济信息化委员会建设的"上海市中小企业服务互动平台"，它有信息化载体，集信息发布、政策法规、信息查询、融资担保、科技创新、创业辅导、法律服务、管理咨询、市场开拓、人才交流、产品展示、网上申报、诉求申请、协同服务等功能于一体，建议进一步强化"上海市中小企业服务互动平台"的协调统筹功能，将其作为集中全市各局委公开信息的平台，但同时要进一步改进平台的使用体验。

（四）创业投资企业也需要工商注册给予便利

在调研中，发现在注册创投基金时工商部门并不给予相应的便利。某负责人抱怨道："我们在浦东注册一家创投基金，名称预核就花了几天时间。因为该基金要使用母公司的名字，所以工商部门要求不仅母公司要签字盖章，遍布世界各地的母公司股东也要一个一个签字画押，传真件也不行，后补都不行（先走流程，在最终批准下来之前拿到原件）""你知道基金募集时间是拖不起的，因此我们就到杭州那边注册了"。因此，工商注册不但要对创业企业给予便利，对创投基金也要给予一定的便利，才能更好地降低创新创业的成本。

参考文献

［1］曼昆. 经济学原理（微观经济学分册）［M］. 北京：北京大学出版社，2011.

［2］Startup Ecosystem Report 2012.

［3］Startup Ecosystem Report 2015.

［4］《科技创业》研究部. 中国区域创业成本系列调查——京津唐地区篇［J］. 科技创业，2005（7）：25－33.

［5］陈晴. 美国硅谷孵化器的发展经验对我国的启示［J］. 中国科技产业，2014（8）：36－39.

［6］谢波峰. 纽约市税收优惠政策分析与启示［J］. 涉外税务，2010（12）：52－55.

［7］徐瑞哲，章迪思. 最大城市群如何降低创新成本［N］. 解放日报，2015.

［8］中国高技术产业发展促进会知识产权战略研究课题组. "纽约硅谷"会攀上世界科技产业之巅吗？——兼议中国企业登临世界科技产业之巅的思考［J］. 科技促进发展，2014（3）：71－72.

［9］张骏，傅贤伟，谈燕. 让创新创业者减少畏惧感［N］. 解放日报. 2015.

［10］卢阳旭. 创新创业的源头活水［N］. 科技日报，2015.

［11］余丰慧. 激励创新创业热情 减税降费是不二选择［N］. 新快报. 2014.

［12］谈毅. 推进天使投资税制制定的思考与建议［N］. 东方早报，2015.

［13］曾颖. "投贷联动"新模式的障碍与突破［J］. 中国农村金融，2015（17）：7－9.

［14］朱宝琛. 发挥多层次资本市场作用为创新型企业提供服务［N］. 证券日报，2015.

［15］谈毅，徐俊. 如何用好政府引导基金［N］. 东方早报，2015.

［16］刘晓莹．科技部大力发展众创空间推进大众创新创业［N］．科技日报，2015．

［17］茹璟，任颐．深圳建设国际化创新与创业中心研究［J］．科技和产业，2014（7）：74－79．

［18］李耀华，吴军．中小企业"结构化"债权融资的创新模式——基于上海市杨浦区的案例研究［J］．金融理论与实践，2014（8）：26－30．

［19］吴军，魏果望．"新三板"企业股权质押的定价和应用［J］．价格理论与实践，2014（2）：98－100．

［20］马文杰．实施《上海市天使投资风险补偿管理暂行办法》应该注意防范道德风险，上海民建，2016．

［21］Incubators Workspace Resources. New York City Economic Development Corporation［EB/OL］．http：//www. nycedc. com/service/incubators－workspace－resources. 2016.

金融期货市场自动化
交易识别和监管政策研究

◎ 陈　云　张　超[①]

摘要： 随着信息技术的发展，证券和期货市场上自动化交易迅速兴起，交易速度增快，系统日益复杂。自动化交易为市场带来了增加流动性、有效性等益处，但与之伴随的技术故障也频繁发生，单个主体故障可能令全市场蒙受损失，甚至引发系统性风险。典型案例包括 Facebook IPO 事故、BATS 公司 IPO 崩盘、骑士资本事件、光大证券"8·16"异常交易事件等。美国、欧洲等国家和地区的市场监管机构均对自动化交易带来的风险高度重视，陆续出台了一系列监管措施。基于此，本文对境外证券和期货市场自动化交易监管相关政策法规进行了梳理和总结。

关键词： 金融期货市场　自动化交易监管体系　监管政策

一、自动化交易的现状和影响

（一）自动化交易概念及类型

1. 自动化交易的概念。自动化交易指在进行电子交易的金融市场中，根据设定的交易目标和交易模型，计算机自动生成订单并输送到交易系统进行成交的一种交易模式。中国《期货交易所业务活动监管工作指引第 9 号——关于程序化交易的认定及相关监管工作的指导意见》[②] 中将自动化交易定义为"由计算机事先设定的具有行情分析、风险管理等功能的交易模型，自动下达交易信号或报单指令的交易方式"。

自动化交易区别于传统交易模式，使市场上出现更加丰富的交易策略，呈现以下鲜明特征：第一，依赖计算机，减少人工判断。自动化交易利用程序算法，在交易的某些环节中代替人为决策。第二，可实现复杂的交易策略。程序算法的引入使投资者可以使

---

① 陈云，上海财经大学上海国际金融中心研究院副院长、教授。张超，上海市金融信息技术研究重点实验室教师。

② 中国证监会. 关于程序化交易的认定及相关监管工作的指导意见 [Z]，2010.

用更为复杂的量化交易策略,更敏锐地捕捉市场中的盈利机会,同时,丰富的交易策略使市场更加有效。第三,反应更为迅速。自动化交易可捕捉瞬间的市场盈利机会,当盈利机会小时可迅速撤单,因此,某些策略下自动化交易具有非常高的撤单比例。

2. 自动化交易的类型。自动化交易起源于1975年的美国"股票组合转让与交易"。经过40余年的发展,已不再局限于一揽子证券的买卖,发展出算法交易、量化交易、高频交易等形式。它们既有交叉,又各具特点和适用范围。当前,市场监管主要关注算法交易和高频交易两类。

(1)算法交易。算法交易[1]起源于美国。20世纪80年代后期及90年代,美国证券市场的全面电子化成交和电子撮合市场(Electronic Communication Networks,ECN)开始发展。纽约证券交易所NYSE在1997年批准了从分数制报价方式改为十进制小数点报价的方案,这个推进的过程用了三四年。2000年8月开始小范围试点,2001年才完成,纳斯达克交易所后来在证监会的压力下也跟进这个改革方案。股票报价的最小变动单位由1/16美元或者1/32美元,调低到了0.01美元。买卖之间的最小变动差价大幅缩小了七八成,也减少了做市商的交易优势,从而降低了市场的流动性(买卖报价被稀释在更多的报价单位上),改变了证券市场的微观结构。市场流动性的降低导致机构投资者使用计算机来分割交易指令,用以执行到更优越的均价,形成了算法交易的概念。

算法交易可以使用在任何交易策略中,包括做市、跨市场价差套利、统计套利及纯投机(包括趋势跟随)等。从速度上来说,算法交易系统每秒可以产生数千个交易指令,其中许多指令顷刻间就可能被取消或被新的指令所取代。依据订单大小和对于执行紧急程度的要求,算法交易分为四大类[2],如图1所示。

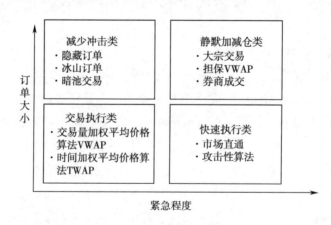

图1 四类算法交易及其特征

---

① 戴军. 算法交易的历史与现状 [R]. 金融工程专题报告,2010.

② Bennett P. and L. Wei. Market Structure, Fragmentation, and Market Quality [J]. Journal of Financial Markets, 2006(9):22 - 44.

①减少冲击类。对于机构投资者的大额订单，如果对于执行时间没有太高的要求，通常以匿名的方式在交易系统中进行成交。订单数量不向市场进行披露，避免其他市场参与者干扰以获得最优的订单执行结果。

隐藏订单（Hidden Orders）。不显示在公共订单簿中，成交后成交信息将进行披露，市场参与者可以根据披露的成交信息来获知隐藏订单的存在。

冰山订单（Iceberg Orders）。只在订单簿中披露一部分订单数量，剩余部分不可见，只有当披露部分的订单被执行了，剩余部分的订单才继续披露一部分数量。

暗池交易[①]（Dark Pools）。类似于隐藏订单，"暗池"是撮合未公开显示订单的交易平台。暗池交易源于券商的内部撮合自己客户订单的交易系统（Cross Networks），进入券商内部撮合系统的定单可以先与券商的委托撮合，然后再外送到交易所。由于买卖订单完全通过券商的内部系统进行，暗池交易的买卖价和成交价格都不公开。正是由于这些交易系统不透明的特点，这些交易系统被称为"暗池"。

②交易执行类。依据预先定义的逻辑和模型生成订单并输入，以降低交易员的工作负荷。

交易量加权平均价格算法（Volume Weighted Average Price，VWAP）。这是基本的交易算法，在进行买/卖下单时，根据历史成交量进行，以尽量降低该交易对市场的冲击。VWAP主要是为了防止因为超出正常水平的交易量以至于影响当前交易的价格，从而增加交易的成本。

时间加权平均价格算法（Time Weighted Average Price，TWAP）。该算法是根据特定的时间间隔，在每个时间点上平均下单的算法。TWAP旨在使市场影响最小化的同时提供一个平均执行价格。对于流动性不足的股票来说，TWAP比VWAP来说更有实际意义。

③静默加减仓类。随着多边交易机制的发展，上市股票可在多个交易所同时进行交易。这带来了市场分裂问题，引起流动性下降。在这种情况下，由于没有足够的市场深度，大额订单很难立即完全成交。静默加减仓类主要应对上述情况。

大宗交易（Block Crossing）。在交易所以协商的价格、匿名的方式达成的巨额成交。允许交易员输入一定非特定价格的巨额订单，公开订单簿和隐藏订单簿都会被遍历，进行撮合成交。

保证交易量加权平均价格算法（Guaranteed VWAP）。券商对VWAP算法提供担保，当它们运用Guaranteed VWAP进行下单交易时，必须保证成交价格为交易量加权平均价格，若成交价格与交易量加权平均价格不一致，由经纪商承担相应损失。

券商成交（Broker Capital）。券商利用其自有订单簿进行订单撮合成交。

---

① 攀登，王逸哲，李文欣. 暗池交易的发展及其启示［J］. 证券市场导报，2013（3）：7－18.

④快速执行类。对成交有迫切时间要求的小额订单，要求在执行过程中无须人工干预。

市场直接接入（Direct Market Access）。投资者不通过券商柜台系统的人工干预，直接将订单发送给交易所进行撮合成交。由于这些投资者并不是交易及清算会员，需要通过指定清算会员进行清算及结算。

攻击性算法（Aggressive Algorithms）。这类交易算法根据市场的状况实时决策，判断是否交易、交易的数量、交易的价格等，如狙击兵算法仅在达到限定价格时才会下单交易。算法着眼于市场数据分析，避免暴露自己，尽可能找出市场上的隐藏交易。

算法交易已被机构投资者广泛使用，是投资管理基金最主要的订单执行方式。算法交易将大额的交易分解为若干笔小额的交易，实现更好地管理市场冲击成本、机会成本和风险。

（2）高频交易。欧盟《MiFID II》草案①中，高频交易被定义为：报单发送、取消或修改的物理时延成为指令至交易场所通信或执行所需时间决定因素的高速算法交易。高频交易以做市商和统计获利为基础，通常每笔交易获利很小，通过大量成交累计获得可观收益。国际证监会组织认为，高频交易具有以下特征：一是使用先进的信息技术工具，并运用多种策略；二是使用高度计量化工具，将算法运用与市场资料分析、投资策略部署、交易成本、降低市场冲击相关联；三是每日具有高周转率和委托/成交比（相较于成交数量，绝大部分的委托是被取消的）的特性；四是每日平仓；五是通常为机构投资者使用；六是极具反应敏感性，交易策略执行关键在于通过直接电子接入、共址服务等手段，快速进入市场。

高频交易参与者主要是做市商、私募基金和机构投资者，它们利用技术架构和数据分析的优势，寻找短暂的交易机会。美国证券交易委员会（U. S. Securities and Exchange Commission，SEC）从交易策略上将高频交易分为以下类型。

①消极做市类。该类交易策略提交不可立即执行的双向订单，从而向市场提供流动性。其订单存续期极短，如果未成交，则通常在不到 1 秒内即被撤销，订单撤销率很高。

②套利类。该类交易策略寻求捕捉相关产品和市场间的定价失效，典型如 ETF 价格及其一揽子基础股票价格间的套利，时延对此类套利交易至关重要。

③结构类。该类交易策略发掘市场或者市场参与者的结构性、脆弱性，如通过主机托管或者单独数据专线来获取行情数据的最快发布，识别出提供过时报价的市场参与者并从中获利。

④方向类。该类交易策略基于对特定方向的日内价格变化预期，建立大量的、未对冲的头寸。其中头寸持续时间较短，策略具有多样性，如订单抢先策略、动量触发策

---

① 蔺捷. 欧盟 MiFID II 欧盟证券交易场所规制探讨［J］. 证券市场导报，2013（4）：16 - 23.

略等。

高频交易不断降低订单平均成交大小、增加市场成交笔数。根据美国股票市场统计，1997 年至 2009 年，订单平均成交大小从 1 500 下降到不足 300，成交笔数则从每天 100 万上升到 2 000 万 ~ 3 000 万。目前，美国和欧洲一些交易所为争取投资基金的订单，交易系统已对高频交易提供特殊接口，包括：（a）券商信息在行情中的匿名发布；（b）闭市后的 VWAP 成交；（c）具备议价功能的大宗交易工具；（d）丰富的订单类型，如隐藏订单和冰山订单等；（e）多重订单簿设计，如公开订单簿和隐藏订单簿等。

（二）自动化交易国内外发展现状

自动化交易已成为美国证券和期货市场的主流交易方式。据不完全统计，2010 年，约 40 家以自动化交易为主的金融机构产生的交易量占整个美国市场股票交易量的 75%。英国是欧洲地区使用自动化交易比例最高的国家，期货市场上自动化交易的使用比例约为 30% ~ 50%，约 50% 的基金经理使用自动化交易进行投资管理。由于在信息平台、交易网络覆盖范围、信息传输速度等方面的欠缺与落后，亚洲地区采用自动化交易的主要市场是东京证券交易所、香港交易所和新加坡交易所，所占比例分别为 9.3%、15% 和 13.5%，自动化交易技术上的竞争不如欧美市场那么激烈。自动化交易使股票交易量爆炸性增长，特别是规模较大、流动性较高的蓝筹股。自动化交易将大额委托化整为零，导致市场总成交笔数增加，每笔委托的数量大幅降低。

与发达国家资本市场相比，中国发展自动化交易的时间还很短。国内市场投资者结构与境外市场差别较大，机构投资者交易占比较低，自动化交易还不发达。2005 年，首批 ETF 上市后，由于套利交易的需要，自动化交易开始出现。2010 年股指期货上市后，量化 Alpha 策略和期货日内交易策略越来越多，自动化交易进入快速发展阶段。

1. 商品期货市场上自动化交易的发展。期货市场上套利交易应用比股票市场上更广泛，原因包括以下方面：第一，期货行情发送频率更快，普遍是 0.5 秒发送一次；第二，期货市场完全采用当日回转交易方式；第三，期货交易显性成本较低，无印花税，且交易佣金和经手费等较低。目前，上期所等期货交易所已推出了较成熟的主机托管（Co - location）业务。为加强对算法交易的监管，除各期货交易所针对性地对交易细则和交易实施细则进行修改外，行业还出台了《期货交易所业务活动监管工作指引第 9 号——关于算法交易的认定及相关监管工作的指导意见》，对算法交易作出专门规定。

2. 股票市场上自动化交易的发展。由于监管环境、交易制度、税费结构、账户体系、业务和技术水平等原因，中国股票市场自动化交易应用程度与国外相比有较大差距，相对期货也有一定差距。股票市场上算法交易主要用于交易执行，应用比重最大的为基金公司。部分基金公司已有超过 50% 的订单通过算法交易的方式执行。券商的算法交易主要服务于资管、自营等内部部门。除交易执行外，算法交易也用于套利，其中 ETF 套利交易是股票市场上最早的算法交易方式。但由于行情发布间隔相对较长、印花税、不得当日回转、盘口总量等限制，ETF 套利交易量市场占比不大，盈利水平也有限。中国的一些交易机制限制了自动化交易策略的实施，如 T + 1 的交易制度使大量日内交易策略不能操作，且不允许卖空，缺乏做市商制度。交易机制不够完善，对高频交易、算法交易的种种限制也都制约了自动化交易策略的实施。除对机构客户和对内提供算法交易业务外，部分券商也向普通客户提供算法交易服务，但量都较小。据统计[①]，2011—2012 年，沪深 300 成分股中使用算法交易的成交量约占整体的 10%。

3. 股指期货的自动化交易。股指期货推出后，产生了股指期货和股票现货间套利的自动化交易模式。但由于股指期货品种少、准入门槛高，而且价差收敛速度在套利者的作用下越来越快，算法交易的使用范围和影响都较小，盈利水平不够突出。但考虑到算法交易在未来将成为股指期货交易的重要组成部分，中国金融期货交易所已将自动化交易纳入监管范围。2010 年，《中国金融期货交易所交易细则》和《中国金融期货交易所交易规则及其实施细则（修订说明）》中增加了对会员、客户采取自动化交易方式进行界定、报备和监管的内容。

随着更多金融期货产品的推出，如期权产品，自动化投资将从目前单一交易策略研究向多品种的投资组合以及产品定价方向发展，国内自动化交易策略必将日趋丰富。

（三）主要国家和地区的衍生品市场监管体系

1. 美国衍生品市场的监管体系。美国衍生品市场是全球衍生品市场的发源地和定价中心，其监管组织结构[②]如图 2 所示，有商品期货交易委员会（CFTC）和证券交易委员会（SEC）两个一级监管部门，它们之下，行业自律组织、交易所分工协作，共同完成下一层次的监管。

（1）政府监管。由两个相互独立的监管机构即美国商品期货交易委员会（CFTC）和美国证券交易委员会（SEC）构成。CFTC 主要负责监管商品期货、期权和金融期货、期权市场。其任务是保护市场参与者和公众不受与商品和金融期货、期权有关的诈骗以及市场操纵和不正当经营等活动的侵害，保障期货和期权市场的开放性、竞争性和财务上的可靠性。目前，在股指期货市场监管中，CFTC 主要负责管理行政关系。SEC 是美国证券市场监督的权威部门，其职能是监督一系列法规的执行，以维护证券市场参与者的正当权益，防止证券活动中的过度冒险、投机和欺诈活动，配合其他金融监管机构，形成一个明确、灵活、有效的金融体系，为投资者提供最大的保护及最小的证券市场干预。一方面，促成投资者作出正确的投资选择，引导投资方向；另一方面，利用市场投

---

① 徐广斌. 自动化交易现状、影响与应对策略［J］. 交易技术前沿，2013（3）：17 - 25.

② 易鸣，李海生. 美英股指期货监管模式的比较与借鉴［J］. 经济纵横，2009（7）：33 - 43.

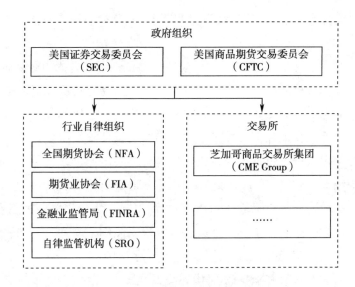

图2　美国衍生品市场监管组织结构

资选择把发行量低、超过市场资金供给承受能力的证券发行排斥于市场之外。

CFTC 和 SEC 运作上相互独立，目的是保证它们各项措施的独立性和客观公正，共同代表政府对股指期货市场行使监管的职能。它们独立性较强，权威性较高，具有一定的立法权和司法权。它们负责组织实施有关股指期货交易的法律、法规，制定有关规章制度，审批交易所、经纪公司的注册、股指期货的上市品种，防止垄断和欺诈等行为的发生，维护市场竞争机制的正常运行等。

（2）行业自律监管。美国证券期货市场的一大特点是建立了相对完善的行业协会并实现了一定程度上的自律监管。全国期货协会（NFA）是美国唯一的期货自律组织，是一个非营利性的会员制行业性协会组织。会员主要包括期货经纪公司、期货共同基金的管理公司和期货交易顾问。NFA 最主要的定位就是阻止欺诈，确保市场经营符合大众利益，在冲突双方诉诸法律之前进行争端调解。除对期货市场提供服务外，协会有权监督管理交易过程中的违法违章行为，对那些情节严重的符合一定条件的会员与企业可采取罚款或其他制裁措施。

美国金融业监管局（FINRA）是美国证券场外市场的自律监管组织（SRO），接受美国证券交易委员会（SEC）的监管。FINRA 是美国最大的独立非政府证券业自律监管机构，监管对象主要包括经纪公司和注册证券代表等。

行业自律监管组织还有自律监管机构。一家期货佣金商（FCM）一般是多家交易所的会员，如果要接受多家交易所的监管，将增加 FCM 的负担。因此，每一家 FCM 都由指定自律监管机构（DSRO）对其进行基于风险的投资者保护和财务方面的检查。所有的 FCM 必须成为 NFA 的会员，并且必须接受自律监管机构 SRO 的审计。审计工作通常由联合审计委员会（Joint Audit Committee）进行分配，委员会成员由交易所和 NFA 组成，每年开会讨论决定分配工作以确保均匀分配，不是交易所会员的 FCM 由 NFA 完成审计工作。

（3）交易（结算）所的自我监管。交易所主要负责制定具体的交易规则，具体管理股指期货交易的运行过程。在此基础上，美国的几个主要交易所逐渐形成了具有一定特色的制度规定，如保证金制度要求投资者在交易前缴纳一定比例的投资保证金，以降低违约风险和投资风险。套期保值头寸审批制度和投机头寸限制制度，要求交易商提供持仓情况并且对套期保值进行审批，对投机仓位进行有效限制，以避免市场过多的投机行为。每日无负债结算制度（MTM），交易所采用 MTM 对于每天的保证金盈亏、手续费等进行结算，以加强风险防控，降低违约率。"熔断机制"和"涨跌停板制度"，以保证在市场非理性大涨或大跌时实行中止交易或者每日价格限制来平抑市场的恐慌情绪，从而达到稳定市场的目的。完善的五级结算及财务风险管理制度，第一级是履约保证金存款；第二级是结算会员持有并抵押的 CME 股票市值；第三级是 CME 从交易手续费中提取的盈余基金；第四级是由结算会员根据持仓和风险缴纳的安全存款；第五级是交易所要求结算会员缴纳的追加权力总量，作为表外或有资产。

美国衍生品市场监管体系特点：一是多层次的依法监管体系。美国期货市场的监管是分层次的，第一层次是政府依法监管，第二层次是行业自律管理和交易所自律管理。各层次监管者既依法履行职责，又相互配合协调。交易所监管场内交易，NFA 监管会员的交易行为和协会工作人员的行为，CFTC 负责立法及法律的执行，登记审批新设立的交易所。二是 CFTC 对全美期货市场实行全面监管，政府监管与行业自律监管并重，但政府监管处于主导地位，有效保证了期货市场的安全和秩序。期货交易所、行业协会和政府在各自的规章条例和法律规范中规定有登记注册制度、会员制度、财务检查制度、保护客户制度和仲裁制度等，同时，对期货交易的各类组织与人员、各个环节也进行了全面规定，较好地处理了立法与执法、政府监管与行业协会监管、政府与市场的各种关系，保证了期货市场的正常运行。

2. 欧洲资本市场的监管体系。从监管的角度，欧洲资本市场对自动化交易的监管分别来自三个层次：政府监管（例如证监会）、行业自律监管（期货业相关协会）、一线监管（期货交易所）。相应地，欧洲的自动化交易监管部门主要来自欧盟组织、各国的期货交易所和证券交易所等，下面分别介绍。

（1）欧盟。欧盟奉行单一市场（Single Market），长期以来，欧盟一直呼吁加强金融监管，但是不同成员国意见分歧较大。直到 2008 年美国的次贷危机以及 2010 年初发生的希腊主权债务危机等一系列全球金融危机之后，世界各国对金融监管体系进行了反思与改革。欧盟理事会于 2009 年 6 月通过了《欧盟金融监管体系改革》，于 2010 年 9 月对金融监管进行了改革，通过了泛欧金融监管改革法案，主要目的在于打破各成员国之间在金融监管领域的分割。法案确立了新的欧洲监管机构（ESAs），以替换现在的各种委员会监管种类金融机构，并成立欧洲系统性风险管理委员会（ESRB）负责监管预警欧洲经济中的各种风险。

2011年1月，欧盟成立了针对证券、银行和保险的三个监管部门：欧洲证券及市场管理局（ESMA）、欧洲银行业管理局（European Banking Authority，EBA）和欧洲保险和职业养老金管理局（EIOPA）。它们与欧洲系统性风险管理委员会形成了欧盟"一会三局"的金融监管框架。

欧盟的三大欧洲金融监管局有权调查特定金融机构或特定金融产品，如裸卖空等金融行为，以评估其对金融市场造成何种风险，并在必要的时候发出预警。根据特定的金融法规，它们还可以临时禁止或限制有害的金融活动或产品，并要求欧委会提出立法建议永久禁止或限制此类活动或产品。

欧盟使用IFRSs（国际财务报告准则）约束在欧洲监管市场上的债务或股票交易，监管的架构如图3所示。其中，联合委员会用于协调EBA、EIOPA与ESMA出现交叉监管时的情况。

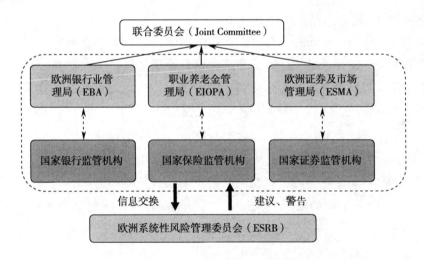

图3 欧洲金融监管体系

（2）期货交易所。欧洲的期货市场主要有欧洲期货交易所、泛欧交易所、伦敦金属交易所、国际石油交易所。其中，欧洲期货交易所是影响力最大的交易所。

①欧洲期货交易所。欧洲期货交易所（EUREX）于1998年秋由德国期货交易所（DTB）和瑞士交易所（Soffex）合并而成。它是德国交易所集团股份有限公司（Deutsche Boerse AG）的下属机构，而AG提供现货与衍生品市场以及清算等。其中，法兰克福证券交易所负责现货市场，欧洲期货交易所从事衍生品的交易。欧洲期货交易所的会员有三种类型：非结算会员（NCM）、直接结算会员（DCM）与全面结算会员（GCM）。

截至2005年，欧洲期货交易所的会员总数已经接近500个，主要来自欧美的18个国家。欧洲期货交易所执行委员会由德意志期货交易所、欧洲期货交易所苏黎世股份公司、欧洲期货交易所法兰克福股份公司、欧洲期货公司清算股份公司组成。

②纽约—泛欧交易所集团。纽约—泛欧交易所集团（NYSE Euronext）是 2007 年 4 月由 NYSE 和 Euronext 两大交易所合并产生的世界最大的跨国证券交易所，它是现金股票和衍生品的全球单一交易市场。NYSE Euronext 受到每个有成熟市场的地区的监管机构的管辖。各国家监管机构于 2010 年 6 月 4 日达成协议（谅解备忘录）。该协议构成了 NYSE Euronext 的监管机构和所在市场协调统一的框架。在 MoU 的框架内，NYSE Euronext 的监管机构与所在市场的监管达成一致。

NYSE Euronext 在市场运行方面维持着高度的一致性，采用统一的规则手册管理着该交易所在所有受监管市场（包括衍生市场）上的一切交易。手册 I 主要是统一规则，针对保护市场，主要包含了在上市、交易和成员资格等方面，规则应该如何执行以及破坏规则的惩罚。手册 II 主要包括 NYSE Euronext 涉及的欧洲市场中各个不同地区中还没有被统一的规则。目前，比利时、法国、挪威、葡萄牙和英国的监管机构都通过了 NYSE Euronext 的规则。

Euronext N. V 是一家欧洲控股公司，具体来说，是一家具有两层管理结构的荷兰公司，包括有监事会和董事会。监事会负责监管董事会的行为和政策，还负责公司的日常商务业务。董事会则定期召开会议，就现货和衍生品的业务制定如策略、政策和实施方案之类的商业决策。同时，董事会也是每个大陆 NYSE Euronext 市场的管理机构。

③伦敦国际金融期货期权交易所（LIFFE）。伦敦国际金融期货交易所（Liffe）全称是 NYSE Liffe U. S.，它是纽约—泛欧交易所集团（NYSE Euronext）的旗下公司，成立于 2008 年，是最年轻的交易所之一。它经营纽约—泛欧交易所集团（NYSE Euronext）的国际衍生品业务，涵盖了阿姆斯特丹、布鲁塞尔、里斯本、巴黎和伦敦等都市。

LIFFE 目前是在世界上日益普及的衍生品业务的主导企业，以尖端科技实现高速交易。按交易额计算，它是欧洲领先、全球第二位的衍生品交易市场。LIFFE 最近四年的年平均增长率超过 18％。市场的流动性和电子交易是上述增长的两个主要原因（自动的电子交易更为简便，并以低廉的价格完成远程交易）。此外，健全的法规也起了很大作用，世界各地的监管机构也已认可这些复杂且有长期历史的产品用于投资的好处。

（3）部分欧洲国家的监管体制介绍。

①德国。德国的证券交易起步很早，其证券市场至今已有四百多年的历史。相对之下，德国期货交易所（DTB）于 1990 年才开始营运。德国资本市场主要分为三个层次的

监管架构①：第一层是联邦金融监管局（Bundesanstalt für Finanzdienstleistungsaufsicht，BaFin）；第二层是州政府设立的交易所监管机关（ESA）；第三层是交易所设立的交易所监管办公室（TSO）（见图4）。

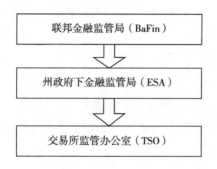

图4　德国资本市场监管架构

政府监管的政策主要有联邦法律《证券交易法》与《交易所法》，交易所自律规则主要有《欧洲期货交易所规则》与《法兰克福证券交易所规则》。分别介绍如下。

BaFin 是德国政府对银行、证券和保险行业的统一监管部门，它于 2002 年由银行监管局、保险监管局和证券监管局合并而成，其领导机构为主席和行政理事会，主要任务是确保德国金融系统保持稳定与统一完整。BaFin 对期货市场的监管主要包括对所有从事证券业务的机构的准入监管，以及对监管对象所报送的交易数据进行日常监管。

ESA 对交易所进行监管，主要包括交易所设立的批准、交易所规章制度的批准、监管交易所法规的制定与执行、对交易所进行调查与处罚。欧洲期货交易所的州政府监管机构是黑森州（Hessen State）政府的经济交通和城市区域发展部。

TSO 设立在交易所内，但是独立于交易所，主要向理事会汇报。它与监管当局、公诉人、交易所董事会沟通，通过立案、数据分析、发现核心线索、提交调查报告及制裁惩罚意见等方式开展调查，并从法兰克福证券交易所的电子交易监测系统、欧洲期货交易监测系统以及投资者等进行数据的收集及取证。TSO 可以要求提供和查看相关文件、执行现场审计与调查、检查持仓与交易获益者的身份、依据法律处罚市场参与人的非法行为、与其他交易所相互沟通以交换数据等。

②英国。英国是通过整体途径来监管其资本市场的，其主要的市场监管机构包括英国财政部、英格兰银行、金融服务管理局组成的委员会，实行混业经营和混业监管。英国银行业独立委员会（ICB）先后于 2011 年 4 月和 9 月推出了《中期报告》和《最终报告》，旨在建立"围栅"制度，也被称为"结构性分离监管"。根据该制度，英国银行业需要将零售银行业务与衍生品交易等高风险业务分离开来。除以对冲零售风险为目的

外，还禁止银行为其他金融机构提供支付功能以外的服务，如衍生品交易等。这就意味着风险较高的交易（衍生品交易）被分离在"围栅"之外。

近年来，英国意识到以前的金融市场的三分监管（tripartite model）具有很大的局限性，所以需要进一步对金融机构监管组织进行变革，根据 2011 年 6 月发布的 *A new approach to financial regulation: the blueprint for reform*，已于 2012 年取消 FSA，分拆金融服务局的监管职能，中央银行——英格兰银行将成为唯一的金融监管机构，负责全面金融监管。将在英格兰银行内新设如下三个机构。

金融政策委员会（Financial Policy Committee，FPC），作为唯一的实体，负责宏观的系统风险监管和审慎监管。它为日常监管与政策提供建议，有权力进行干预并采取适当的行动以保证市场的稳定。

审慎监管局（Prudential Regulation Authority，PRA）负责监管金融机构。它主要对银行、保险公司以及更为庞大、复杂的投资公司等出现资产负债表中的结构性风险过高的情况进行审慎监管。PRA 的目标是提升对公司监管的安全性与稳固性，同时，政府为 PRA 的法律体系增加了一个具体的法定保险目标（Statutory Insurance Objective）。

金融行为局（Financial Conduct Authority，FCA），履行消费者保护和金融市场规则监管，以分担对公司进行审慎监管的职责。FCA 针对所有金融服务的消费者，从最小的零售储户到最大的机构投资者，使用交叉、基于议题（issue based）的方式进行监管，有权力对产品提出要求甚至禁令（见图 5）。

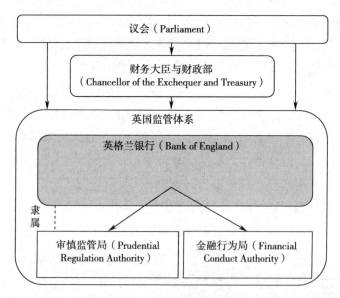

图 5　2011 年 6 月规划的全新英国金融监管体系①

---

① Great Britain H. M. Treasury. A new approach to financial regulation: the blueprint for reform［M］. The Stationery Office，2011.

（四）自动化交易对市场的影响

自动化交易策略多由券商端软件完成，其发展也主要是由券商来驱动。作为交易服务提供方，为了方便这些交易策略的实现，交易所需要在如下方面进行配合：具备高容量和超低延迟的交易系统；股票有充分的活跃性和流动性，以方便交易员随时进行买卖成交；足够小的价格步长，例如 0.001 等；足够小的整手数限制，例如 1 股；对流动性提供者进行返利；印花税的减免；分裂市场以增加不同市场间的套利机会。为满足自动化交易需求，交易系统也需与之相适应。例如，高频交易有以下技术需求：少于毫秒级别的低延时；超过每秒 10 万笔订单的系统处理能力；为降低交易成本，采用一些通用的系统平台，例如 Linux；提供托管（Co - location）服务以降低广域网的时延；采用多播技术提供快速市场行情；具备 50 ~ 100Mbps 的高带宽网络以传输大量的市场行情数据。

随着自动化交易的飞速发展，市场影响越来越大，相关争议也逐渐增多。目前，国际上针对程序化交易的争议主要集中在以下几个方面。

1. 公平性。从事自动化交易的机构投资者使用充裕资金来购买硬件、设计软件，甚至采用主机托管等技术手段来缩短交易时延，以获得更快的交易信息和订单执行，从而处于市场优势地位。普通投资者很难具备从事自动化交易所需要的各种软硬件条件。自动化交易客观上拉大了机构与普通投资者间的差距，造成市场的不公平。自动交易者的信息优势，会促使传统投资者选择没有自动化交易者的交易所，以避免与自动化交易者进行交易。如果传统投资者对整个市场失去信心，自动化交易可能导致传统投资者的流失。

2. 市场流动性和系统性风险。根据实证研究①，自动化交易能够通过缩小价差、增加交易笔数和交易量，减小大额订单对市场的冲击，降低证券市场的波动性。并且，自动化交易所生成的实时更新的限价订单流能够为市场带来更好的流动性。选择合适的自动化交易策略，有助于投资者在控制风险的情况下以更低的执行成本完成既定的交易目标，对市场质量产生正面的影响。但也有观点认为，由自动化交易带来的流动性并不是一种"好"的流动性——总是在市场表现不好的时候迅速消失。

由于缺乏人为监控，自动化交易在负面或错误的市场信号时，或算法本身具有缺陷时，有可能形成"克隆人进攻"，加剧价格的波动。例如美国 2010 年 5 月 6 日的"闪电崩盘"事件，导致市场风险上升：由于股市下跌，组合避险者卖出股指期货以降低持股比例，期货卖压使期指合约低于理论价格，计算机程序认为有套利机会，进而买进指数同时卖出股票，致使股市再度下跌，继而又触发了避险者的期货卖压，如此恶性循环形

---

① 上海证券交易所—南京大学联合课题组．算法交易对执行成本、市场质量以及交易系统的影响研究［R］．2010．

成"雪崩效应"，最后使股市期市双双大跌。因此，一些观点认为，自动化交易具有助涨助跌的方向性投机特点，往往能夸大市场的恐慌情绪，放大了市场的系统性风险。

另外，高频交易的巨量报单会给交易所的技术系统带来很大的压力，严重时会造成交易所系统过载引发交易堵塞。算法交易和高频交易会产生重单或错单，以及可能发生的自身系统故障，都会引发市场混乱。当市场的潜在隐患被风险事件触发时，算法交易系统往往会反应过度，加剧市场波动。

3. 价格发现效率和透明性。自动化交易中的"暗池交易"导致了流动性的分散。这部分流动性是非公开的，美国证监会担心"暗池"损害了市场定价效率。美国证监会主席在2009年9月明确表示担忧"暗池""剥夺了"公开市场的有价值的交易信息。不同的"暗池"定期向监管机构汇报交易数据，但汇报的格式和数据不统一，没有提供有效的交易信息。美国证监会考虑对"暗池"的交易进行盘后披露，以提高交易的透明度。MIFID也要求加强"暗池"交易的信息披露，不仅要求提供盘前场内数据，并将其逐渐纳入场内交易，大多数交易的场内数据也将被要求出具盘后交易报告。

4. 市场投资价值取向。自动化交易中的套利策略充分利用各市场间定价误差来获利，它本质上是一种套利行为，而非投资行为。作为一种盈利策略，这类套利策略的重点在于分析短期内价格变化甚至订单流变化情况。这与传统的对公司进行基本面分析、筛选优质上市公司等"价值投资法"所秉持长线投资方法有很大不同。而且，这样似乎越来越远离公司基本面分析以至于宏观经济前景分析，从而也远离发挥资源配置作用等。一种观点是，自动化交易所占市场份额不断提高，将改变市场投资的价值取向，将股票交易演变为策略对抗的系统，其反映经济信息的功能则大大削弱。

5. 交易所定位和交易系统"军备竞赛"。为迎合自动化交易需要、争夺订单流，不仅投资者要在交易硬件和软件方面进行竞争，以期获得优势；对交易所而言，也要进行类似竞赛。随着自动化交易的发展，各交易中心对交易系统的技术要求也越来越高，拥有低时延、大容量交易系统的交易中心在订单流争夺战中处于有利地位，因此，各交易中心都不惜血本地升级交易系统、强化交易系统反应能力。从某种角度看，这使参与各方陷入毫无意义的"军备竞赛"。

6. 自动化交易产生的"微观市场操纵"以及"交易异常"问题。"微观市场操纵"是指以改变或者影响买卖价差为目的的交易行为，例如"铺设"，交易者在订单簿的一方提交多个价格不同且十分接近最优买卖报价的订单；然后，交易者又在订单簿的另一方提交一个订单（该订单反映了交易者的真实交易意图），在第二个订单被执行之后立即将先前发出的多个订单撤销。交易者使用"铺设"试图欺骗采用类动量策略的算法，但是这种行为会干扰真实的价格发现，制造错误的市场信息，需要监管者建立完善的模式识别分析工具，通过侦测订单提交和删除模式以及订单—交易比对"微观市场操纵"行为进行有效监管。

自动化交易的"交易异常"可以分为两种情况:一种是"反馈循环"风险,当某个算法没有接收到或者错误解读了交易系统发出的信息,于是该算法循环发送大量订单,造成错误的交易或者网络带宽阻塞。第二种情况是"多米诺骨牌"现象,某个算法向市场发出了订单,这些订单触发了其他算法,而其他算法发出的订单又再次触发另一些算法,从而形成循环相互触发,最终使得价格偏离了真实价值,需要市场监管方监测交易者的订单撤销比例,防止其蓄意冲击交易系统、阻塞网络通信,并设计合理的熔断机制以便处理可能出现的"多米诺骨牌"现象。

近年来,基于事件驱动的自动化交易方式开始流行,但自然语言处理技术本身的不成熟也容易导致错误决策的发生。而且,一些交易者可能针对这种算法故意抛出虚假的消息或市场信号来诱导相应的事件驱动算法作出错误的投资决策。这类交易者则可对市场进行操控或通过事先进行的反向操作来获利。

国内衍生品市场正处于"大发展"时期,市场规模快速扩大,在品种体系建设、投资者结构、中介机构发展、市场功能发挥等方面都取得了较大进步,自动化交易正在快速兴起和发展中。国内市场法制建设和基础性制度建设也取得了长足发展,在衍生品监管方面,中国证监会提倡加强监管、放松管制,十分关注监管的精细化和程序的正当性,各项监管制度正在不断完善之中。"他山之石,可以攻玉",借鉴境外发达资本市场的自动化交易监管经验,对中国衍生品市场的自动化监管建设大有裨益。

二、自动化交易异常事件典型案例及其处置

(一)自动化交易异常事件典型案例概览

自动化交易的兴起促使金融市场交易速度日益加快和交易系统日益复杂,在给市场带来更多流动性的同时,也不可避免地带来一系列负面影响。

近年来,全球由自动化交易,尤其是高频交易,引起的剧烈市场震荡屡屡出现,技术故障事件更是频繁发生,给金融市场带来巨大冲击和损失。表1列举了近年来自动化交易的一系列异常事件案例。下面,将对自动化交易异常事件以案例的形式进行总结分析,对事件发生背景、原因、处罚处理及相关监管措施进行阐述。

表1　　　　　　　　　　　**近年自动化交易异常事件典型案例**

事件	国家	事件名称
2010 年 5 月 6 日	美国	"5·6"闪电崩盘
2012 年 3 月 23 日	美国	BATS 900 毫秒闪电崩盘
2012 年 5 月 18 日	美国	Facebook IPO 纳斯达克技术故障
2012 年 8 月 1 日	美国	"骑士资本"乌龙事件
2012 年 9 月 18 日	美国	原油期货闪电崩盘

续表

事件	国家	事件名称
2012 年 10 月 3 日	美国	卡夫集团股价异常事件
2012 年 10 月 5 日	印度	"10·5" 乌龙指闪电崩盘
2013 年 4 月 23 日	美国	白宫爆炸假消息致美股震荡
2013 年 8 月 16 日	中国	光大 "8·6" 乌龙指事件
2013 年 8 月 20 日	美国	高盛期权交易技术故障

（二）典型案例及处置

1. 美国 "5·6" 闪电崩盘。

（1）事件过程。美国东部时间 2010 年 5 月 6 日下午 2 点 42 分到 2 点 47 分的 5 分钟内，道琼斯平均工业指数（DJIA）、标普 500 指数（S&P 500）和纳斯达克 100 指数（NASDAQ 100）等主要指数悉数暴跌至当日最低点。其中，道指盘中跌 998 点，跌幅达 9.2%，创有史以来最大单日绝对跌幅。随后股指迅速反弹，道指当日收报 10 520.32 点，跌幅 3.20%，S&P 500 当日报收 1 128.15 点，跌幅 3.24%。迷你标普 500 指数期货（E - Mini S&P 500）主力合约（6 月到期的合约）暴跌 58.52 点至 1 056 点的盘中最低位。大部分交易所交易基金（ETF）最低价较 5 日收盘价跌 8% 以上，约有 160 支 ETF 的最低价近乎为零。

在 2 点 40 分至 3 点短短 20 分钟内，涉及 300 多种证券的 20 000 多次交易以偏离其 2 点 40 分时价值 60% 以上的幅度被执行。在当天的恐慌性交易中，一些股票成交价格严重偏离常态，成交价甚至低至 1 美分或更少，或者高达 10 万美元。

2 点 45 分 28 秒，芝加哥商品期货交易所（Chicago Mercantile Exchange，CME）的熔断机制被触发，标普 500 指数期货交易被暂停 5 秒，随后市场逐步恢复理性。下午 3 点之前大部分股票价格已恢复。

（2）原因分析。根据美国证券交易委员会（SEC）和商品期货交易委员会（CFTC）2010 年 9 月 30 日联合发布的报告，将美国 "5·6" 市场异常的罪魁祸首定位到高频交易（HFT - High Frequency Trading）。调查显示，该事件起因是一家交易公司在市场饱受压力时，交易电脑自动执行了卖出指令，这项价值 41 亿美元的高频交易大额订单导致了一连串的事件。这些事件以市场参与者迅速从股票市场上撤回资金告终，最终导致此次闪电崩盘。

①恐慌抛盘沉重，出现流动性危机。5 月 6 日美股开盘，受欧洲债务危机各种利空的政治、经济新闻的影响，市场悲观氛围浓厚，抛盘异常沉重。上午 11 点，衡量抛盘的指标之一，股票开盘即下滑的比例，创 "9·11" 恐怖袭击后开市首日来最高值。下午 1 点左右，受悲观情绪影响，一些证券的价格开始加剧波动。下午 2 点 30 分，表征市场波动程度的标准普尔 500 波动指数（VIX）比开盘时上升了 22.5 个百分点。欧元的下

挫引发了担忧，华尔街的交易员们开始做空 S&P 500 股指期货迷你合约（E – Mini S&P 500）。结果是 E – Minis 的成交量比通常成交量激增了五倍。但是买方流动性大幅下降，E – Mini S&P 500 合约买盘由上午早些时候的近 60 亿美元的水平下降至 26.5 亿美元（降幅为 55%）；追踪 S&P 500 指数的交易所交易基金（ETF SPY）买盘由上午早些时候的近 2.75 亿美元的水平下降至 2.2 亿美元（降幅为 20%）。一些个股同样经受了流动性紧张，以苹果、埃森哲、宝洁为代表的美股以闪电的速度暴跌。苹果股价的波动尤为剧烈，2 点 40 分，这只股票开始迅速下跌，6 分钟内下跌了 16%。由于苹果是多个股指的成分股，它的下跌拖累了整个市场。

②高频交易带来的问题。

（i）高频交易掩盖了流动性危机。5 月 6 日下午 2 点 40 分左右，由于来自基本面买方或跨市场套利者的买盘不足，高频交易商相互之间开始快速地买入后再卖出合约。在下午 2 点 45 分 13 秒至 2 点 45 分 27 秒的短短 15 秒内，高频交易商交易了超过 27 000 份 E – Mini S&P 500 合约，占总交易量的 49%。然而其间净买入仅仅约 200 份合约。

（ii）高频交易止损指令的使用重挫市场。因为，采用算法自动进行交易，高频交易的程序里都设有止损线，行情出现大幅波动时，一些程序的止损线被触动，程序就会自动迅速卖出大量股票、期货合约或者 ETF 进行止损。而此举会更加打压市场价格，从而触动更多程序的止损线，而更多的自动止损再次加大市场波动。过多高频止损的"多米诺骨牌"效应造成了瞬间暴跌。

（iii）电子交易系统故障下报价混乱，高频交易商退出市场。随着股票交易量的激增，纽约证交所电子交易部门 Arca（该平台处理着美国大约 12% 的股票交易量）电子交易系统出现时滞。2 点 36 分 59 秒，纳斯达克停止向 Arca 输入订单，芝加哥期权交易所（Chicago Board Options Exchange）和 BATS GlobaI Markets（密苏里州堪萨斯城附近一家电子交易所）等交易所都做了同样的事情。定价信息变得非常离谱，以至于苹果公司（Apple Inc.）的股价一度飙升至每股近 10 万美元的水平。交易员们很难对他们获得的信息产生信任，买卖双方都很难找到交易对手。很多大投资者使用的电脑驱动的交易模式表面上对同样的市场信号做出反应，纷纷同时退出。许多股票和 ETF 在极不合理的价格上成交，有的低至 1 美分，有的则高达 10 万美元。造成这种极端情况的原因是，做市商为保持双边连续报价，会使用"无成交意向报价"（stub quotes），他们从不指望这些报价会被真的执行。但在缺乏买家的 5 月 6 日当天，电脑却将自动卖盘指令与这些虚假买盘报价撮合在了一起。

（iv）高频交易商退出市场造成流动性迅速下降。高频交易商的模型通常基于正常情况下的市场表现。当下跌的速度和幅度超出模型范围时，由于担心在极端波动市场中的一些交易被取消，部分公司撤离了市场。从 2 点 35 分左右到 2 点 45 分，在 E – Mini 交易中最活跃的六家做市商减少了交易，有的做市商是全部撤出。当股市变得动荡时，包括 Tradebot Systems Inc.（通常占美国股市成交量的 5%）在内的数家交易频繁的公司停止了交易，买方流动性迅速枯竭。正常情况下，买进 iShares Rusell 1000 Growth Index 交易所买卖基金的出价一般有数百万份，但在下午 2 点 46 分时，对一只几分钟前交易价格还在 51 美元的基金，高于 14 美元的出价只有 4 个。

（v）不当交易策略的大卖单使得市场迅速崩溃。一家共同基金通过自动执行卖出算法程序出售 75 000 份 E–Mini S&P 500 合约的计划（价值将近 41 亿美元，年初以来仅有两个交易日单项计划规模超过或等于 41 亿美元），执行率设定为前 1 分钟交易额度的 9%，且不考虑成交价格和成交时机，交易在 20 分钟内完成。而在 2009 年 12 月发生的同样价值合约交易中，交易商采用了人工下单和程序化交易两种方式、历时 5 个小时完成交易。大额卖单注入深度原本就不足的市场，致使市场瞬间崩溃，2 点 41 分至 2 点 44 分短短 3 分钟的时间内，股指期货市场下跌了将近 3%。

③跨市场联动形成负反馈环，不同市场螺旋式下跌。股指期货市场在短时间内暴跌，套利者在买入 E–Mini S&P 500 合约的同时卖出 ETF SPY 或 S&P 500 指数的成分股进行套利，致使 ETF SPY 市场和 S&P 500 指数成分股瞬间暴跌。从 2 点 41 分至 2 点 44 分短短 3 分钟的时间内，ETF SPY 的价格同样下跌了大约 3%。ETF 的市场价格不仅取决于所追踪的指数的值，还取决于自身的市场供求。由于当时 ETF 市场流动性严重不足，ETF SPY 跌幅超过 E–Mini S&P 500 合约的跌幅。套利者在买入 ETF SPY 的同时抛售 E–Mini S&P 500 合约，致使 E–Mini S&P 500 合约价格进一步下跌。同样的，在 ETF 以及其成分股之间的套利交易使得成分股迅速下跌，成分股与股指期货之间的套利交易使得股指期货合约价格进一步下跌。又由于"羊群效应"及高频趋势交易者的影响，大量市场参与者加入杀跌的行列，跨市场联动形成了负反馈环，致使不同市场螺旋式下跌。2 点 41 分至 2 点 45 分 28 秒，E–Mini S&P 500 合约的价格下跌幅度超过了 5%，与此同时 ETF SPY 的价格下跌幅度超过了 6%。到 2 点 45 分 28 秒，E–Mini S&P 500 合约跌幅达 5.2%，CME 启动 Stop–spike 机制，停盘 5 秒，恢复交易后股指期货止跌回升，随后股票市场和 ETF SPY 迅速反弹。

④缺乏有效的市场冷却机制是市场深度下跌的制度性因素。当日下午 2 点 40 分至 3 点，股票成交量大约为 20 亿股，交易金额超过 560 亿美元，超过 98% 的股票的成交价格低于其在 2 点 40 分时价值的 10%。一方面，各交易所规则不一导致"熔断机制"（Circuit Breaker）明显失效。例如，纽约证交所内，一些股价的急速下跌导致交易速度短时间内减慢。这种机制被称为"流动性补偿点"（Liquidity Replenishment Points），其目的是让交易池现场的交易员入场来恢复秩序。纳斯达克等其他交易所没有减缓交易。这种机制造成的问题之一，是因为出现了"交叉"市场，也就是买单价格高于卖单价格。这种离谱的报价向计算机系统发出警告信号，让交易员们有了撤出市场的新理由。另一方面，美国市场的"熔断机制"都是针对指数而非个股。其对指数的熔断点设置也不科学，从而导致即使在

极端市场行情下也很难触发"熔断机制",进而致使市场深度下跌。

（3）后续处理。

①交易取消。在 2010 年 5 月 6 日收市时,纳斯达克交易所迅速宣布,将取消当日下午 2：40 至 3：00 之间执行价格较美国东部时间下午 2：40 前最后一笔成交价高出或低出 60% 的交易,且各方不能对这一决定提出上诉。随后 NYSE Arca、BATS、Direct Edge 都采取了与之相类似的举措。芝加哥期权交易所也取消了部分相关的期权交易。这一做法的主要依据是美国各交易所业务规则中的"明显错误执行"条款（指交易执行结果存在如价格、数量、交易单位、证券代码等明显的错误。此类交易可以在交易双方的申请下或者交易所官员的裁定下予以撤销。交易所应在收到申请后 30 分钟内完成,特殊情况下不应超过第二天开市前完成处理）。在极端市场情况下,"明显错误执行"由交易所主观判断决定,且交易所有权力决定不接受交易商的申诉。

②熔断机制重设。为避免类似事故重演,2010 年 5 月 15 日,美国证券交易委员会（SEC）推出"熔断机制"。根据该机制,任何标普 500 指数的成分股股价如果在 5 分钟内波幅达到或超过 10%,将被暂停交易 5 分钟,试行期至 2010 年 12 月。

2010 年 9 月,SEC 宣布更新"熔断机制"。根据更新的机制,对价值 25 美元及以下的股票,当交易价格背离触发价格 10% 时,停止交易;对价值 25 美元至 50 美元之间的股票,当交易价格背离触发价格 5% 时,停止交易;对价值 50 美元以上的股票,当交易价格背离触发价格 3% 时,停止交易。该机制覆盖范围从标普 500 指数成分股扩展到了罗素 1 000 指数成分股以及多只 ETF。

2012 年 6 月 1 日,美国证交会再次修订"熔断机制",规定当标普 500 指数较前一天收盘点位下降 7% 时,美国所有证券市场交易都将暂停 15 分钟。上述规则于 2013 年 2 月 4 日开始实施,试行期为一年。

2. BATS IPO 技术故障。

（1）事件发生。2012 年 3 月 23 日（周五）是 BATS 公司股票首日上市的日子。就在美国东部时间上午 11 时 14 分,在该公司以 16 美元的价格进行 IPO 之后,其股票价格随即大幅下跌,短短的 900 微秒（1 微秒 = 1/1 000 000 秒）之内,股价一路跌至 4 美分。

在这一切发生之前的几分钟里,通过 BATS 交易的苹果公司股票也出现交易异动。当日上午 10 时 57 分,一笔通过 BATS 仅 100 股的针对苹果公司的买单先是以每股 551.66 美元的价格出现,数微秒后降至 542.80 美元。之后,由于股价跌幅高达 9.4%,触发了所谓的"熔断机制",其股票交易在 10 时 57 分到 11 时 2 分被暂时叫停。

（2）背景介绍。BATS（Global Markets Inc.）成立于 2005 年 8 月,是美国第三大股票交易运营商。它是美国当下除纽交所和纳斯达克之外最有影响力的交易平台,拥有美国 10.8% 的股票交易份额和 2.1% 的股票期权交易份额。其最大优势是拥有一套自主知识产权的电子网络交易系统,其研发的 ENC 交易平台的报价延迟时间从 2007 年的 0.93

毫秒降低到了目前的 0.13 毫秒。

（3）原因及后续处理。事件发生后，BATS 对其网站进行了更新，称其交易问题已被解决，并含糊地指出导致此次事件发生的原因是软件错误，而且针对苹果的错误股票交易也被取消。但这一错误造成的严重后果已经无法避免。

当日下午，BATS 首席执行官乔·拉特曼（Joe Ratterman）发表声明称："在今天发生技术性问题以后，我们认为取消 IPO 对公司和股东来说都是合适的行为"。BATS 的新闻发言人还通过电子邮件称，公司将不再寻求上市。BATS 事后称，导致此次事件发生的原因是其电子交易系统出错。

3. Facebook IPO 纳斯达克技术障碍。

（1）事件发生。2012 年 5 月 18 日，Facebook IPO 首日交易。纳斯达克出现技术故障，导致 Facebook 股票开盘时间被推迟了 30 分钟，约 3 000 多万股股票买进卖出或取消命令被延迟。由于发往纳斯达克的委托订单长时间没有任何回应，交易员无法得知订单执行情况。Facebook 经纪商只能对自己的头寸进行猜测并在此基础上进行交易。由于缺乏准确信息，经纪商蒙受了大约 5 亿美元的亏损。另外，在 IPO 后的数月里，该股股价不断下跌，致使很多在故障中购买且无法成功出售股票的投资者蒙受了巨大损失。

（2）原因及后续处理。此次事件的起因就是纳斯达克技术故障，导致市场信息不对称，造成经纪商蒙受了巨大损失。

纳斯达克在事件发生后陆续发出了对机构投资者的赔偿方案，美国证监会也对其进行经济惩罚。

2012 年 5 月 21 日，纳斯达克向机构投资者发送了一份表格，让大家填写了 5 月 18 日预期出售 Facebook 股票的价位，以及当天实际出售的价位，并表示将承担有限责任（根据纳斯达克第 4626 条款规定，如果发生系统崩溃现象，纳斯达克将承担责任）。

2012 年 6 月 6 日，纳斯达克集团公布对遭受损失的银行及经纪商提供 4 000 万美元补偿方案。

2012 年 7 月 20 日，纳斯达克提交 6 200 万美元的赔偿计划给美国证券交易委员会，较 6 月时提出的赔偿金额高了 2 200 万美元。所有赔偿都将以现金支付，而全部赔偿的支付将在 6 个月内完成。

2013 年 3 月 25 日，SEC 批准了纳斯达克向 Facebook 经纪商们赔偿 6 200 万美元的方案。

2013 年 5 月 29 日，美国证监会宣布纳斯达克需要为去年 Facebook 在 IPO 首日遭遇的技术障碍支付 1 000 万美元罚金。

4. "骑士资本"电子交易系统故障。

（1）事件发生。美国时间 2012 年 8 月 1 日（周三），在开盘后的 45 分钟，美国股市出现异常，上百只股票的价格出现剧烈波动，交易量暴增，股价暴涨或暴跌。

不久后，美国最大做市商之一的"骑士资本"发表声明，称该公司的做市部门出现交易技术故障，影响了纽交所约 150 只股票，导致其股价波动。

（2）背景介绍。"骑士资本"是一家从事做市、电子下单、机构销售以及交易的公司，是全美较大的做市商之一。骑士资本通过做市为 19 000 多只在美国上市的股票提供顺畅的交易服务。2011 年，"骑士资本"是全美在纽交所和纳斯达克交易所零售股票交易业务中排名第一的做市商，其交易量占纽交所的 17.3%，占纳斯达克的 16.9%；2012 年第二季度，"骑士资本"综合业务收入 2.89 亿美元，而其中来自做市业务的收入为 1.39 亿美元，同比下降了 4%。

（3）原因分析。8 月 1 日，"骑士资本"在异常发生后不久发表声明，称该公司的做市部门出现交易技术故障，影响了纽交所约 150 只股票，导致其股价波动。8 月 2 日"骑士资本"再次发表声明，表示交易技术故障与安装的交易软件有关，导致"骑士资本"向市场发出了许多针对纽交所股票的错误报价。

根据以上申明，可以确认此次事件的起因就是做市商"骑士资本"与纽交所之间的指令传送系统出现了技术故障，导致高频的"高买低卖"异常操作。

值得注意的是，此次异常交易情况出现后不久即被监控人员发现，但正常的管理操作却无法停止交易程序，最后只能通过切断网络等物理方法才停止了交易。

（4）后续处理。纽交所在事件发生后的后续处理及时而准确，将对市场的冲击降至最低，减少了投资者的损失。

①交易所即时展开紧急调查。在当日 10 点 41 分，市场异常交易约 1 个小时后，纽交所马上发出第一个公告对 149 只股票在 9 点半至 10 点 15 分时段交易情况展开调查。及时查明异常交易原因，为正确制订下一步行动计划奠定了基础。

②信息披露及时透明。纽交所自 8 月 1 日 10 点 41 分至当晚 7 点 4 分，连续 6 次公告，及时披露相关情况，避免造成市场不必要的恐慌。

③交易所和监管机构取消异常交易。8 月 1 日下午 2 点 57 分，纽交所发布公告向监管机构申请取消相关股票异常交易，6 只股票成交价超过或低于开盘价 30% 的交易被取消，其余 142 只股票的交易被认可。下午 3 点 54 分，纽交所公告称该决定正式获监管机构核准。

④为维护市场稳定，"骑士资本"做市职责在其重组计划未落实前被暂时移交给其他做市商。这次事件中，"骑士资本"损失 4.4 亿美元，陷入破产边缘。纽交所在 8 月 6 日宣布将"骑士资本"对 680 只纽交所股票做市职责移交给座之上 GETCO，并表示当其达成重组协议后交换股票做市职责。8 月 6 日，"骑士资本"达成重组协议；8 月 7 日，纽交所公告将于 8 月 13 日前将股票做市职责还给"骑士资本"。

5. 印度"10·5"乌龙指闪电崩盘。

（1）事件过程。2012 年 10 月 5 日，NSE 的一家名为 Emkay Global Financial Services

的交易经纪商在代理一家机构客户下达订单时，将一笔针对 NIFTY - 50 的订单，错误地把交易金额当成订单数量输入了系统。该笔订单顺利地进入了 NSE 的交易系统，导致 NIFTY 指数迅速下跌。

在此过程中，其他交易者的止损指令触发，并将订单下达到 NSE 的交易系统，由此更加加剧了 NIFTY 指数的继续下跌。

在下跌幅度达到10%时，触发了断路器机制，现货市场于 9:50:58 自动收市，不再接收市场订单。但留在系统里面的订单继续撮合，导致 NIFTY 指数继续下跌。在系统内部撮合达到稳定状态之后，NIFTY 指数最终下跌接近 900 点，下跌幅度达到 15.6%。

该交易经纪商意识到这个错误后，迅速联系交易所。交易所在 10:00:22 重启现货市场，市场状态为"预开市"状态，开始接收市场订单，即集合竞价申报。在 10:05:00 时进行竞价撮合并切换到"开市"状态，即进行连续竞价。

当天收盘，NIFTY 指数较前收盘价 5 787.6 点下跌了 0.84%，达到 5 738.7 点。随后 NSE 在官网上发布声明，商业发展部门主管 Ravi Varanasi 说，要求 Emkay Global Financial Services 对于因错误成交引起的仓位进行平仓处理，并禁止该会员开仓交易，交易所系统没有任何瑕疵。

（2）原因分析。此次闪电崩盘的起因就是一家交易经纪商的乌龙指，一个由乌龙指引发的错误订单进入市场后引起了巨大的市场反应，最终导致市场闪电崩盘。根据事件发生的始末，该闪电崩盘事件可以分为四个阶段：错误订单进入系统；止损策略触发；熔断机制触发；市场重启。

就第一阶段而言，订单数量错误，进入了交易所的交易系统。在分解的订单中，只要是市价单，就能迅速吸收对手方的订单，直到吸收完反方向的所有订单，或者该市价单订单数量用完，并且该过程是不可逆的。在此过程中，由于数量巨大，交易标的的最新成交价一路下滑，导致了 NIFTY 指数一路下跌。因此，市价单在这中间起到了相当关键的作用。在理论上，只要交易系统能够接收这些订单，极端情况下都避免不了这种场景的出现。

就第二阶段而言，止损策略起到了推波助澜的作用。NIFTY 指数瞬间下跌，算法交易系统捕获这个消息，担心继续下跌引起其持有的相关股票价值缩水严重，就进行止损，下达卖订单，当然价格比较低，或者说就是市价单，这加速了 NIFTY 指数的下降。现货市场 NIFTY 指数的下跌，也带动了期货市场止损策略的触发，特别是持有看涨观点的日内交易者，一旦发现现货指数下跌厉害，预计到期货指数会联动下跌，立即启动止损策略，挂卖单，了结多头持仓。由此可见，止损策略在 NSE 的交易中相当的频繁，在行情陡升陡降中起到催化剂的作用。

就第三阶段而言，NIFTY 指数下跌达到 10% 之后，触发断路器，使得现货市场自动关闭，不再接收市场外部订单，撮合系统继续撮合，直到订单簿订单达到稳定状态，此时下跌约 15.6% 。这足以说明这个短暂的时间段，市场已经积聚了大量的订单，姑且不论这些订单是投资者的算法系统下达的，还是交易所的交易系统的止损订单触发，至少从侧面验证了断路器触发的必要性。

就第四阶段而言，市场恢复重启，从"预开市"状态开始。这次市场暂停约 10 分钟，从"知情交易"的角度考虑，开盘采取了集合竞价的形式。这对于提高市场效率以及保证公平而言，无疑是值得借鉴的。

6. 中国光大"8·16"乌龙指事件。

（1）事件发生。2013 年 8 月 16 日 11 时 5 分，原本萎靡不振的上证指数，突然出现 26 秒的快速上涨，瞬间从 2 074 点飙升至 2 198.85 点，最高涨幅超过 5%。在大批巨额买单的带动下，多达 59 只权重股瞬间涨停。美国彭博社称，该事件引发了中国基准股自 2009 年以来最大的波动。

（2）原因分析。根据证监会 8 月 30 日公布的调查结果，光大证券内控缺失、管理混乱，其自营业务套利系统存在的技术设计缺陷导致异常交易发生，从而引发了市场非正常大幅震动。

光大证券策略投资部自营业务使用的策略交易系统，包括订单生成系统和订单执行系统两个部分，均存在严重的程序设计错误。其中，订单生成系统中 ETF 套利模块的"重下"功能（用于未成交股票的重新申报），在设计时将"买入个股函数"错误地写成"买入 ETF 一揽子股票函数"。订单执行系统错误地将市价委托订单的股票买入价格默认为"0"，系统对市价委托订单是否超出账户授信额度不能进行正确校验。由于光大证券的策略投资部长期没有纳入公司的风控体系，所以技术系统和交易控制缺乏有效管理。订单生成系统中 ETF 套利模块的设计由策略投资部交易员提出需求，程序员一人开发和测试。策略交易系统于 2013 年 6 月至 7 月开发完成，7 月 29 日实盘运行，至 8 月 16 日发生异常时实际运行不足 15 个交易日。由于"重下"功能从未实盘启用，严重的程序错误未被发现。

2013 年 8 月 16 日上午，交易员进行了三组 180 ETF 申赎套利，前两组顺利完成。11 时 2 分，交易员发起第三组交易。11 时 5 分 8 秒，交易员想尝试使用"重下"功能对第三组交易涉及的 171 只权重股票买入订单中未能成交的 24 只股票进行自动补单，便向程序员请教，程序员在交易员的电脑上演示并按下"重下"按钮，存在严重错误的程序被启动，补单买入 24 只股票被执行为"买入 24 组 ETF 一揽子股票"，并报送至订单执行系统。错误生成的订单中先后有 234 亿元订单陆续通过校验进入上交所系统等待成交。直到先成交订单的成交结果返回到订单执行系统、账户资金余额实时校验显示为负时，订单执行系统的账户可用资金额度校验才发挥作用。进入上交所系统的 234 亿元市价委托订单中，有 72.7 亿元实际成交，其余 161.3 亿元订单被上交所交易系统根据预先设定的"最优五档即时成交剩余撤销"的规则自动取消。

（3）后续处理。光大证券异常交易事件虽然是因证券经营机构交易系统设计缺陷导致的，但是这一事件暴露了光大证券在内部控制、风险管理、合规经营等方面存在很大问题。其后续处理方式存在严重的违法违规行为。

事件发生后，光大证券及其事件相关人员在考虑对冲风险、调剂头寸，降低可能产生的结算风险时，采取了错误的处理方案，构成内幕交易、信息误导、违反证券公司内控管理规定等多项违法违规行为。

光大证券异常交易事件不仅对光大证券自身的经营和财务有重要影响，而且直接影响了证券市场的正常秩序和造成了股票价格的大幅波动，影响了投资者对权重股票、ETF 和股指期货的投资决策，属于《证券法》第 75 条、《期货交易管理条例》第 82 条规定的证券、期货市场内幕信息。14 时 22 分公告前，光大证券知悉市场异动的真正原因，公众投资者并不知情。在此情况下，光大证券本应戒绝交易，待内幕信息公开以后再合理避险。但光大证券在内幕信息依法披露前即着手反向交易，明显违反了公平交易的原则。据此，中国证监会依法认定，光大证券在 8 月 16 日 13 时（公司高管层决策后）至 14 时 22 分转换并卖出 50 ETF、180 ETF 基金以及卖空 IF 1309、IF 1312 股指期货合约，构成《证券法》第 202 条和《期货交易管理条例》第 70 条所述的内幕交易行为。徐浩明是直接负责的主管人员，杨赤忠、沈诗光、杨剑波是其他直接责任人员。

此外，证监会在异常交易发生当时的反应速度也较迟缓，并未立即着手调查，给了光大证券着手反向交易的时间。

（4）事件处罚。当光大认识到其交易错误时，它的反应是在披露故障细节之前，悄悄进行反向交易来止损，这一战略虽帮助光大对冲其损失，但投资者要为此承受损失惨重的后果。

着眼于这种间接伤害，证券监管机构表示，将"从快从重从严"对光大证券处以"史无前例"的惩罚。

经过为期 12 天的调查取证和咨询论证，8 月 30 日下午，证监会通报了对"8·16"光大证券事件的处罚结果。

证监会认定，光大证券上月的异常交易虽然在客观上引起市场大幅波动，但事件的起因是系统技术缺陷，因此不构成操纵市场罪行；但存在内幕交易、信息误导、违反证券公司内控管理规定等多项违法违规行为，没收其违法所得 8 721 余万元，并处以 5 倍罚款，罚没金额总计 5.23 亿元。

此外，证监会还要求光大证券在 3 个月之内暂停除固定收益外的自营业务；暂停批准公司新业务的申请；责令公司整改并处分有关责任人员。其中，徐浩明、杨赤忠、沈诗光、杨剑波分别被予以警告、罚款 60 万元和终身证券、期货市场禁入处罚。此外，公司董秘梅键也被责令改正并处以 20 万元罚款。

7. 高盛期权交易技术障碍。

（1）事件发生。2013 年 8 月 20 日，美股高盛集团在当天开盘后，向纽约—泛欧交易所集团（NYSE Euronext）和纳斯达克—OMX 集团（Nasdaq OMX）旗下交易所以及芝加哥期权交易所（CBOE）发出数千份期权合约的错误订单，涉及代码开头字母从 I 至 K 的股票期权和 ETF（交易所交易基金）。这些错误指令在 17 分钟内扰乱了期权市场，并引发了对交易的审核。

（2）事件原因。根据高盛的及时自查，确认此次事件起因是 19 日进行的一次系统升级出错。这个原本用来追踪客户购买期权投资需求的交易系统发生故障，错误地将客户对某些期权的交易兴趣当成实际交易指令发往交易所。其中部分交易指令价格以默认价格发出，与当时的市场价格相差甚远，从而导致部分股票期权合约价格暴跌，部分股票期权价格被打压至 1 美元，造成当天美股早盘交易动荡。

（3）后续处理。高盛在事件发生后，快速自查事故原因，与交易所和监管部门沟通，报告是因为自身的错误指令导致了这次事故。纳斯达克期权市场、全美证券交易所和芝加哥期权交易所等各方即时就这一问题向市场发出警告，提醒纽约时间上午 9 点 30 到 9 点 47 分的部分交易订单会被取消。信息的公开，打消了市场的疑惑和跟风情绪，有效地控制了事故的影响范围，最大限度地维持了市场的稳定。这种主动公开信息，维持资本市场公正性的做法是值得称道的。

最终，纽交所旗下的全美期权交易所取消了高盛的大部分错误交易（高盛大部分的错误交易正是发自这里），而德意志交易所旗下的国际证券交易所决定调整其受理的大部分错误交易。这使得高盛的潜在损失由此前估计的几亿美元降低到数千万美元，损失被缩小了一个数量级。

（三）小结

上述事件仅是近年发生的一些典型案例，事件原因包括恐慌性自动抛盘、自动化交易系统故障、策略缺陷等，市场间关联也放大了事件造成的影响。随着自动化订单生成和执行系统技术进步、通信网络速度提高以及市场间关联的进一步增强，自动化交易必将继续快速发展并带来一系列新兴风险。为有效应对这一风险，以美国和欧盟为代表，发达国家监管机构在制度建设、基础设施更新要求等方面，先后出台了一系列政策法规和细则，下面的报告将对上述内容进行梳理和总结。

三、美国自动化交易形势及监管政策

近 20 年，美国衍生品市场经历了从以人为交易中心到高速自动、关联交易环境的演变。传统上交易者和市场参与者直接发起、传达和执行订单，其他人员提供了交易处理和后台服务。相比之下，自动化交易环境具有精准的特性，通过算法和信息技术系统，实现订单和交易的生成、风险管理、传送和匹配。系统间通过高速通信网络，实现交易确认、市场数据交换和系统连接。自动化交易环境为市场参与者带来一系列益处，但在速度、关联性和可靠性等方面也给市场带来了新的挑战。如前文所述，近年来，一些与自动交易相关联的典型事件已经引起公众、委员会和行业的关注。例如，2010 年 5 月 6 日闪电崩盘事件、2012 年 8 月"骑士资本"事件、2013 年 8 月的纳斯达克股票市场中断事件。

美国对自动化交易的监管累计了大量经验，许多监管方法都处于领先的地位。但仅从故障发生的频率来看，自动化交易带来的市场运行风险依然是监管方的巨大挑战。鉴于近两年来自动化交易故障频发的情况，美国推出了 Reg SCI（Regulation Systems Compliance and Integrity）等多项法规，增强和升级 ATS（Regulation Alternative Trading Systems）、ARP（Automation Review Process Audits）等法规，更加强调对于质量控制、标准化和网络安全的规范和标准化，通过引用工业标准的方式借助外力来系统、全面地防范自动化交易带来的风险，对于实现自动化交易安全有着很强的借鉴意义。2010 年至 2013 年末，SEC 与 CFTC 发布自动化交易相关监管措施见表 2。

表 2　　　　　　SEC 与 CFTC 发布的自动化交易相关监管措施（2010 年至今）

时间	名称	简介
2010 年 6 月	CFTC 发布主机托管服务监管法规提案	保证主机托管资源能够公平地分配给市场参与者
2010 年 10 月	SEC 发布法规"大户报告系统"	对执行大户交易商交易的经纪交易商提出记录保存、报告和有限的监控等要求
2010 年 11 月	CFTC 和 SEC 针对"闪电崩盘"发布的报告	解释闪电崩盘发生的原因，并对未来的监管和应急措施提出建议
2010 年 11 月	SEC 发布"市场接入规则"	经纪商需要贯彻风险管理控制和监管措施以避免错误交易指令，保证公司合规、符合监管要求，并加强预置信用或资本金准入监管
2012 年 7 月	SEC 发布"综合审计跟踪规则"	帮助监管者从中央数据库中得到交易订单发出、修改、取消、成交各环节信息
2013 年 3 月	SEC 发布法规提案"监管系统的合规性和完整性"	正式明确许多 SEC's Automation Review Policy 中的条款，要求相关实体设计、开发、测试、运维、监控系统的规范与实际操作相一致，以及核心技术必须符合相应标准
2013 年 9 月	CFTC 发布"自动化交易风险控制和系统保障的概念文告"	为实现对可预见的市场技术和风险进行有效监管，建议了一系列可由 CFTC 注册者或其他市场参与者执行的风险控制手段
2013 年 10 月	CFTC 发布法规"账户所有权和控制报告"	将信息搜集范围扩大到所有交易账户的所有权和控制信息

（一）SEC 发布的相关监管政策

1. 法规"大户报告系统"。大户交易商（多数为高频交易商）在证券市场中扮演着越来越重要的角色，为提高对大户交易商交易的监控能力，美国证券交易委员会（SEC）建立了"大户交易报告"法规，将大户交易商定义为：一天内交易至少 200 万股或与 2 000 万美元等价的股票的交易者，或一个月内交易至少 2 000 万股或与 2 亿美元等价的股票的交易者。

法规规定大户交易商需要向美国证券交易委员会进行身份认定，每个交易商具有一个独特的识别号码，提供给其经纪商。经纪商须保存每个大户交易商报告的交易记录，并基于 SEC 的要求提交相关信息。

法规内容包括：（1）要求大户交易商在 SEC 进行注册，获得一个独特的标识号码（large trader identification number，LTID）；（2）大户交易商向其经纪商披露标示号码，并标记所有交易账户；（3）经纪商记录、保存和报告大户交易商的交易记录，向 SEC 电子蓝单系统（Electronic Blue Sheets，EBS）提交上述数据，并监控大户交易商是否遵守相关法律法规。

在以毫秒为单位进行交易的市场中，SEC 希望通过法规"大户交易商报告"来加强自己监控美国证券市场的能力，迅速、有效地识别重要的市场参与者，获取其交易活动中的数据，重演市场中的事件并展开调查。

2. 市场接入规则。美国经纪商通过各自的"特别通行证"（被称为"市场参与者标示符"，the market participant identifier，MPID），可以电子接入某一交易所或 ATS，为客户下单。随着自动化交易、高频交易的迅猛发展，部分客户（特别是机构投资者和高频交易商）通过其经纪商的 MPID 接入市场进行交易，这种形式被称为"直接接入市场"（direct market access）或"支持接入"（sponsored access）。有时，客户的订单没有先通过经纪商的系统且没有经过经纪商的任何筛选（being pre - screened）而直接进入市场，这种"支持接入"被称为"未过滤接入"（unfiltered access）或"裸接入"（naked access）。通过"支持接入"，尤其是"未过滤接入"或"裸接入"，下单过程没有合适的管理，可能产生客户因电脑故障或人工错误而下错订单、客户不遵守各种监管要求、发出的订单超出客户信用上限或资本上限等问题，又由于金融市场的互联性而造成市场波动。

2010 年 11 月，SEC 出台市场接入规则，要求经纪业务建立风险管理和控制系统，并建立接入市场的管理控制规范。

经纪商需要贯彻风险管理控制和监管措施以避免错误交易指令，保证公司合规、符合监管要求，并加强预置信用或资本金准入监管。具体措施包括：（1）为客户提供直接进入市场的渠道之前，自动执行风险审查，限制经纪业务的风险头寸，防止超过预设信用额度或资金上限的订单、错误的订单被提交；（2）禁止为客户提供"裸接入"服务；（3）确保所有市场接入符合要求，定期检测风险控制措施，及时解决存在的问题。

市场接入规则中禁止"裸接入"的做法体现分层分级的风险控制，通过各环节建立风控措施有效隔离行业风险。同时，法规在交易指令下达系统中强制实施风险检查的做法，可以帮助控制美国市场的系统性风险。

3. 综合审计跟踪。美国市场的电子系统"Consolidated Tape"汇集来自证券交易所、电子通信网络（ECN）、第三方市场经纪交易商的最新股票交易量和价格数据。但由于整个市场缺少集中数据库来掌握委托和执行的情况，各自监管组织自建审计跟踪系统跟踪所负责市场的委托信息。为了保证技术系统设计对市场公平，2012 年 7 月，SEC 颁布了 Rule 613，基于 Consolidate Tap，要求交易所和 FINRA 合作开发、实现并维护一个统一的综合审计跟踪系统（CAT），实现捕获所有交易 NMS 证券的顾客和指令信息。

CAT 建立在新的中央数据库之上，帮助监管者监控分析各个市场的异常事件。监管者可以从这个数据库中得到交易订单发出、修改、取消、成交各环节信息，且大部分为实时报告，通过明确指令发出方，能够快速有效审查风险订单。系统具体要求包括：（1）每个全国性证券交易所和美国金融业监管局（FINRA），以及它们各自的成员，向新创建的中央存储库提供每一笔 NMS 证券订单发起、修改、取消、路径选择和执行的详细信息，相关数据必须在下一交易日上午 8 点前报告给中央存储库，随后将提供给监管机构对数据进行分析。（2）每个经纪交易商、国家证券交易所代码被分配一个标识代码，代码与每个报告到中央数据库的报告事件关联。（3）每个账户持有人被分配一个标识代码，并将代码与每一个报告到中央数据库的指令关联。（4）自监管机构及其成员将记录报告事件日期和时间的业务时钟需同步，并将呈报事件到中央存储库的时间戳控制在毫秒内。

CAT 系统是 SEC 在美国多交易所市场结构下的安排，可保证技术系统设计对市场公平，该方案是继大户交易商报告系统之后，另一个有助于提高美国监管者监控能力的复杂工具。这套系统建立在一个新的中央数据库之上，帮助监管者监控分析各个市场的异常事件。监管者可以从这个数据库中得到一项交易发出、修改、取消、成交的各环节的信息。未来中国市场如果走向多交易所结构，也应当参考这一做法。

4. 法规提案"监管系统的合规性和完整性"。"骑士资本"的做市部门在 2012 年 8 月 1 日因技术故障在 45 分钟之内系统自动执行了美股市场约 10% 的交易量，在主要证券交易所拒绝取消这些交易订单之后（依据闪电崩盘后取消交易订单的新规则），"骑士资本"亏损 4.4 亿美元。在"骑士资本"软件故障后两天，SEC 宣布进行技术圆桌会议，商讨设置全行业标准来保证市场体系的能力和诚信。

美国对自监管组织的自动化系统并没有强制要求，秉承自愿原则遵守一套 SEC's Automation Review Policy Program 解释的规则。SEC 希望建立一套规则框架，来提高美国证券市场技术系统的鲁棒性和快速恢复的能力。2013 年 3 月，SEC 推出 SCI 法规提案，适用于自监管组织（包括交易所、清算机构、FINRA、MSRB）、超过一定交易量上限的 ATS（Alternative Trading System）、市场行情发布商等，统一称为 SCI 机构。法规正式并明确许多 SEC's Automation Review Policy 中的条款，要求相关实体设计、开发、测试、运维、监控系统的规范与实际操作相一致，以及核心技术必须符合相应标准。

Reg SCI 对 SCI 机构的具体要求包括：

（1）在技术系统的性能、集成、恢复、安全管理方面建立过程管理规范。（2）建立过程管理规范，使得系统操作符合相应的要求，包括符合联邦证券相关法规。（3）对系统中断、系统合规问题和系统入侵等 SCI 事件，需要即时正确处理。（4）需要及时向 SEC 告知并更新相关 SCI 事件的最新情况和处理措施。（5）即时将 SCI 事件的相关情况和处理措施通知会员和市场参与者。（6）每年对遵守 SCI 的情况进行回顾，并提交年度报告给机构领导层和 SEC。（7）每 12 个月，应当对业务连续性和灾难恢复计划进行测试演练，并与其他相关实体联合开展全行业演练。（8）提供 SEC 员工访问系统，并评估是否遵守 Reg SCI。（9）对重要的系统升级，需要提前告知 SEC。（10）建立并保存遵守 Reg SCI 的相关资料记录。（11）建立相关的文件库来存档 SEC 的 Reg SCI 相关的通知和报告。

SEC 颁布 Reg SCI 的目标是建立行业技术标准，检查核心机构的履职情况，在防范技术风险的同时，为市场实体和员工建立了责任的安全边界。法规中指出，若 SCI 机构建立相关测试、内控、监控和评估的规范、过程管理等，建立系统贯彻相关的规范和过程管理，防止并发现相关的违规行为，即使出现故障，也有理由被免除相关的责任。

Reg SCI 还介绍了 SEC 新的 MIDAS 系统或市场信息数据分析系统的更多细节，为跟踪高频交易，从纽约证交所和其他交易所获取的交易数据，以及在所有国际交易所的交易指令，包括改变或撤销，所有的交易执行订单，包括场外市场中的订单。MIDAS 可以帮助监测和了解小闪电崩盘，或捕捉可能的麻烦或非法行为，例如，指出市场上取消的消息流量过多。上述功能将显著提高市场监管能力，其方式类似科学家首次用高速摄影和频闪照明看到蜂鸟的翅膀实际上是如何移动的。

（二）CFTC 发布的相关监管政策

CFTC 对自动化交易监管议案主要集中在高频交易。2010 年 5 月，CFTC 重新成立技术顾问委员会（TAC），以深入理解科技进步对市场的影响，就 HFT 监管等问题给出建议。TAC 的职能主要是基于高频交易定义，监控和确认在电子平台上频繁交易所导致的潜在市场动荡。

2012 年 10 月发布的草案中，TAC 认为，高频交易是自动化交易的一种，其认定的流程如图 6 所示，具体特征包括：（1）使用算法交易，在决策、指令生成、下单等各环节中必有一环节无人工参与；（2）采用低延时技术最小化响应时间，包括主机托管以及邻近地方法；（3）指令高速接入场内；（4）持续较高的指令信息速率，采用撤单率、市场参与者信息比率、市场参与者交易量比率三种衡量指标。高频交易采用多种形式的交易策略，涵盖统计套利策略、流动性提供策略等。近年 CFTC 针对自动化交易出台的具体措施如下。

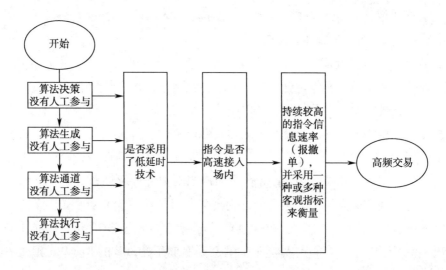

图6　CFTC 对于高频交易的认定流程

1. CFTC 和 SEC 针对"闪电崩盘"发布的报告。"闪电崩盘"过后，CFTC 和 SEC 联合发布一份报告解释事件发生的原因。美国市场结构特征、各市场间的依赖性是这次崩盘的主因，市场间断路器没有及时停止所有市场交易，高频交易在事件中也发挥了推波助澜的作用。"闪电崩盘"中，各交易所的安全机制启动缺少协同作用，因此报告建议以下内容。

（1）对指数标的证券、活跃 ETF，以及相应的期权和期货产品实行熔断机制，明确当多个股票价格出现异常波动时，暂停市场交易。（2）重新评估熔断机制的时间间隔、时长及股票适用范围、触发条件，并通过设置上下限机制对当前的熔断机制进行补充。（3）限制最小报价单位，加强对做市商的做市义务管理。以奖励或监管的形式鼓励部分做市商，禁止无成交意向报价。（4）建议采用流动性定价和流动性补偿的方式，保障在极端场景下市场流动性不会枯竭。（5）评估对大量撤单成本进行合理分配的方式，建议所有交易所中根据撤单/成交比率收取统一费用。（6）推荐对当前"订单簿的盘口"保护策略和替代方案的成本、收益做进一步分析；替代方案中，对远离当前报价的限价单也提供保护，或对各订单簿的相对流动性提供更多的信息披露。

报告认为，更加透明的信息披露可减缓极端事件对市场的冲击，建议 CTFC 和 SEC 考虑让大型交易场所汇报更多信息，如流动性测度、市场失衡状态等，以达到更佳的风险监测效果。为缓解影响市场完整性和效率的风险，监管机构应设法确保适当衡量标准的使用，包括任何有关市场价格形成、弹性以及稳定性方面的风险。

2. 法规提案"主机托管服务"。主机托管服务给高频交易者提供了巨大的竞争优势，CFTC 认为这项资源应该是所有市场参与者平等可得。

2010 年 6 月，CFTC 发布主机托管服务监管法规提案，CFTC 要求市场和第三方签署"重要价格发现协议"（Significant Price Discovery Contracts），对主机代管及相关服务统一定价，任何形式的特殊定价或分类定价均被视为不公平定价。除此之外，CFTC 想要增进"延迟交易透明度"，建议强制进行延迟交易信息披露。各个市场必须披露其最长、最短和平均延迟，并定期更新。CFTC 旨在保证有足够的主机代管空间，保证主机托管资源能够被公平地分配给市场参与者。对主机托管服务的监管提案内容包括：（1）对愿意付费的所有合格投资者提供主机托管服务；（2）禁止为了阻止某些市场参与者进入而制定过高费用；（3）信息传输时滞透明公开，公布最长、最短和平均时滞；（4）如果主机托管服务由第三方提供，交易所要能够获得与市场参与者系统和交易相关的足够信息，以便履行监管职责。

3. 账户所有权和控制报告（Account Ownership and Control Report）。CFTC 一直从大户交易商报告和交易所的交易记录处获取相关账户信息，随着跨市场合约的经济一体化程度提高，面临诸多新的挑战，跨市场关联合约可能在一个市场上以扭曲的方式进行交易，或存在市场滥用行为。2010 年 7 月，CFTC 颁布"账户所有权和控制报告"法规提案，旨在将信息搜集范围扩大到所有交易账户的所有权和控制信息。提案规定，CFTC 将通过账户所有权和控制报告的形式，每周从指定合约市场（Designated Contract Markets，DCMs）和豁免商业市场（Exempt Commercial Markets，ECMs）收集各种账户的所有权和控制信息，包括受益人和账户控制人的标识和联系信息。

2012 年 7 月 26 日，CFTC 在原先提案基础上发布了新的法规提案，将账户报告规则分为三部分，一是用于识别可报告的商品期货或期权头寸的专用账户；二是收集满足一定交易量账户的所有权和控制信息；三是为有可报告头寸的掉期交易对手和客户综合账户提交表格。

2013 年 10 月 30 日，CFTC 批准了对参与期货和掉期交易的市场参与者实行头寸和交易活动报告要求的最终规则，主要包括以下内容：（1）头寸报告、交易商和账户识别的法律架构；（2）当前交易商和账户识别项目；（3）NPRM 的总结；（4）最终规则总的新表单和修订表单的总结；（5）数据提交标准和程序。

除了监测复杂关联合约，当前监控主要是通过数据分析而不是现场观测。尽管技术创新已经提高监管者分析各种数据的能力，但随着自动化交易发展，大量交易信息的产生，需要应对从海量数据中挖掘有效信息的任务，这项法规帮助监管者以新方式利用收集到的信息，更有效地利用监控系统、提高市场透明度，加强监管者在监察、执法和研究的各个项目中通力合作。

4. 发布自动化交易风险控制和系统保障的概念公告（Concept Release on Risk Controls and System Safeguards for Automated Trading）。2013 年 9 月，CFTC 发布"自动化交易风险控制和系统保障的概念公告"。公告指出，衍生品市场在逐步走向自动化交易的同时，也伴随着市场参与者和监管者等方面对订单及交易系统各个风险点的进一步理解，CFTC 强调必须对监管规则进行校准，以符合当前和可预见的市场技术、风险监管标准和内部控制。因此，建议了一系列可由 CFTC 注册者或其他市场参与者执行的控制手段。

具体包括：

（1）交易前的风险控制。主要对多个控制指标进行监控，指标包括最大信息率和执行率阈值、自动波动识别和预警、自成交控制手段、价格带、最大订单规模、暂停交易、信用风险限制等。

（2）交易后报告和其他措施。建立实时订单、交易和头寸报告的标准，制定一致、客观地针对交易取消或调整的处置政策。

（3）系统保障。更多自动化交易系统设计、测试和监督规定，包括自动化交易系统开发、更新管理和测试、自动化交易系统监测和监督、危机管理流程；自认证及通知，包括自认证和清算公司认证、风险事件认证要求；自动化交易算法识别；数据合规性检查。

（三）美国期货业协会（FIA）的自动化交易监管建议

对 FIA 的监管研究，参考其 2007 年发布的 *Profile of Exchange and FCM Risk Management Practices For Direct Access Customers*，以及 2010 年发布的 *Market Access Risk Management Reccommendation*，并整理了 FIA 对市场接入风险管理的建议。

直接接入市场（Direct Market Access，DMA）或者直接接入（Direct Access）是指投资者未经清算会员系统直接下单到交易所的下单模式。海外资本市场的发展历程表明，直接接入下单模式是控制风险与鼓励创新平衡的产物。对于监管机构而言，允许直接接入下单模式的发展可以缩小市场买卖价差，提高了市场流动性，降低了交易成本，有利于发挥市场功能。对于交易所和结算会员而言，激烈的竞争迫使交易所为机构投资者提供更加快速的交易通道服务。对于机构投资者而言，在套利策略日益趋同的大背景下，只有依靠直接接入获得更加快速的下单机会，才能比竞争对手更快、更充分地利用套利机会。

频频出现的乌龙指事件促使海外资本市场加强对直接接入下单的风险管理研究。2010 年，FIA 组织了交易所、结算会员和机构投资者的优秀风险管理人员对直接接入下单的风险管理进行了研究，包括 Barclays Capital、CME Group、Credit Suisse、Eurex、Geneva Trading、GETCO、J. P. Morgan Futures、NYSE Liffe 等一大批有名的资本市场参与主体。研究报告从交易商、清算公司、交易所三个方面进行了分析，给出了许多直接接入风险管理的建议。具体内容如下。

1. 结算会员角色。结算会员对客户的风险管理，以及清算公司对结算会员的风险管理，已经从交易员大厅移到了电脑上。在大多数情况下，风险控制已经得到加强。结算会员使用了大量资源用来管理、监控风险并且精确评估客户的风险暴露。结算会员通常采用以下方式来控制直接接入客户的风险。

大部分交易所和自律组织（SRO）要求结算会员保证交易机构采取交易前风险控制。结算会员可能要求交易机构允许其接入交易机构的网络，访问交易机构的交易前风险控制系统，允许结算会员设置一系列风控限制参数，甚至极端情况下，停止交易机构的交易。访问交易机构的网络是一个现实的技术问题，而且交易机构可以重设结算会员设置的风控参数。

结算会员将对需要直接接入的客户进行大量尽职调查，只有那些被视为有足够信誉，并且有强大的内控系统，结算会员认为交易前风控对其不那么重要的客户，才会被授予直接接入的权限。结算会员还可以要求额外的保证金来进一步保证交易机构在交易中具有足够的履约能力。此外，结算会员也会监控交易机构的账户来判断保证金要求是否合适。

交易机构对它们与结算会员分享信息的意愿：客户越透明，结算会员越愿意提供直接接入授权。

结算会员在其为交易机构提供的订单接入接口中内嵌风控模块。这个风控模块包含了很多本文稍后提及的风控措施。

结算会员越来越多地依赖交易所提供的交易前风控手段。通常情况下，交易所系统设置的限制可以由结算会员配置和管理。这也保证了风控措施不会成为结算会员之间相互竞争的手段。

结算会员与交易机构之间有协议，要求交易机构的风险控制手段到位，规范授权人员的访问权限，遵守有关规定。结算会员将持续监督和加强交易机构的合规性。

2. 交易所的角色。

（1）执行风险工具。交易前订单检查，用于防止执行"胖手指"订单或者客户超过授权交易限额的订单。交易前风险控制可以在交易机构、结算会员或者交易所层面进行。交易前风险控制也是交易机构和结算会员的矛盾点，因为交易前风险控制会增加交易的延时。为了避免这个争议，MAWG 认为在交易所层面应当实行某种风险控制措施，并且为确保公平起见，要求所有交易都执行这样的订单检查。应当有结算会员来设定管理交易所撮合引擎中关于交易前、交易后订单检查的参数权限，包括是否授权交易机构自行管理这些参数。

为减少手工数据录入中不可避免的错误，交易所应当致力于提供一个标准的通信协议，允许会员为每一个交易个体自动设置和更新风险管理参数。这也同样给结算会员能够同时停止多个客户交易所交易的风险管理能力。设置更新风控限制的首选协议是基于一个类似 FIX 协议的现有的标准协议。

除非另有说明，交易所风险控制系统应当提供结算会员按照产品定义风险控制参数。所有的限制都应当以正向限制为主。其自动默认值应当设置为 0（即默认禁止操作，例如结算会员只有当允许其交易机构交易时，才对其产品设置限额）。

①订单大小。对每笔订单的数量进行限制是最基本的交易前风险管理工具，可以防止"胖手指"事件，限制单笔订单合约买卖的最大数量。

每笔订单限制应当遵循以下原则：（a）结算会员应当为交易机构设定限制，防止向市场发出错误大小的订单。但在个别情况下，大数量的订单也是合法的。这种情况下，交易机构应当联系其结算会员调整限制。（b）交易所应当提供默认的限制来保护市场完整性。

实施建议如下：（a）只要结算会员允许其客户直接接入市场，那么就应当提供可视的限额管理，并且无论会员通过何种直接接入市场方式，如直接接入交易所·（DA－E）、通过供应商直接接入交易所（DA－V）或是通过结算会员直接接入交易所（DA－C），都应当可以为客户交易设定合适的限额。（b）风险控制措施应当可以做到为每一个客户、每一个产品设置交易前限制，并且防止其超越既定的交易限制。在流动性大小不同的合约上的限制应当是不一样的（例如，近月期货/期权合约和远月期货/期权合约、价内期权/价外期权等的限制应当不一样）。（c）交易机构在结算会员设置某产品的限额前，应当不能交易该产品。默认的限制应当不允许"无限制"的交易。此外，结算会员应当可以一次设置多个产品的限额控制。

②盘中持仓限制。盘中持仓限制给予结算会员限制交易机构开仓超过设定的阈值。该限制应当由交易所层面进行控制而不是在订单输入客户端上实行，这样有利于风险控制的集中化和标准化。盘中持仓限制，旨在进行"交易速度的限制器"，而不是实际的信用风险控制工具。这些限制包括当日初始持仓、账户内余额、跨资产保证金等。持仓限制可以在信用额度超限之前自动暂停算法的错误。当交易者被暂停交易后，风险控制部门可以有时间进行风险评估，来决定是否允许其继续交易。

原则：交易所应当提供设置交易前盘中持仓限制的能力。一旦交易者达到了这些限制，只有降低风险的交易才可以继续进行。

对未来实施的建议：

持仓限制应当包含如下特征：（a）按照客户、账户、或者会员进行设置，并且具备按照客户组或者账户组进行设置的能力；（b）最大累计多头持仓和最大累计空头持仓分别设置；（c）未成交的订单也应计入最大多头/空头持仓；（d）按产品设置；（e）可以在盘中调整限额；（f）通过开放 API 来设置，建议 FIX API；（g）强制所有会员执行，延迟对所有参与者都公平。

对期权实施的建议：由于期权比期货的 delta 值要低，持仓限制能力应当按照不同的产品类型进行限制。

③断开撤销（Cancel On Disconnect）。当系统由于意外原因与交易所网络连接断开时，当前活动订单的状态就可能存在不确定性。基于链路中断的自动撤销机制为交易

者、风控管理提供了一个确定的状态，订单或成交、或撤销。不过，有些客户，由于他们的活动订单作为套保或者跨交易所策略交易的一部分，可能不希望他们的活动订单由于链路中断而自动撤销。

原则：交易所应当实现一个灵活的系统，允许客户决定他们的订单在链接中断后是否依旧留在市场。不过这只能在当交易者链接中断时，结算会员的风控官员可以撤销交易者的订单的情况下才行。交易所应当建立策略默认所有市场参与者都保留或者撤销活动订单。

④一键撤销（Kill Button）。一键撤销为结算会员提供了一个快速而有效的方式，即当交易机构对其结算者违约时，可以在交易所层面停止交易者的交易（例如，由于自动交易软件的错误导致信用超限等）。只有当结算会员明确恢复交易时，交易机构才可以继续交易。交易所应当为结算会员提供如下功能：（a）删除所有开仓订单和报价指令。（b）拒绝任何新的订单和报价指令。

实施建议：（a）交易所应当有一个管理系统，允许会员授权指定其员工使用一键撤销功能。（b）管理系统本身应当有一个清晰的警告信息，警告授权用户使用一键撤销功能的后果。（c）类似的功能也应当在交易机构处实现，允许交易机构在机构、客户组、单个客户范围内实现交易暂停功能。

⑤订单取消能力（Order Cancel Capabilities）。

原则：交易所应当为结算会员提供订单管理工具，允许其实时访问已成交的或者活动的电子订单信息。这个工具应当具有减轻电子交易系统故障的风险的能力。

实施建议：结算会员和交易机构应当可以通过这个工具查看和撤销其订单。结算会员应当可以为不同交易者、机构在个体级别指派在这个工具上的权限。

这个工具可以查看：（a）当前订单状态。（b）成交信息，包括部分成交的订单。（c）撤销和替换历史。（d）订单的时戳。

这个工具应当可以撤销：（a）单个订单。（b）一组订单。（c）一个指令撤销全部活动订单。

⑥价格区间/动态价格限制（Price Banding/Dynamic Price Limits）。价格区间或动态价格限制是自动化订单输入的筛选过程，用来防止大幅背离市场走势的价格买卖订单进入市场。它通过防止买方报出远高于市场价格的订单和防止卖方报出远低于市场价格的订单来减少错误订单的数量。

原则：交易所应当具有动态设置价格限制的能力，并随时根据市场条件进行调整。

实施建议：（a）交易所应当有能力在需要扩大市场波动性时，在整个交易日内扩大价格区间。价格区间限制应当可以分产品来决定。价格区间偶尔也可能对于缺少流动性的市场来说过于严格，如果当前价格区间不适合，则需要进行人工干预以利于交易。（b）期权需要更灵活的价格区间，因此对于期权来说价格区间需要不同的方法。流动性较小的期权要求的价格区间可能更宽,因为其买卖价差更大。

⑦做市商保护(Market Maker / Sweep Protections)。Sweep protections 用于具有特定市场营销义务,需要对全体期权报价的机构。这些保护措施通常用于期权市场,但是它们也可以应用于其他类型的市场。做市商保护机制是一组由做市商设置的参数,由交易所层面进行控制的,通过限制做市商报价指令执行曝光来提供某种程度的风险保护。

原则:交易所应对同时在市场双边报价的做市商提供一定的保护。

实施建议:保护参数应当是可选的,应当是可以由各个做市商或者做市机构单独设置的。当某一时间段内触及或超过做市商定义的保护值时,将激活做市商保护机制。一旦激活,电子交易系统将启动做市商保护功能,拒绝新的消息同时/或取消该做市商剩余的报价指令。

⑧内部交叉盘交易(自成交)(Internal Trade Crossing)。这是指在一个会员内部,多个独立的交易策略同时生效时的常见现象。这些策略的执行也许在市场上正好处于买卖相对方向,偶尔无意中会造成 Wash Trade(虚假交易)。这在直接接入,并且经纪商内执行算法交易量上升时常见,即由于订单会保持一定的时间,从微观角度看,这些订单可能会与该交易者的其他订单相成交,或者作为自动套保机制与前期订单无意中形成一个虚假交易。

MAWG 研究了是否可以用技术手段来辅助风险管理者识别虚假交易。研究结果是交易所不可能实现这样的风险控制机制,因为在撮合引擎中没有账户的所有者资料。而结算会员有这些信息,可以判断在同一个会员内部的客户,是否会与算法交易所产生的该客户的订单相互成交。此外,在同一个会员内部的客户可能使用多套系统,各系统之间在交易前控制上缺乏必要的协调也会导致内部交叉盘交易。

MAWG 的结论是没有办法设计一个规则,在不影响合法交易的情况下阻止虚假交易的发生。

原则:为防止人为扭曲价格、数量操纵市场,禁止进行虚假交易。但无意的自成交并不会误导公众。交易所在各自的监管框架下,应当为供应商、投资者和结算会员设定指引,确定什么是可接受的内部交叉盘成交交易原因。现行规则应当根据当今的交易环境进行重新检查。

(2)交易后检查。除了交易前的风险控制,交易后的检查也为结算会员和交易机构风险管理者们提供了跟踪所有活跃/开仓订单和全部已经执行完成和结算完成的订单。结算会员可以通过"订单副本"功能,在不增加订单延迟的情况下,接近实时的监视订单。订单副本功能允许结算会员在客户的订单/执行指令送至交易所网络和/或成交后送往清算所时,获得订单的拷贝。

原则:(a)交易所应当为结算会员和交易机构提供订单副本。(b)交易所应当为结算会员提供交易订单和成交单的副本。这可以使得结算会员从主交易系统外的独立渠道获得当前交易和持仓信息。(c)交易所应当在清算所清算后,尽快为结算会员提供按期限、按合约的净持仓信息。这个功能应当尽可能地实时。（d）交易所的订单副本功能应当允许结算会员设置其交易机构是否可以接收交易副本和结算后副本。

实施建议：结算后副本应当包含全部信息，包括委托确认、成交资料、修改资料、撤销资料。交易所需要向交易执行后两三分钟就发送结算后信息的行业标准努力。这些数据应当通过标准协议发送，推荐通过 FIX API 发送。

（3）Co-Location 策略。在考虑托管时，交易所应当认识到一个主要好处是为低延迟接入交易所的机构提供了一个公平的竞争环境。无论机构的大小，都可以在合理价格内，分担建造所需技术基础设施的成本，来实现低延迟接入交易所。当托管和就近接入托管不可用时，应当鼓励机构通过寻找交易所撮合引擎位置等非公开资料，尝试在最近的场所建造机构自己的数据中心来缩短延迟。这会加大市场参与者接入交易所的差异。

原则：应当采取措施，保证 Co-location 服务可以为每一个机构服务，并且 Co-location 的条款对全部市场参与者都透明。

（4）接口适应性测试。

原则：（a）所有希望开发直接接入交易所订单接口或交易所市场信息接口的交易机构，都应当通过一套初步的接口适应性测试，来测试执行和接收市场数据，其重点关注在直接接入交易的交易系统的基本功能。所有 ISV 或者专有系统应当通过同样的适应性测试，这样使用 ISV 专有系统的客户无须进行接口适应性测试。（b）交易所应当为需要重新认证的申请，提供适当的接口适应性环境。

实施建议：交易所应当派出代表来使用专有系统客户端，确定应该测试的功能。（a）向交易所发送请求并处理交易所的应答，如登录、登出、新订单、撤销、订单修改、序列复位、合约定义请求以及行情快照请求等。（b）处理业务拒绝、会话拒绝、全部成交、部分成交、交易所开市/收市、行情更新、交易更新等交易所信息。（c）正确处理交易所重发机制。当交易所尝试向专有系统发送消息时，如果专有系统客户端并未链接时进行重发处理。（d）当交易所核心功能变更时，应当重新进行接口适应性测试。并且应当由交易所决定是否需要进行重新测试，以及通知每一个需要测试的专有系统参与者进行测试。（e）当参与者的核心系统功能发生变化时，应当重新进行接口适应性测试。这应当由专有系统参与者通知交易所，以及安排相应的适应性测试。

（5）错误交易处理原则。直接接入交易机构的潜在的交易错误可能会导致重大的市场混乱，这是市场参与者和监管者最为关心的问题。虽然交易者和交易系统工程师努力去建造稳健的系统和安全保护措施来防止潜在的错误交易，但是错误交易的情况依旧存在。例如，价格区间等强大的交易前风险控制可以显著减少这些错误交易的可能性，但是交易所依旧需要实行严格的错误交易处理原则。

强健的错误交易处理原则可以最大限度地减小系统性风险，使得市场参与者发生错误交易时有信心通过一系列统一的策略和流程进行评估和解决。相反，在错误交易处理原则中的主观、模糊之处会放大不确定性风险。错误交易处理策略的目标应当是消除开放式市场风险的不确定性，并且允许交易员尽快恢复正常的交易活动。这是持续维持市场信心的关键。

①交易的确定性（Trade Certainty）。市场完整性的一个重要方面是交易者的信心，即一旦执行，交易将成立并不会被任意取消。

原则：交易所应当遵循"优先调整的策略"来保证对错误交易发生时，对全部参与者都具有绝对的交易确定性。在优先调整政策中，特定产品的全部交易分为"不可调整"和可调整范围，在不可调整范围内的交易不可以调整，在"不可调整"范围外的交易都可能进行调整，调整到订单执行时市场中的不可调整的范围边界。优先调整策略没有取消交易所在极端情况下，撤销或者更正交易的权限。

②应急订单（Contingency Orders）。错误交易处理原则的最有挑战性的方面就是如何正确处理一个由错误交易产生的应急订单或者止损单。MAWG认为，当客户设定了应急订单，并由错误交易触发成交时，其结算会员可能会遭受损失，由于调整后的价格并不会触发该应急订单，因此该成交导致的损失无法由客户承担。

原则：与优先调整的策略相一致，错误交易导致的应急或止损订单应当从造成该错误交易的机构处获得相应的赔偿。交易所不能仅仅因为这个订单是应急订单而行使在极端情况下取消成交的权力。

③通知（Notification）。市场持续交易，交易各方和交易所也不断检查交易是否是错误交易。错误交易的识别是交易已经被执行（成交）之后才能完成的，如果随意取消这笔交易会给市场带来更大的不确定性。因此，市场完整性要求交易所的策略和流程建立一个严格的、极短时间窗口的框架，在这个框架内的已成交交易可以取消。

原则：交易所应当建立最小报告时间，机构应当在5分钟内向交易所报告发生了错误交易。交易所在收到报告后，应当迅速公告可能的调整或取消操作，并且调整决定应当通过适当的市场信息在合理时间内发布给市场，应当采取E-mail和/或其他既定的最佳通信手段通知。

（四）芝加哥商品交易所（CME）集团自动化交易监管

美国衍生品市场及管理是以分管框架和自律管理机制所组成的，期货交易所不仅是市场的提供者和组织者，也是市场的管理者。交易所制定交易规则、交易所章程、仲裁规则，这些交易规则经过法律授权或交易所会员的认可或市场参与人员的默认而产生法律效力或强制执行力。

CME集团由芝加哥商业交易所、芝加哥期货交易所、纽约商业交易所、纽约商品交易所合并而成，是全球最大的期货交易所。CME集团的期货期权产品涉及农产品商品、能源期货、股指期货、外汇期货和金属期货等。

Globex是CME集团的衍生品电子交易平台，也是全球首个期货与期权电子交易平台，交易量居全球领导地位，该平台每月能够处理超过 60 亿笔交易。CME 市场监管部门认为自动交易系统是一种自动生成和发送指令到 Globex 的电子系统或计算机软件。由于自动化交易已经逐渐成为众多证券市场和期货市场交易的重要组成部分，CME 近年来对自动化交易给予了更多的关注和重视，并不断完善其相关的监管制度。

1. CME 集团市场保护机制。为保障市场的完整性且有效保护市场，CME 集团通过建立完善的市场保护机制、审计跟踪和监督机制，建立面向各类突发事件的处置模式，应对自动化交易等新兴交易行为带来的风险。

CME 集团的市场保护机制包括预防措施、监测措施和缓解措施三层，各层包含的具体措施及其颁布时间见图 7、图 8。

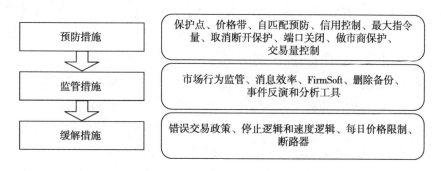

图 7　CME 集团的三层保护措施

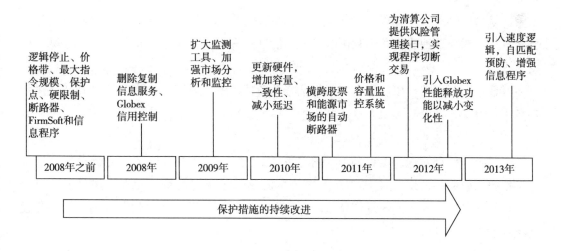

图 8　CME 各项保护措施颁布的时间

（1）预防措施。①价格带。为了确保公平有序的市场，CME Globex 通过一种称作"价格带"的方式对所有进入市场的指令进行价格核实。它旨在阻止价格明显错误的指令进入市场，如限制出价远高于市场价格的指令进入，从而降低市场中断的风险。例如期货价格带，对于每种产品，CME 集团设立一个固定的价格带变化参数，围绕初始参考价格，对买方出价设置上限、对卖方出价设置下限。参考价格由动态计算生成，影响因素包括市场信息，上一次成交价格，最优买价、卖价等。超出价格带范围内的指令禁止进入 Globex 引擎。期权价格带与期货价格带相似，仅初始参考价格设置有所差异。

②市场和止损订单保护点。CME 集团对每条未限价进入 Globex platform 的指令和止损指令设置一个限制价格（保护点），以避免因市场缺乏足够的流动性导致指令以离谱的价格进入市场。

③最大指令规模保护。该功能嵌入在 Globex 中，旨在避免交易引擎中的指令数量超过预先设定的最大值，以防止错误订单数量超过指定阈值造成的市场混乱。

④Globex 的信用控制。CME 集团要求结算公司应用 CME Globex 的信用控制功能，实现在交易公司层面自动监控交易风险，且不会造成订单处理延迟。Globex 信用控制功能可防止不良操作造成的风险，旨在交易商和账户层面补强结算公司的风险管理能力。

⑤市场表现保护。大量信息持续进入交易引擎可能导致破坏性的延迟，损害市场效率，对其他参与者造成负面影响，这类信息也可能导致一类错误的自动指令进入系统。为避免这种风险，保护市场和市场参与者，CME 集团在接口处设置自动控制功能，以监控过量信息。如果在接口处每秒平均信息量超过 CME 集团设置的标准，之后的信息将被禁止进入交易引擎，直至每秒平均信息量降到设置的标准以下。

⑥做市商保护。令期权做市商设置多个参数，一定程度上对它们报价执行的曝光风险进行保护。

⑦端口关闭政策。CME Globex 端口关闭政策旨在保护 CME 集团市场和系统避免受到消息行为超出预期规范的不利影响，该功能通过实时 GCC 审批过程，自动或手动关闭交易端口。

⑧取消断开保护。该功能是一个可选择的免费服务，当客户与 Globex 的连接不受控制的中断时，自动取消客户当日的剩余指令。

（2）监管措施。

①Globex 信息发送政策。旨在鼓励有效的信息，并阻止不利于市场质量的过度消息。根据该政策，CME 集团基于各类产品消息数量与交易数量的比率，建立了信息基准。结算会员的相关比值超过信息基准，需要支付额外费用。这项政策有助于确保交易系统的响应性和可靠性。

②删除备份风险管理服务。CME 集团删除备份风险管理服务可让客户通过 FIX 通信接口获得实时备份的 Globex 执行报告、确认和拒绝的消息，使公司能够把数据提交给内部风控系统，实现实时监控风险。

③FirmSoft 订单管理工具。这是提供工作信息实时访问、向 Globex 发送订单、修改订单历史的管理工具。FirmSoft 还允许用户取消个别订单，从而能够在任意时间，甚至系统故障时提供重要的风险缓释功能。

（3）缓解措施。

①交易取消和价格调整规则。所有 CME 集团交易所都设有交易取消和价格调整的规定，旨在市场受到不利影响的条件下，平衡市场参与者对交易确定性的预期。当市场遭遇破坏性事件时，该规定授权 Globex 控制中心（GCC）来调整价格并取消交易。

②每个期货设置一个明确的无须审查的价格区间，为每个期货产品设置一个明确的无须审查的价格期间设置方法。

③停止逻辑功能。这是 CME 集团的一种特有功能服务，旨在避免因为连续触发止损订单而导致的人为破坏性市场波动发生。在 CME Globex，如果选择性的止损订单价格超过设定阈值，市场会自动在几秒钟内进入储备期。在储备期间，新订单被接受并发布指示性价格，但不会发生交易。储备期满后，向参与者提供对需求流动性响应的机会。

④速度逻辑功能。这是 Globex 交易引擎的特有功能，旨在监测预定周期内期货合约的显著价格波动。速度逻辑能够监测任何进入 Globex 指令所引发的价格波动。如果在指令进入系统的下一秒内，市场价格剧烈波动，速度逻辑将记录该问题并暂停其适用的期权市场。

⑤价格限制及断路器。CME 集团对众多的衍生产品建立了每日价格限制和断路器机制，为市场参与者提供时间来消化信息、调动流动性，以促进市场的信心并降低市场基础设施的风险。为保证每日的交易平衡，断路器在一段时间内完全停止交易。价格限制允许交易在定义的限值内继续进行。

突发事件情景与上述措施的匹配关系见图 9。此外，CME 集团的市场监管部还建立了高度细化的电子订单审计跟踪系统，监管系统能够以毫秒级的时间，跟踪每一条 Globex 平台上的指令修改、取消、拒绝、交易、预订等状态变化，全面的审计跟踪和引用数据可以为有效监测和分析自动化交易提供必要的信息支持。

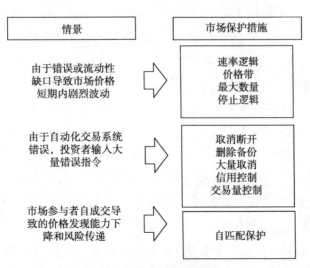

图 9　情景与措施的匹配关系

2. CME Group 对自动化交易的监管。CME 集团不断完善其自动化交易监管制度，在市场监管通知中将自动化交易定义为：自动交易系统是一种以自动或半自动方式，生成和发送指令到 CME Group 电子交易平台（Globex）的电子系统或计算机软件。

CME 集团对高频交易、统计套利、做市商、事件套利等策略的审计主要是根据盘后交易的分析，主要识别指标是交易频率与交易量。在市场监控及分析系统之后，再通过人的经验进行判断。针对高频交易，交易所采取严格措施，既保证其合理存在，也严格控制风险。在开户时，就对投资者是否从事高频交易进行标记，界定用户类型；在交易过程中，交易所通过监控来分析订单类型，将高频交易的市场影响控制在适度范围内。

CME 集团建立一套分工科学、职责明确、快速反应的大监察工作机制和流程，其市场监管部门主要职能包括：①交易监察。市场监察以交易行为为基础，主要负责对不同性质的交易行为，如抢帽子交易（front running）、洗售（wash trading）、操纵（manipulation）等进行监察。②市场监察。主要监控工具和手段包括大户报告（Large Trader Reporting）、头寸限制/责任层级（Position Limits/Accountability Levels）、期货关联头寸交易（EFRP Transactions）、推高价格、操纵 Price Spikes/Manipulation。③调查与执法。根据交易监察和市场监察的结构，负责案件的调查与处罚。④数据质量。主要是审计与监控各类监管数据的准确性。⑤负责与监察监控相关的技术创新与开发。综合来看，CME 集团建立了一个"人机结合"（计算机监控系统和训练有素的监控人员相结合）的监控工作机制，监控的主要工具包括所有交易和所有指令信息的记录、大户头寸监控系统、检测所有交易活动的计算机异常处理机制、专门的计算机报告、市场和报价数据、参与者参考数据。

当前，CME 集团针对自动化交易的监管，主要体现在以下三方面。

（1）要求自动化交易客户必须注册，有效识别自动化交易。根据 CME 集团交易规则 Rule 576 的规定，所有 Globex 用户必须注册唯一的身份认证，即 Tag 50 ID 或称为用户账号，并使用该 Tag 50 ID 进行下单。对于以手动交易方式提交的指令，对应的 Tag 50 ID 必须是输入指令的个人 ID；而对于通过自动化交易方式提交的指令，对应的 Tag 50 ID 必须是负责该自动化交易系统操作的个人或团队。所有的 Tag 50 ID 在清算会员层面必须是一一对应的。在注册 Tag 50 ID 时，会有特定的选项表明其是否为自动化交易者。而 Globex 用户发送的每笔交易指令都含有 Tag 50 ID。因而，CME 可以有效地监控通过自动化交易发送的指令及其在整个市场所有交易指令中所占的比重。

（2）主要监控自动化交易的成交量、指令信息流量指标。根据 CME 集团发布的信息，其对自动化交易的监控主要集中在成交量（Volume）和指令信息流量（Message Traffic）两个指标上。这里所说的指令信息流量，指的是已经提交的所有指令信息，包括所有已提交但最终未成交的指令信息。统计数据显示，在 2010 年第四季度，自动化交易的成交量和指令信息流量已经分别占据 CME Group 市场总体成交量和指令信息流量的

43%和60%。其中，在 CME Group 交易的各类品种中，自动化交易最为活跃的是外汇品种，其成交量和指令信息流量的占比分别达到58%和77%。自动化交易在 CME Group 市场各个主要品种的交易中都已占据非常重要的份额。

多年来的探索和实践表明，自动化交易有助于提高股票、期货等市场的运作效率，增加市场流动性，从而使股票期货的价格发现功能得到更加充分的发挥。CME 集团在 2006 年便可以有效地监控通过自动化交易发送的指令以及其在整个市场所有交易指令中所占的比重。

（3）遵循公平原则，向市场提供同质化的主机托管收费服务。CME 集团对于主机托管（Co - Location）提供的是同质化的收费服务，并非通常理解的收费越高、托管的位置越近、速度越快。CME 集团只提供一种收费标准，这些托管服务器虽然位置不同，但是连接到交易所系统的光纤的长度是相同的，确保了同质性。当然，未进行收费服务托管服务器的会员所能提供的速度与托管服务器是无法比拟的，法律未禁止这种服务，所以现在是交易所业务中的一项服务内容。

四、欧洲自动化交易形势及监管政策

欧洲地区的调研包括三个层面，分别是欧盟及其金融管理机构发布的规定，德国、意大利等国家发布的自动化交易相关政策，伦敦金融期货交易所、欧洲期货交易所等著名衍生品交易所的自动化交易相关指引。

（一）欧洲自动化交易发展历程及形势

欧盟的金融衍生品监管改革多是从推动多国峰会和国际组织方面强化欧盟内部的金融监管，推出一系列的金融监管指令或法案，其中包括金融衍生品交易监管改革的主要指令或法案。

2007 年 11 月 1 日，欧盟历史上一部具有里程碑意义的金融法规《金融工具市场指令》（*Markets in Financial Instruments Directive*，MiFID）正式生效。新规定彻底打破了以往欧盟成员国之间金融市场投资的界限，它使得任何一个成员国的合法金融机构，都可以在全欧盟范围内与其他成员国从事跨境金融产品买卖。对于普通投资者而言，可以在任何欧盟境内的金融市场上买卖股票。

MiFID 实施一年后，欧盟证券交易成本平均降低10%～25%。因而，它被视为欧盟建立单一、深入和有效的金融服务市场的基石，是欧盟完善金融市场、降低交易成本、提升金融业国际竞争力的重要法规。

2011 年，欧盟委员会发布了 MiFID 的修订立法建议，并在 2013 年正式发布实施。修订后的 MiFID 主要包括指令（即 MiFID Ⅱ）和法规（即 MiFIR）两部分，其对金融衍生品监管改革主要体现在：（1）对交易透明度的规定。（2）对交易报告的规定。MiFID

修订立法建议扩大金融工具的报告范围。（3）对加强投资者保护的规定，对复杂金融衍生品交易设定了更高的监管要求。

（二）欧盟和各国自动化交易相关政策

欧盟颁布的相关监管政策（见表3）主要包括《市场滥用指令》（*Market Abuse Directive*）、《金融工具市场法规》（MiFID）以及欧洲证券和市场管理局（ESMA）颁布的涉及算法交易和直接市场准入电子交易的《2012/122号指南》等。

表3   欧洲2010年以来发布的自动化交易监管相关法规细则

时间	名称	简介
2011年12月	欧洲证券和市场管理局发布《自动化交易环境下的系统和控制指引——交易平台、投资公司以及主管部门》	对交易系统和算法、交易前总体风险检查、实时交易后跨市场风险监控、交易前风险限额变化许可提出新要求
2012年10月	欧盟发布《欧洲金融工具市场指令II》（MiFID II）	对算法交易和高频交易给市场带来的若干风险进行了描述，反映了欧盟对加强自动化交易监管的考量
2013年2月	德国发布《高频交易法案》（HFT Act）	交易所被授权得到关于高频交易商的交易、使用的交易系统，交易算法交易策略和细节描述系统参数等信息
2013年9月	意大利发布新版税法	对高频交易和个股衍生品交易征税
2013年9月	欧洲期货交易所发布《欧洲期货交易所交易规则的第五版修订条例》	对交易算法的订单和交易算法的识别内容提出规定

1."自动化交易环境下的系统和控制指引——交易平台、投资公司以及主管部门"。欧洲证券和市场管理局（European Securities and Markets Authority，ESMA）于2011年12月21日发布了监管法案《自动化交易环境下的系统和控制指引——交易平台、投资公司以及主管部门》的最终报告，并于2012年2月24日发布了指引。该指引希望与MiFID II在交易平台及系统控制等方面保持一致，提出了几个新的要求。

（1）交易系统、算法的要求。交易系统方面，要求良好的组织架构、系统容量、压力测试、系统正常运行以及订单执行的实时监控；交易环境方面，保证自动化交易公平、有序地在MiFID下进行。

（2）交易前总体风险检查。这是ESMA指引下比较新的要求。根据此要求，如果单个订单有可能违反系统、客户、机构、集团或整体公司层面预设的风险临界值，则将不被允许进入市场。因此，如果一个客户通过多个系统和资产类别进行交易，则订单需要检查客户的总体风险限额，包括开放订单（open order）风险或执行头寸产生的风险。此外，加强对DMA/SA客户端的管理，对客户流进行监控，并且禁止裸接入（naked market access）。

（3）实时交易后跨市场风险监控。公司应该尽可能从跨市场的角度实时监控它们的订单，以此来检查无序交易的迹象。这意味着跨市场综合开放订单必须实时监控。尽管2011年6月的初版咨询文件中未提及跨市场监控，但是在 ESMA 指引的最终版中，明确指出在一些情况下，由自动化交易系统进行的交易流监控必须包括跨多个市场的异常交易模式识别设备，也就是识别跨市场操纵和市场滥用的能力。

（4）交易前风险限额变化许可。ESMA 指引强调交易前风险临界值或限额的调整或覆盖需要合规和风险管理人员的批准。此外，也第一次强调进行交易监控和风险管理过程需要在跨市场的基础上。

欧洲期货交易所已经开始针对 ESMA 提出的指引，修订其中的规则以可应用于交易系统新的指引。

2. 欧洲金融工具市场指令。欧盟于2007年和2012年出台了《金融工具市场指引》（MiFID）的第1版和第2版，对所有成员国实施，旨在促进欧盟形成金融工具批发以及零售交易的统一市场，同时在多个方面改善对客户的保护，其中包括增强市场透明度、出台更符合惯例的客户分类规则等。同时，法规监管的对象还包括在交易所交易的商品衍生品以及柜台产品、投资咨询公司、全球投资银行和作为卖家的经纪商。MiFID 成为2008年全球金融危机以后监管欧盟金融市场的基础。

MiFID 从2007年11月起生效后，对通过银行、投资公司及传统交易所或替代性的交易场所（多边交易设施）提供的金融服务（如经纪、咨询、交易、投资组合管理、承销等）进行监管。MiFID 通过为服务机构创造充分的竞争后，从而为投资者带来更多的选择与更低的价格。

2012年10月26日，欧洲议会（European Parliament）进一步修订《金融工具市场指引》（MiFID），批准了欧洲金融工具市场指令（MiFID Ⅱ）。其中引入的技术措施主要有：（1）报单500毫秒的强制有效期；（2）"断路器"机制；（3）预定义报单参数阈值。

MiFID Ⅱ的核心目的在于确保所有有组织的交易在受规制的交易场所——规范市场（Regulated Markets）、多边交易设施（Multilateral Trading Facilities，MTFs）和有组织交易设施（Organised Trading Facilities，OTFs）进行。MiFID Ⅱ禁止通过算法交易者通过电子途径直接进入市场，同时算法交易必须执行严格的订单执行率和最小订单停留时间。这意味着进行算法交易的投资者将受到比其他投资者更大程度的监管和许可要求。MiFID Ⅱ预计于2018年1月3日生效。

MiFID Ⅱ将关于交易透明度的相关法规放在了 MiFIR 中，这意味着可以在欧盟成员国内直接使用。此外，严格豁免规定——新的 MiFID 修改建议规定交易所只有向监管当局提出"暗池"交易申请，并获得欧洲证券和市场管理局的批准后才可豁免。另外，MiFID Ⅱ对交易报告的规定，建议扩大金融工具的报告范围；同时，为避免金融机构向成员国不同监管当局报告造成的信息协调问题，指令进一步建议在欧盟层面建立直接的交易报告机制。修订后的 MiFID 修改了个人投资者能够从事的非复杂交易工具的范畴，并对复杂金融衍生品交易设定了更高的监管要求。

该提案包括指令和规则两部分，它将一种新型交易场所——有组织交易设施（OTF）纳入监管框架，它将会改变交易前的透明度，对算法和高频交易采取新的防范措施。提高股票市场中交易活动的透明度，只允许在特定情况下予以豁免，新规则还针对非股票市场中的交易引入了透明度制度：如果它们危及投资者保护、金融稳定和市场秩序，监管部门将能禁止某些产品、服务或行为；对商品衍生品市场将采取更严格的监管；将对投资组合管理、投资顾问以及复杂金融产品的提供，提出更严格的要求；禁止独立顾问和投资组合管理人进行（或接收）第三方支付，或其他货币收益；对所有投资公司均引入公司治理和管理人员职责等。

MiFID Ⅱ 引入了一种新的对算法与高频交易活动的防护措施，高频交易参与者不能再依赖于 MiFID 所豁免的使用自己的账户进行交易。同时，交易场所有权力在价格出现剧烈活动时中止交易，不管当时市场的情况，使用算法交易的公司在持续进行的交易时间必须提供有竞争力的报价，以保证市场的流动性。

3. 德国《高频交易法案》。德国是第一个在国家层面出台法律监管自动化交易的欧洲国家，2012 年之前，德国没有专门针对高频交易（更广泛的算法交易）进行监管的规定。2012 年 7 月，德国财政部起草第一份草稿——德国《高频交易法案》（*Act for the Prevention of Risks and the Abuse of High Frequency Trading*，HFT Act）；2012 年 9 月，德国政府采纳其修订版；2013 年 2 月，德国政府通过了上述法案，并于当年 5 月 15 日正式开始实施。

《高频交易法案》引入了对高频交易者的许可证要求，加入了对行为业务规则以及对算法交易的组织要求，并详细说明了滥用市场的定义。根据 HFT，德国证券交易所被授权得到关于算法交易商们的交易、使用的交易系统、交易算法交易策略和细节描述系统参数等信息，并可以用证券交易所将有缺陷的或者操纵交易程序逐出市场。

（1）对市场滥用的定义。文件进一步明确对滥用市场的定义：使用计算机算法自动确定订单的参数，从而将购买或销售订单提交到市场时如果没有交易意向，则被认为是滥用市场。但以下情况除外：①为了中断或拖延交易系统的功能；②为了掩盖交易系统真正想购买或销售的订单以防第三方察觉；③生成一个关于金融工具供应或需求的错误或误导信号。

（2）对许可证方面的要求。对 HFT、算法交易、市场操纵重新定义，任何参与 HFT 的企业都应该遵守本文件，包含直接或间接参与交易的，不能破坏欧洲或国内的正常市场以及交易场所的规则；从事高频交易者（HF - trader）至少需要 73 万德国马克的资金，并接受 MiFID 的监管。

（3）关于股市交易与多边交易平台的规则。证券交易所和证券交易规则并不限于高频交易商，而是涵盖所有形式的算法交易。根据 HFT - ACT，德国证券交易所被授权，有权得到关于算法交易商们的交易、使用的交易系统、交易算法交易策略、细节描述系统参数和贸易限制等信息。此外，它们可能会停止使用一个，以阻止违反法律或具备恶行的算法交易策略，导致妨碍有序交易。这也可以用于证券交易所将有缺陷的或者操纵交易的程序逐出市场。证券交易所和多边交易平台运营商有义务通过算法交易和在它们各自的贸易规则所使用的算法为交易会员预留订单。它们还必须使用费用模型以充分地使用它们的系统（法兰克福证券交易所已经试用）。同时，它们还必须有"断路器"确保有序交易的情况下增加波动率。

（4）安全贸易规则。任何在德国许可使用算法交易的投资公司必须履行额外的义务，即它们必须确保交易系统是稳健的，并有足够的能力、足够的交易门槛和最大的贸易限制；传输错误的订单，以及运作中的系统方式扰乱市场（或市场扰乱）是被禁止的；不能使用交易系统连接到系统的滥用市场或交易市场的违法行为。

表 4 对 HFT 与 MiFID Ⅱ 的区别进行了总结。

表4　　　　　　　　　　　　　　　　HFT 与 MiFID Ⅱ 的显著区别

	HFT ACT	MiFID Ⅱ
HFT 定义	定义中明确了使用每秒 10GB 带宽的网络；以及高的提交订单与交易订单的比值（每天至少 75 000 条信息）	带宽和提交订单与交易订单的比值的具体值仍未指定
许可证要求	存在例外公司：从其他欧盟公司得到许可证，则可以转移到德国	无例外公司
订单标记（Order Flagging）	标记由算法生成订单，并定义该过程的规则	标记生成订单时所使用的算法以及启动订单的人
订单/贸易比（Order to Trade Ratios）	为每个交易参与人、交易产品、资产种类、交易参与人的每个功能具有合适的订单/贸易比。超过该比率的公司会被罚款	类似的要求，没有具体值
对做市策略的要求	提供连续的流动性，没有具体值	订单 500 毫秒内不可撤销已经取消

4. 意大利新版税法对高频交易征收交易税。2013 年 9 月 2 日，意大利于颁布的新版税法宣布对高频交易和个股衍生品交易征税，使其成为全球首个向高频交易征税的国家。

新规则的内容主要针对金融集团与银行在对冲风险时经常使用的高频交易和个股衍生品交易。对于高频交易，下单变更与撤销时间小于半秒，并且交易数量在限额以上的交易需缴纳 2 个基点的税费。对于个股衍生品，则根据合约的品种，缴纳一定数量的固定税费。此外，规则对场外交易设定了更严苛的税收标准。此项规则的适用与交易发生地、交易对手方所在国无关，但是中介机构与做市商不用承担缴税义务。做市商等中介结构将免征高频和衍生品交易税。

但是，意大利许多银行和券商已发出警告，对高频交易税的征收可能进一步损害意大利市场的流动性。2013 年 3 月，意大利引入股票交易税导致其股市的交易量大幅下滑。

5. 欧洲自动化交易的相关研究报告。2012 年，英国政府科学办公室（The Government Office for Science）发布《欧洲自动化交易的相关研究报告》，这是一项为期两年的项目研究成果。该项目由来自 20 多个国家的专家参与，他们研究了熔断机制（Circuit Breaker）、最小保留时间（Minimum Resting Times）等多种自动化交易监管策略在经济上的代价、利益以及实施效果的有效性。因此，该报告不限于某个特定的交易市场，而是从国际化的角度给出自动化交易方面的建议。

（1）充足的证据表明使用断路器的必要性，特别是对那些旨在限制由于暂时限制订单上的不平衡引起的定期流动性不足。不同的市场可能会发现不同的最优的断路器政策，但在整体市场压力较大的时候，有必要使用跨市场协调的断路器。

（2）对于类似的市场使用一个连贯的刻度尺寸是必要的。鉴于在欧洲市场交易的多样性，一个统一的政策不太可能是最佳的，但跨越市场的协调一致的政策可能限制过度竞争和激励订单限令。

（3）部分证据支持做市商义务的政策。对于非活跃交易股票，指定做市商虽然代价高，但被证明是有益的。从安全的角度看，由于高频交易市场不同于传统的市场内交易，做市商策略会引发并发症。许多高频战略发布在相关合同中的出价和要价。连续买卖差价的要求与做市商策略不协调，并可能迫使高频交易者不能提供流动性的业务。

（4）最小保留时间可以限制由跨市场上的订单，以及由于无法取消过时的订单而增加 pick – off 风险的流通提供者所使用的套期保值策略。

（5）要求交易商提供交易算法还没有得到证据的支持。这一政策仍比较模糊，并且其公司和监管机构都需要过多的费用。订单执行率可以直接减少过多的消息流量和取消率，但是检测操纵交易的做法可能更为有效。

（6）Maker – taker 定价问题关系到订单路由、优先级规则和最优执行等其他问题。对其监管可以重点放在相关的负面影响上，而不是对交易业务决策的过程；并且通过合适的 Maker – taker 费用使订单的路由决策更加透明。

（7）内部化的代理订单流原则上有利于所有各方，尤其是在涉及大的订单时。然而，在缺乏对公众的限价订单和价格发现的不利影响下，这一趋势从交易前透明度不能无限期地继续。

（8）呼叫拍卖是一种替代交易机制，可以消除由于提交交易指令时速度优势造成的影响，目前被广泛应用于股市的开市、闭市以及暂停交易。但是仍缺乏大的市场使用呼叫拍卖进行证券交易，监管人员可以考虑设置定期的呼叫拍卖。

（三）欧洲著名交易所的监管细则

1. 伦敦国际金融期货期权交易所（LIFFE）。

（1）交易所简介。伦敦国际金融期货期权交易所经营纽约—泛欧交易所集团（NYSE Euronext）的国际衍生品业务，涵盖了阿姆斯特丹、布鲁塞尔、里斯本、巴黎和伦敦等城市。纽约—泛欧交易所集团是 2007 年 4 月在 NYSE 和 Euronext 交易所合并之后诞生的世界最大的跨国证券交易所，形成了现金股票和衍生品的全球单一交易市场。NYSE – LIFFE 交易所全称是 NYSE Liffe U. S. ，是纽约—泛欧交易所集团（NYSE Euronext）的旗下公司，成立于 2008 年，是最年轻的交易所之一。NYSE Liffe U. S. 依靠其母公司丰富的国际交易市场管理经验、先进的技术能力和广泛的投资品种，致力于更好地为国际客户服务。

NYSE Liffe U. S. 于 2008 年 8 月 21 日成为指定合约市场，并于 9 月 8 日开业。作为完全透明和高流动性的市场，它主要经营 100 盎司黄金期货、5 000 盎司白银期货、黄金白银期货期权以及小额 33. 2 盎司黄金和 1 000 盎司白银期货合约业务。自 2009 年 8 月起，交易所开始提供利率期货合约。伦敦国际金融期货期权交易所目前是在世界上日益普及的衍生品业务的主导企业，以尖端科技实现高速交易。全球客户每天通过该市场完成大约 2 万亿欧元的票面交易额，即每个工作日每秒完成 3 000 万欧元的交易。按交易额计算，它是欧洲领先、全球第二位的衍生品交易市场。

伦敦国际金融期货期权交易所 2004—2007 年的年平均增长率超过 18%。市场的流动性和电子交易是其快速增长的两个主要原因（自动的电子交易更为简便，并以低廉的价格完成远程交易）。此外，健全的法规也起了很大作用，世界各地的监管机构也已认可这些复杂且有长期历史的产品用于投资的好处。因此，NYSE 电子化交易情况值得关注，其监管规程对中国自动化交易也有着重要的参考意义。

（2）自动化交易基本监管指引

LIFFE 的自动化交易业务主要集中在衍生品市场。伦敦国际金融期货期权交易所由于在同欧洲期货期权交易所（Eurex）的竞争过程中失掉大量市场份额，在 1998 年放弃了人工交易策略，转而开发自己的衍生品交易系统 LIFFE CONNECT。1999 年，系统上线提升了其竞争水平。2001 年 12 月，泛欧证券交易所收购伦敦国际金融期货期权交易所后，到 2003 年初所有关联交易所的衍生品交易都统一迁移到 LIFFE CONNECT 上进行。

欧盟金融工具市场法规（MiFID）是欧盟在 2004 年颁布的法规，其目的在于将欧盟众成员国之间的证券业、银行业和其他金融交易领域的规则加以统一，并于 2007 年 11月正式生效。根据 MiFID 的规定，欧洲市场运营商必须持有表明其可以在欧盟监管市场运营的执照。而监管市场的清单由欧洲证券及市场管理局（ESMA）管理。同时，这些运营商也可以在不是严格属于欧盟"监管市场"的平台经营。

NYSE Euronext 受到具有成熟市场的监管机构的管辖。各国家监管机构于 2010 年 6 月 4 日达成协议（谅解备忘录）。该协议构成了 NYSE Euronext 的监管机构和所在市场协调统一的框架。在 MoU 的框架内，NYSE Euronext 的监管机构与所在市场的监管达成一致。NYSE Euronext 的各监管机构代表组成监管委员会，定时召开大会，以此形式探讨在推进共同利益和促进各自国家监管机构统一方面的协调。

NYSE Liffe 的基本监管原则是：要求所有市场参与者在其自动交易系统或算法导致交易具有明显违背交易规则的迹象时，要中止使用这样的系统或算法，直到这种明显违背的原因被识别和纠正。

NYSE Euronext 在市场运行方面维持高度的一致性，采用统一的规则手册管理该交易所在所有受监管市场（包括衍生市场）上的一切交易。这本规则手册包含了相关的统一规则和地方性规则，这本手册可以在其网站上访问。

手册主要是统一规则，针对保护市场的目的，主要包含了在上市、交易和成员资格等方面，规则应该怎样执行以及破坏规则的惩罚。手册 II 主要包括 NYSE Euronext 涉及的欧洲市场中各个不同地区中还没有被统一的规则。目前，比利时、法国、挪威、葡萄牙和英国的监管机构都通过了 NYSE Euronext 的规则。

LIFFE 的自动化交易主要遵照纽交所发布的《自动化交易规程 1000—1004》（*NYSE – Automatic Executions*，*Rules* 1000—1004）。该规程主要从自动化交易、自动化交易执行、自动化执行特征、应用标记性测试、买少卖多及止损单选择等方面对自动化交易过程进行了规范。反映的主要规则如表 5 所示。

表 5　　　　　　　　　　　　　LIFFE 自动化交易基本规则

基本规则	解释	具体措施
对自动化交易限定	对自动化交易条件和规模进行了限定	订单达 100 万股时可以自动化交易。交易所可以将自动化交易的订单规模增至 500 万股，但须确保安全，并提前通知市场参与者。交换系统能接受的最大订单额度为 2 500 万股，场内经纪人系统（Floor Broker Systems）可接受最大订单额度为 9 900 万股
自动化交易即时报告原则	自动化交易订单接受交易命令后立即执行，反映在交易所公布的行情，并作为交易所交易立即报告	场内经纪机构的股权（"e‑quotes"）、场内经纪人专有文件的股权（"g‑quotes"）、DMM 股权（"s‑quotes"）等参与自动化交易的订单应及时报告
流动性补偿点	这是指做市商在向市场提供流动性时所要求的回报。做市商为弥补其向市场提供流动性而遭受的损失，往往对流动性补偿要求比较大	给出了流动性补偿点的具体计算规则

续表

基本规则	解释	具体措施
资本承诺计划	对于注册的每个证券，DMM 单元将在交换系统内放置一部分流动资金池，填充或部分填充即将到来的自动化交易订单，此被称为"资本承诺计划"（CCS）	CCS 是 DMM 单元对于在某个指定的价格点交易特定数量股票的交易承诺，CCS 股权应在交易所 BBO 进行交易，价格比交换 BBO 和在境外外汇 BBO 价格更佳。CCS 股权应补充 Display Book 中的 DMM 股权
自动化扫单	在交易所 BBO 外部执行订单自动化交易（扫单）	给出了自动化扫单的具体流程，通过扫单的方式完成客户指令单
非市场化行权	"非市场化"意味着交易股权（即显示和非显示），是在高于目前的交易标的价格（但低于目前的汇率报价）或低于目前的汇率报价（但高于目前的交易标的）包括在其他市场中心更优的出价	如果传入股权被订单簿上的所有股权充分执行，CCS 股权与非市场化股权交易将改善交易所 BBO

2. 欧洲期货交易所交易规则的修订条例。欧洲期货交易所交易规则的第五版修订条例由其交易委员会于 2013 年 9 月 27 日决定，在 2013 年 10 月 1 日生效。其中包含如下算法的订单和交易算法的识别内容。

（1）交易参与者必须标记在证券交易法令中 §33 para. 1a 描述的通过算法交易的订单和报价，确定在每一种情况下的交易算法。这也适用于订单通过订单路由系统发送的事件。

（2）当订单或报价进入 Eurex 交易所的电子数据处理系统时必须标记。当算法给出的订单或报价进入 Eurex 交易所的电子数据处理系统时，当这样的订单或报价被修改或删除时，在每一种情况下的交易算法必须被识别。产生的订单或报价的标注和被用在每种情形下的交易算法的识别必须被 Eurex 交易所的电子数据处理系统的合适的输入选项来处理；产生的订单或报价的标注和被用在每种情形下的交易算法的识别必须是可理解的、明确的和一致的；交易算法必须通过设置完整的自动化决策过程来识别，于此，进入 Eurex 交易所的电子数据处理系统的订单或报价的录入或修改、删除得以实现。

（3）欧洲期货交易所管理委员会发布关于标记和识别的结构和格式的进一步规定。

欧洲期货交易所对于德国 HFT Act 法案关于过多使用系统费、订单/贸易比、交易算法的标识，通过 circular 的方式给出了具体的指标，并引入了过多使用系统费和订单/贸易比，它们都从 2013 年 12 月 1 日生效。

①订单/交易比。在未来，Eurex 德国和 Eurex 欧洲期货交易所的交易规则将包括订单/贸易比例规则。这个比例将在产品的基础上定义。它将被用来度量一个月以上的每笔交易参与者和产品。

②过多使用系统费（ESU 费）。目前，欧洲期货交易所正在修订其正在使用的交易限制方法，为的是将来对额外的系统使用收费。欧洲期货交易所将接近那些超过目前适用的交易限制、在未来减少限制超出的参与者。对于订单/贸易比率和过多的系统使用费的门槛值的测定，欧洲期货交易所和交易所监管局密切对话。

③交易算法的标识。德国的高频交易法案要求交易参与者标识每个由算法生成的订单。这个要求在法案生效后的前 6 个月不会实施。计划下次颁布，以为交易参与者提供一个额外的可选空间。同时，关于这个问题，欧洲期货交易所目前正与交易所监管局和参与者为了讨论一个识别方法的具体要求密切接触。

2013 年 10 月 23 日，欧盟同意取消了对 HFT 交易订单 500 毫秒的撤单率，欧洲议会已经取消保荐准入，并且声称将自己的订单借助别人的交易代码传入市场具有一定的风险。

五、其他地区自动化交易监管政策

（一）国际证监会组织关于高频交易的研究

2011 年 7 月，针对主要技术和市场发展带来的风险，IOSCO 发布了《科技变革导致的市场状况和风险》（*Technological Challenges to Effective Market Surveillance Issues and Regulatory Tools*）报告，讨论了因技术进步而衍生直接、间接的重要改变，涉及算法交易（Algorithmic Trading）、市场细分及暗流动性（Market Fragmentation and Dark Liquidity）、直接电子接入（Direct Electronic Access，DEA）、共址（Co‑location）、最小升降幅度大小（Tick Size）及费率结构（Fee Structure），以及高频交易发展对市场的影响。

针对算法交易和高频交易，IOSCO 为各国资本市场提出了建立监管框架的参考建议。IOSCO 建议主管机构基于所辨识出问题的程度及规模、影响市场及参与者等情况，采取适当的措施来解决风险，具体包括交易商、交易所、市场结构三方面。

1. 对证券交易商。IOSCO 建议主管机构应考虑对算法交易和高频交易采取新的监管要求，特别是那些算法交易和高频交易已占较大比例的市场。监管要求包含压力测试、新算法审核、对大量委托（High Order Entry）及撤单（Cancellation）的课税或收费。具体建议如下：

（1）交易场所的非中介会员（Non‑intermediary Members）应受主管机构注册或授权的限制。

（2）重新评估对下列的利益冲突管理是否有效：一是投资公司同时进行顾客服务活动与自营交易；二是交易参与者持有交易场所的股份。

（3）重新审视现行交易前中介机构风险管控的要求，评估中介机构是否适合今日的高速市场，对于未有交易前风险控制的 DEA 客户（即无审核通路）禁止交易。

（4）评估对高频交易者、算法交易者是否要提供特定形式的压力测试，以及新算法的内部签核作业。

2. 对交易所。

（1）考虑市场是否应明确相关交易管控机制，如委托单输入控制、断路措施、涨跌幅限制等，统一规定交易所是否可各自设计管控机制。

（2）考虑市场间是否应有共同的交易取消措施，以确保对突发的激烈价格波动有一致的应对对策，交易取消措施应与委托单输入控制、波动控制相一致。

（3）要求市场基础建设运营者进行压力测试，确保交易系统能应对市场异常交易活动。

（4）考虑是否要求市场运营者提供适当的测试环境，供参与者进行算法压力测试。

（5）衡量注册做市者是否应受强制要求，以确保其提供可行的流动量支持，考虑做市者的明确定义及限制无成交意向报价单（Stub Quotes）。

（6）衡量对大量委托及撤单进行课税或收费。

（7）考虑采用最小升降幅度（Minimum Tick Sizes），以及委托最小停留于委托簿时间（Minimum Order Book Resting Time）。

3. 针对市场结构。

（1）考虑禁止闪电交易（Flash Order，即下单或删除速度极快的委托类型）。

（2）考虑各市场结构的需求，提升市场监管水平。市场主管机构应装设实时委托监控工具，辨识交易形态，避免不正当的交易行为。措施包含采用整合审计追踪（Consolidated Audit Trails）、大额交易申报（Larger Trader Reporting Requirements），以及交易者标识（Entity Identifiers）或算法/高频交易委托标示等。

针对算法交易和高频交易，《科技变革导致的市场状况和风险》报告旨在协助监管者辨识科技发展的影响及其带来的监管议题，推动全球监管者以一致的方式应用科技发展带来的交易方式转变，减少它们对市场一致性与效率造成的风险。

（二）澳大利亚对自动化交易的监管

2013 年，澳大利亚证券投资委员会（Australian Securities and Investment Commission, ASIC）在监管澳大利亚金融市场的主要法规《市场规范法规》中，增加了针对高频交易的新规则，并于当年 8 月 12 日正式发布针对"暗池"和高频交易的《市场规范法规》2013 年修订版（9 个月后生效）。该法规的修改遵循了广泛的业内咨询意见，旨在改善交叉盘系统的透明度和完整性，加强市场监管，杜绝市场操纵行为。

在本次法规修订中，对高频交易中普遍存在的过量信息、市场噪音、操纵交易问题，提出三条修订建议。

1. 小短订单（针对过量信息和市场噪音）。建议《市场规范法规》中增加新规，要求少于 500 美元的小订单在提交至交易平台的 500 毫秒内禁止取消或修改。但最终法案中不包括此条修订内容，ASIC 表示虽然本次未增加这项规则，但其会继续监管这一方面。

2. 订单交易比（针对过量信息和市场噪音）。建议在相关指引中增加规定，要求市场参与者认真考虑订单交易比，重视订单交易比对自动化订单处理系统交易市场的影响，并予以解决。

3. 操纵交易（针对操纵交易问题）。当订单或金融产品价格出现错误时，市场管理者需要考虑以下情况：订单提交频率、各订单大小、订单被修改和取消的频率。

发布指引明确市场操纵活动范围、可能暗示操纵活动的情况、影响市场效率和规范的交易策略。

（三）东京国际金融期货交易所

东京国际金融期货交易所（The Tokyo International Financial Futures Exchange，TIFFE）成立于1989年4月，为日本金融期货市场提供交易平台、中心交易对手、结算交割等服务，主要交易金融期货、期权、利率调期和复合型衍生产品。

TIFFE 使用全自动计算机交易系统（Fully 123 Automated Computer Trading System，FACTS）处理买单与卖单的输入及撮合程序、执行交割程序及提供实时数据给会员。这套系统使会员可透过自己的计算机终端机执行下单指令，并在买卖单撮合后，立即收到交易确认单。若会员发生违约时，TIFFE 将代替违约会员进行交割，降低会员暴露的信用风险。TIFFE 提供结算系统，并由 TIFFE 作为买卖双方的交易对手，以保证交割的进行。每一个结算会员必须在 TIFFE 指定的清算银行开设日元及美元账户，以利于保证金的结算。各清算银行通过中央银行的金融网络系统（Financial Network System）进行资金的移转，由于 TIFFE 是中心交易对手，因此所有会员的资金结算移转对象皆是 TIFFE。TIFFE 会员可通过与交易所联机得到实时交易信息。另外，不论是会员与否，皆可得到实时的市场信息。

在期货市场中，市场的可信度是建立在保证金制度、每日洗价制度与安全且稳定的计算机系统之上的。对 TIFFE 而言，其会员大多为世界主要金融机构，更增加了市场的信赖度。一旦发生会员违约，TIFFE 通过保证金制度、会员与客户账户分离及损失赔偿基金（Loss Compensation Fund）的方式来减少损失。TIFFE 的基本监管原则如表6所示。

表6　　　　　　　　　　　　　　　TIFFE 基本监管原则

原则	举措
会员资格的要求	所有的 TIFFE 会员必须具有一定的财力条件、专业知识及期货交易经验，另外还必须定期提交财务报表至交易所
每日洗价	所有未平仓的合约皆需以每日的结算价来重新计算其价值，此举的目的在于避免会员累积过多的损失

续表

原则	举措
TIFFE – SPAN 保证金系统	TIFFE – SPAN 是一套由 TIFFE 以 SPAN 为基础而发展出来的保证金系统。这套系统可根据会员及其客户的部位作投资组合分析，借以估计出会员的风险及可能发生的最大损失。通过这套系统，可使 TIFFE 及其会员完全认知到潜在的市场风险，并使 TIFFE 有能力处理会员违约的情形
会员与客户资金分离存放	为了保护投资人的权益，TIFFE 要求会员必须将客户的资金与其本身的资产分开存放，如此可保护客户的保证金不会因会员违约而遭受损失
违约损失赔偿基金	若结算会员违约，则交易所将会清算违约会员的部位。在清算过程中所产生的损失，由违约会员的保证金来支付，若不足，则动用损失赔偿基金（Loss Compensation Fund）来支付。至于违约会员的客户部位，可由客户自行决定要移转至其他结算会员或进行清算
市场监视	为了维护市场的公平，TIFFE 成立了市场及交易部门（Market and Trading Section），负责实时的市场监视作业，避免不公平或非法的交易或下单情形发生，及检查会员的头寸，以维持市场的透明度及公平性
会员检查	TIFFE 设有检查部门负责检查会员的运作情形，包括下单的执行、会员保证金的处理、是否遵循金融期货交易法的规范及 TIFFE 的规定。该部门会给予会员适当的指导，并将检查结果向主管机关报告
下单的价格及数量限制	为了避免会员因输入错误的价格或数量而遭受损失，TIFFE 的交易系统在买卖单超过某一价格或数量时，将会停止执行这张单子的撮合

（四）新加坡交易所集团

新加坡交易所（SGX）于 1999 年 12 月 1 日正式成立，由两个备受尊重的金融机构——新加坡证券交易所（SES）和新加坡国际金融交易所（SIMEX）合并而成。新加坡交易所是亚太地区首个集股份制、综合证券及衍生品交易于一体的交易所，并在自己的交易所上市。交易所的股票是诸如 MSCI 新加坡自由指数和海峡时报指数（STI）等基准指数的组成部分。新加坡交易所旨在为资金募集、风险转移、交易、清算和结算提供一个可高度信赖的、全面高效的证券及衍生品交易市场。新加坡交易所支持商品期货和诸如远期运费合同与石油掉期交易等在内的场外交易（OTC）的交易与清算。通过与世界其他交易所的战略联盟和交流，新加坡交易所将继续成为亚洲市场门户。

新加坡商品交易方式分为两种：经纪人报价成交方式和直接网上报价方式。包括现货贸易商，若希望在新加坡从事橡胶贸易，则必须申请成为交易所的会员。会员分为结算会员和非结算会员。结算会员 16 家，其余都是非结算会员。结算会员必须在交易所有 200 万新加坡元的保证金，为交易风险提供担保。非结算会员必须通过结算会员才能从事期货业务；中化国际贸易股份有限公司是中国唯一一家结算会员。世界上著名的轮胎生产商米奇林和普里斯通公司等是其董事单位和结算会员。

在新加坡证交所正式上市的证券交易分为两类：第一类的交易应该在结算合同和即期交割的基础上进行（月内签订的合同应该在每月最后一个交易日进行交割）；第二类证券的交易在签约日后的第一个交易日即可进行。交易所还设立了一个由电脑控制的中央票据交结所。全部会员公司可通过该交结所进行交易，借此可消除会员公司之间的临时股票交割，从而加速交易进程，并降低运作管理成本。

新交所目前有两个主要的交易板，即第一股市（Mainboard）及自动报价股市（The Stock Exchange of Singapore Dealing and Automated Quotation System，SESDAQ）。自动报价股市成立于1989年，至今已有近30年的历史。它的成立宗旨是要提供具有发展潜力的中小型企业到资本市场募集资金的一个渠道，自动报价股市成立之初，只开放给新加坡注册公司申请上市。自1997年3月起，新交所进一步将它放给外国公司。所以，现在不论是新加坡本地公司或外国公司都可以申请在第一股市或自动报价股市上市。

新交所具有一线监管机构和商业机构的双重身份，也面临着机关机构的责任和商业性的目标之间的冲突，也就是监管冲突。新加坡证券期货法赋予了新交所的董事会和管理层维护有效市场管理和解决冲突的法律上的义务。董事会安排的监管冲突委员会（RCC）负责保证新交所监管职能资源的数量和质量、决策制定程序的稳健性和鉴定处理监管冲突。例如，新交所的纪律委员会颁布的所有法规的豁免都要向公众和成员披露。这种透明度，保证了新交所在监管决策制定过程中，监管冲突的管理和全面监督的实施。

由于目前新交所自动化交易所占的比例非常低，其尚未公布有关自动化交易的相关规程，但是新交所具有较完善的风险管理体系。新交所在新加坡是作为监管市场和结算公司的前线监管者，与有关监管机构，如包括新加坡金融管理局（MAS）和刑事事务署（CAD）密切配合，制定和执行相应的规则和条例，以便建立一个持久的市场。新交所实时监管证券和衍生品市场中的交易和结算活动，当发现潜在的错误现象和非法交易行为时，立刻采取行动，监管原则见表7。

表7　　　　　　　　　　新加坡交易所集团（SGX）基本监管原则

监管原则	解释	具体措施
以信息披露为本	为所有上市产品提供有关的及时、精确、充分的信息披露	建立高标准判断上市产品是否适合目标市场；通过构建基础模块，使市场用户都能够获得公平、有序、透明的市场信息
全面风险管理	关注交易全过程，不仅是交易，还包括交易后的结算及交割活动	重点关注安全而高效的结算方式，通过全面的、集成的、可靠的方法，来管理参加交易与结算的成员和竞争对手的风险，以及与结算相关的其他风险

监管原则	解释	具体措施
基于风险的监管目标	优化配置监管资源，根据风险的具体情况为开发人员、赞助商和成员制定了不同的监管措施	根据管理程序和商业模式中的固有风险为所有成员建立相应的风险档案； 对于那些对构建公平、有序、透明的市场具有最大影响的事项，也会分配更多的监管资源
参照国际最佳实践	确保其对交易的规则和监管活动符合国际最佳实践	在追求监管效果的过程中，新交所需要维持国际公认的惯例和当地的需要和条件之间适当的平衡，并非采用机械的模仿方法，注重的是实质而不是形式性的规则
公开透明	新交所在其所有的监管业务都追求公开和透明，使其法定义务和公共利益相一致	除了法律规定的公众对规则修订的咨询，新交所咨询市场的用户，在适当的情况下，会建议引进新产品和新举措； 新交所网站发布市场用户就公共咨询的反馈、拥有一个上市规则豁免的公共登记册，并出版纪律委员会的决定理由

六、境外自动化交易监管总结及建议

（一）境外自动化交易的监管发展历程

自动化交易代表资本市场的重要发展趋势，美国、欧洲等国家和地区在自动化交易的监管上已积累一定经验，近年出台了 Reg SCI、MiFID Ⅱ监管法规，以及自律机构和交易所出台的报告和细则，它们从合规、风险控制、标准化、审计、质量控制等方面对自动化交易相关主体提出了要求。从国外对自动化交易监管的发展历程来看，是一个从无到有、逐步严格、逐步细化的过程，经历了从自愿到强制、从自律规范到监管法规、从核心到外围的发展。

以美国为例（见图 10），1998 年 SEC 制定 Reg ATS（Regulation Alternative Trading Systems），为电子交易平台等另类交易系统与传统交易所竞争打开了大门，催生了"暗池"等交易中心。2000 年后，美国市场开始采用十进制报价，最小报价单位缩小为 1 美分，使买卖报价价差进一步缩小，快速进行微小价差的抢先交易变得越来越重要，自动化交易进入快速发展阶段。2004 年，为建设一个更加公平、透明、互联互通和充分竞争的市场环境，SEC 公布了 Reg NMS 法案，要求所有电子交易所采用统一的跨市场交易规则互连，按照"最佳执行"的原则路由订单，具有技术优势的交易中心有机会获取更多的市场订单，交易所纷纷加强对技术系统的投入；同时，充分的市场竞争对交易所交易成本、交易量、市场份额、交易系统的容量、速度等技术性能产生重要影响，大大促进了自动化交易，特别是高频交易在美国的快速发展。近年，随着科技进步和自动化交易参与主体的增加，发生了"闪电崩盘""骑士资本交易系统故障"等对市场影响巨大的风险事件，监管机构认识到相关的监管制度和技术要求需适应市场上技术的发展，因此发布了 Reg SCI 等法规，希望建立一套能够应对技术进步带来的风险，提高市场鲁棒性、降低脆弱性的规则框架。

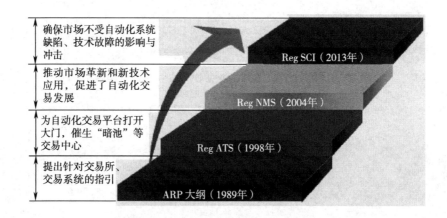

图10　美国自动化交易监管发展历程

近年，美国、欧洲和其他地区市场对自动化交易的监管提出的要求具有一些共性特征，归纳起来有以下几方面。

1. 对技术系统的要求。

（1）保证系统的稳定性。市场和机构的交易系统都应具备足够的稳定性以应对自动化交易带来的压力。一方面，要求交易系统必须具有足够的容量，能够及时处理高峰时大量的报单；另一方面，市场和机构需要建立业务连续性计划，当交易系统发生故障时能够及时恢复交易。

（2）增加交易过程中的技术控制措施。被监管市场应增加交易过程中的技术控制措施，以减少算法交易及高频交易对正常交易的影响，涵盖但并不局限于以下方面。

①设置报单时间的强制有效期。进入被监管市场交易系统的报单在一定时间内都是有效的，在此期间不允许被取消或修改。

②引入并优化"熔断机制"。当市场中某类金融工具价格在短时间内发生巨大变化，被监管市场应能够暂停该金融工具的交易，极端情况下甚至能够取消、修改或纠正交易。

③定义报单参数阈值。市场交易系统中应预先定义委托报单量和委托价格的阈值，拒绝超出阈值的报单。同时，市场交易系统还应能够对会员或参与者的未执行报单比率进行限制，在接近系统熔断极限时能够减缓报单流量。

（3）加强自动化交易系统测试。市场应加强自动化交易的测试，通过提供测试环境供会员或参与者对交易算法进行测试，以检验算法交易或高频交易系统是否会使市场产生混乱，并演练在自动化交易系统引发风险事件后的应对措施。

（4）规范市场直连，禁止"裸接入"，保证服务的公平性。市场应针对市场直连接入方式建立适当的风险控制标准，设置使用市场直连接入方式进行交易的阈值，并能够识别，并在必要时停止所有通过市场直连接入方式的交易，禁止为客户提供"裸接入"服务。市场提供联位服务时，必须是透明、公平和非歧视性的，对所有愿意使用联位服务的客户一视同仁。

（5）实施时钟同步。所有交易所与其参与者应实施时钟同步，以便在记录所有应报告事件时能够统一记录日期和时间。

2. 对交易报告与记录提出要求。从事自动化交易的机构每年向主管部门报告，内容涵盖交易策略描述、交易参数和系统限制信息、保证系统稳定性的合规性和风控措施、系统测试细节。从事自动化交易的机构应存放在所有交易场所报价和交易的审计记录，可随时提供给主管部门。

3. 对收费结构提出要求。市场应确保其收费结构（包括执行费、配套费、手续费返还等）透明、公平和非歧视性，不激发频繁改单、撤单或其他可能扰乱市场的交易行为。市场应对撤销报单征收比执行报单更高的费用，对撤销报单比使用高频交易策略的参与者征收更高的费用来反映对系统容量的额外压力。

从境外法规的研究可见，鉴于自动化交易的复杂性和市场主体的差异和个性化，并无一套放眼四海皆准的、详尽的技术指南。监管规则一般都是规范或指导法则，相当部分还是作为推荐性实施的方法论，对具体技术手段和参数的强制性要求较少，而且对于自动化交易的弊端还有相当部分的存疑。当前，有效的监管法规多是利用既有成熟的经验和技术，使用符合工业标准的方法，从总体上降低故障和风险发生的几率。随着对自动化交易认识的加深，相关监管法规还需进一步细化，以增加规则的完整性和可操作性。

（二）对我国自动化交易监管的建议

与发达国家资本市场相比，我国的自动化交易仍处于较低发展水平，主要集中在期货市场，股指期货在中国金融期货交易所上市后，市场上以套利交易为代表的自动化交易者才逐渐增多。但是，随着电子技术、互联网等科技的迅速发展以及在证券市场的快速应用，以及越来越多的交易品种和工具的开发，市场上自动化交易参与者势必大量增加，对监管也将提出更高要求。

境内，上海期货交易所发布了《关于〈上海期货交易所异常交易监控暂行规定〉有关处理标准及处理程序的通知》，中国金融期货交易所发布了《期货异常交易行为监控指引》，大连商品交易所发布了《期货异常交易管理办法》，规定了异常交易行为（包括由自动化交易产生）的标准和监管措施。证监会、沪深交易所、中金所和中登五方签署了《股票市场与股指期货市场跨市场监管备忘录》《股票市场与股指期货市场跨市场监管信息交换操作规程》《股票市场与股指期货市场跨市场监管反操纵操作规程》《股票市场与股指期货市场跨市场监管突发事件应急预案》，作为跨市场监管协作制度的具体落实。为加强自动化交易的统一监管，上海期货交易所发布了《关于做好自动化交易报备工作的通知》，要求会员单位报备自动化交易软件客户的相关信息。

国内市场自动化交易监管制度和风控技术水平仍然较低，光大证券"8·16"异常交易事件是自动化交易在风控制度不完善环境下发生的一次突发事件，不仅暴露出事发公司本身存在的问题，也反映出整个行业的内控、交易制度等还需进一步完善。我们应从中吸取教训，完善相关的风险控制、监管制度等措施，促进未来的自动化交易能够健康、规范发展。通过对国外自动化交易监管法规的研究，课题组对国内自动化交易监管提出以下建议。

1. 建立自动化交易行业技术监管规范。长期以来，我国证券期货业一直将信息安全工作作为行业信息化的核心工作，出台了信息系统安全和信息系统安全技术指引等多项规章，确立了行业技术安全的规则体系。针对自动化交易的潜在风险，我国可借鉴美国颁布 Reg SCI 的思路，在技术标准、职责划分、IT 治理等方面进一步完善行业技术的监管规范。

（1）建立针对自动化交易的行业技术标准。建立针对自动化交易的行业技术标准，检查核心机构的履职情况，在防范技术风险的同时，为市场主体建立责任的安全边界，制定管理规范。一是通过建立和完善过程管理规范，有利于促进行业核心机构构建 IT 风险管控体系、提高信息系统安全管理水平。二是有利于在发生技术故障时，认定相关机构的技术履职情况和承担的职责，并衡量相应的处罚程度。

（2）完善跨市场的数据共享和时钟同步机制。建立和完善跨市场的交易数据共享和时钟同步机制，便于日常的有效监控和事后分析。目前，四家期货交易所已实现向中国期货保证金监控中心报送实时交易数据。我国市场上在一定程度上建立了类似美国 CAT 的机制，但并未对内容进行审计。在交易技术快速发展的情况下，市场对交易、行情时间戳的精度要求也不断提高。若条件成熟，应考虑建立跨市场的时钟同步机制，为后续精确分析微观交易数据、处置跨市场异常事件提供基础。

（3）组建行家技术专家团队，提供故障处置决策和事后调查支持。借鉴美国证监会在处理市场异常事件中的做法，成立跨市场跨层级的行家专家团队。在应急处置和事后处理过程中吸收多角度的意见和建议，减少决策失误的风险；参与事后调查，出具分析报告。

2. 加强交易所层面的自动化交易风险管理。

（1）发布明确的自动化交易管理规则。国内四大期货交易所都建立了异常交易监控指引，指引多针对交易行为是否对价格造成影响，但自动化交易中，市场操纵等异常行为的判定应以交易动机作为判定标准，即是否干扰交易系统、误导投资者、影响金融资产供求关系。交易所应借鉴海外市场经验，针对试探性指令、误导簇交易、引发动量交易、分层与欺诈交易等行为建立异常自动化交易行为判定的指标体系。

另外，各期货交易所的指引修订频率高，多面向会员单位进行窗口指导，与国外监管机构相比，交易所层面尚缺少统一、公开、规范的自动化交易管理规则。为适应自动化交易发展趋势，交易所需要建立新的风险管理体系，包括指令规模限制、断开取消、价格带、做市商保护、错单交易处理等新的风险管理制度。光大证券"8·16"事件使交易所错单交易处理制度的建设更为迫切。除防范直接接入下单风险外，整个市场大幅波动的风险管理措施也需要进一步完善，比如熔断机制、止损价格逻辑机制、价格带等。

（2）加强交易所系统建设，构建应急处置模式。自动化交易对交易所交易系统带来巨大压力，有必要进一步加强交易所的系统建设。增强系统容量应对自动化交易可能带来的海量报单，做好灾备系统和业务连续性建设。同时，研究应对自动化交易的技术手段和控制措施。

加强系统测试和演练，通过仿真系统和测试系统供市场进行策略测试，对各类自动化交易引发的危机事件建立应急处置模式。

（3）借鉴境外监管经验，从交易前风险控制、交易后报告、自动化交易系统安全三个方面建立操作细则。借鉴美国和欧洲的自动化交易监管法规，在交易前风险控制、交易后报告、系统安全等方面建立具有量化指标的操作细则。

交易前风险控制主要对自动化交易下单的规模和频率进行管控，涉及的内容包括准入机制、容量、信息与执行的限流阈、波动意识警报、自成交控制、价格波动带、最大订单规模、交易暂停、信用风险限制等。

交易后报告为事后分析服务，涉及的内容包括订单、交易和头寸报告，交易撤销或者策略调整报告，跨市场交易报告等。

自动化交易系统安全涉及的内容包括订单控制，有关对自动化交易系统的政策和程序的设计、检验和监管，自我认证和通知，自动化交易系统算法的确认，数据检验的合理性等。具体措施有：与订单位置相关的控制，设计、检验和监管 ATSs 的政策和程序，自我认证和通知，ATSs 和算法识别，数据合理性检查等。

（4）分析自动化交易行为，加强实时监控。我国自动化交易发展时间较短，与欧美等国相比，其交易行为特征存在区别。因此，交易所需分析国内市场自动化交易策略行为，总结出共性，建立自动化交易策略特征库，从而能够在实时监控中识别自动化交易并进行风险预警。

（5）加强自动化交易账户管理。为实施跨市交易账户的动态监管，阻止行为人利用程序化交易实施操纵，可以借鉴美国的做法，实施严格的自动化交易账户管理。以芝加哥商品交易所集团（CME）为例，其要求自动化交易单独注册 TAG50，保证对自动化交易进行专门的监管。通过专户（注册）管理，美国监管机构获得了证券市场自动化交易的整体情况，包括市场总体情况、发展趋势，为研究程序化交易在各种情况下对市场的影响准备了基本资料，提升了对自动化交易的识别、评估、监管能力，并且在后来的监管中可以取消部分逐渐失去意义的监管措施，并提出或完善其他有效的规定。独立账户有利于监管机构在市场发展阶段提前发现问题，保证其能够持续完善针对自动化交易的管理手段。

（6）完善会员端接入规范，建立违规处置原则，避免机构追求速度采取"裸接入"等违规行为。强制要求市场接入机构进行必要的交易前风险控制；完善现有的证券期货交易所交易系统接入许可，加强接入适应性测试。通过制定全市场统一的接入规范，有利于市场中介机构在管理客户特殊交易接入需求时有合理依据，在发生技术故障时明确责任认定和处罚标准。

3. 建立健全清算会员单位的自动化交易风险管理。

（1）加强对自动化交易软件的管理。具有多元化功能或是自主开发的自动化交易软件不断发展，给软件风险管理工作带来了更大的挑战。就目前情况来看，自动化交易软件缺乏统一的行业标准，其安全性、容错性和稳定性无法得到保障；同时，与交易所技术系统连接等相关系统测试也不够充分，缺乏合理的软件管理机制。加强会员单位对自动化交易软件的管理，不仅有利于自动化交易可持续发展，而且能在一定程度上减少给交易所技术系统带来的风险。

（2）规范对市场"直接接入"模式的管理。从光大证券"8·16"事件来看，类似直接接入下单模式已在中国资本市场出现，但与之相对应的风险管理制度还亟待完善。海外资本市场的发展历程表明，直接接入下单模式是控制风险与鼓励创新平衡的产物。对于交易所和结算会员而言，激烈的同业竞争迫使其为机构投资者提供更加快速的交易通道服务。

目前，大部分券商和期货经纪商对客户的指令采用非常严格的事前风险控制，只有券商的自营交易才有可能实现直接接入。尽管光大证券"8·16"事件暴露了直接接入模式隐藏的一些风险，促使监管机构加强了对直接接入模式的管理，但是从海外资本市场的发展来看，自动化交易和高频交易的发展会进一步增加直接接入的内在需求，会员单位只有建立和完善直接接入模式的风险管理体系，才能引导自动化交易的健康发展，发挥资本市场的功能。

（3）加强对机构投资者的风险管理。国内证券公司自营部门、基金公司、保险公司等机构投资者多具有自动化交易系统。国内现有在自动化交易商处建立的风险管理措施包括自动化交易备案管理、开立自动化交易编码等，为避免类似光大证券"8·16"异常交易事件的再次发生，应在自动化交易商处建立配套的风险管理制度，控制交易的规模和频率。对于信誉度较差、缺乏完善风险控制措施的机构投资者，其中也包括证券公司的自营业务部门，不允许其借用结算会员通道进行直接接入下单交易。同时，实时监控大机构客户的下单情况，对于异常指令及时进行询问，建立"一键暂停"制度，必要时终止相关交易。此外，还应建立指令规模限制、重复自动执行限制、实时核对等风险控制措施。

本部分对美国、欧洲和亚太等国家和地区对自动化交易的监管法规进行了梳理，并对我国监管措施的建立提出了建议，但随着技术进步和市场的发展，自动化交易的发展势必还会带来一些新兴的风险事件，上述国家和地区监管法规的研究也需要不断更新。此外，其他国家和地区对自动化交易监管也展开了广泛的研究，以加拿大投资行业监管组织（Investment Industry Regulatory Organization of Canada，IIROC）为例，其研究显示加拿大市场上平均每月都会发生个股崩盘事件，对这些现象背后的本质，以及建立有效监管规则的研究还在继续。我国的资本市场与国外资本市场在市场结构、交易制度和监管制度上都存在差异，如何将国外监管经验中国化也是未来研究的方向之一。

参考文献

［1］戴军．算法交易的历史与现状［R］．金融工程专题报告，2010.

［2］蔺捷．欧盟 MiFID Ⅱ 欧盟证券交易场所规制探讨［J］．证券市场导报，2013（4）：16-23.

［3］攀登，王逸哲，李文欣．暗池交易的发展及其启示［J］．证券市场导报，2013（3）：7-18.

［4］上海期货交易所"境外期货法制研究"课题组．德国期货市场法律规范研究［M］．北京：中国金融出版社，2007.

［5］上海证券交易所—南京大学联合课题组．算法交易对执行成本、市场质量以及交易系统的影响研究［R］．上海证券交易所，2010.

［6］徐广斌．自动化交易现状、影响与应对策略［J］．交易技术前沿，2013（3）：17-25.

［7］易鸣，李海生．美英股指期货监管模式的比较与借鉴［J］．经济纵横，2009（7）：33-43.

［8］中国证监会．关于程序化交易的认定及相关监管工作的指导意见［Z］．中国证监会，2010.

［9］Bennett，P. and L. Wei. Market Structure, Fragmentation, and Market Quality［J］. Journal of Financial Markets，2006（9）：22-44.

［10］Great Britain H. M. Treasury. A new approach to financial regulation：the blueprint for reform［M］. The Stationery Office，2011.

股指期货市场异常波动监测与风险防范

◎ 陈　云　王明涛[①]

摘要：本文以非参数化方法为理论基础，利用沪深 300 指数期货及现货 2010 年到 2015 年 5 分钟高频数据，研究了股指期货市场连续性与跳跃性波动之间的关系以及股指期货跳跃、交易行为对标的指数跳跃的影响。研究发现：股指期货当日跳跃次数与连续波动相互增强，相对于跳跃幅度，跳跃次数对连续波动的影响更大；股指期货同步及提前交易时段跳跃对标的指数跳跃有显著影响，且在熊市中影响更大；股指期货向上（向下）跳跃对标的指数向上（向下）跳跃有显著正向影响，且分别在牛、熊市更为显著。股指期货提前交易时段跳跃溢出效应主要来自其开盘后前 5 分钟，且具有递减效应；前一日延迟交易时段跳跃对标的指数开盘时段跳跃没有显著影响。股指期货非预期和预期交易量分别与股指现货跳跃发生的概率正相关和负相关；非预期交易量对股指现货跳跃的影响远大于预期交易量的影响；持仓量变化对股指现货跳跃的影响小于股指期货交易量的影响，股指期货提前交易时段非预期交易量及持仓量变化对指数开盘时段跳跃有显著正向影响，且在熊市中更显著。

关键词：股指期货　跳跃性波动　异常波动

一、中国股指期货市场连续性及跳跃性波动行为研究

（一）背景与意义

资产价格及其收益率波动的研究是金融领域的重点和难点问题之一。许多资产价格及其收益率的波动行为兼有连续性和跳跃性的特征，也就是说，在大部分时间内资产价格及收益率的变化较为平稳，显示出连续性的特征；但在某些较短时期内会发生大规模、大幅度的变化，称为跳跃性波动或跳跃行为（Andersen，2003）。尽管跳跃行为发生的频率很低，然而一旦发生却会对诸如股票、债券以及衍生品等市场带来巨大的冲击。由于跳跃性和连续性波动无论其性质还是成因都存在很大差异，因此研究其波动规律，

---

① 陈云，上海财经大学上海国际金融中心研究院副院长、教授。王明涛，上海财经大学金融学院教授。

对于资产配置和风险管理具有重要意义。

对于资产价格连续性和跳跃性波动行为的研究，识别与刻画资产价格跳跃行为以及资产价格波动的分解是基础。对资产价格跳跃行为识别的方法一般有两类：一是基于模型估计的参数化方法；二是基于高频数据的非参数方法。参数化方法（如以 ARCH 模型为基础的系列模型（Pan，1997；Maheu 和 McCurdy，2004）和以 SV 模型为基础的系列模型（Mahieu 和 Schotman，1999；Duffie，2000）有两个明显缺陷：一是不能将跳跃直接进行量化识别；二是无法对日内的跳跃特征进行刻画。非参数方法是基于高频数据，先估计出已实现波动率和波动率中的连续波动部分，然后用已实现波动率估计量减去连续波动的估计量，得到跳跃波动，如 Barndorff 等（2003，2004，2006）的二次幂变差理论、Andersen 等（2004）的相对跳跃统计量等，但这些非参数跳跃识别方法只能确定某一天是否发生跳跃，而无法确定发生了几次跳跃。Andersen 等（2010）建立了日内序列跳跃识别方法，用于识别日内多次跳跃。Lee 和 Mykland（2008）用价格对数收益率与瞬时波动估计的比值标准化后作为识别跳跃的统计量，设定统计量阈值来识别跳跃。

对资产价格波动建模常用的方法是 Corsi（2009）的 HAR – RV 模型。Corsi（2009）基于异质市场假说，用不同滞后期的已实现波动率代表三种不同异质市场驱动因素，通过线性模型构造已实现波动率自回归结构。虽然该模型能够刻画已实现波动率的长记忆特征，但没有区分连续波动和跳跃波动。Andersen 等（2007）将已实现波动率分解为连续部分和跳跃部分，并将跳跃波动作为解释变量加入模型中预测已实现波动率，研究发现可预测的波动主要来自连续性波动部分的长记忆性，跳跃波动对于波动率的解释能力较低。Bollerslev（2009）将收益率的滞后项加入波动率模型中，发现收益率与连续波动之间存在"杠杆效应"。Andersen 等（2007）应用 HAR – RV 模型分别从连续波动和跳跃波动两方面对美国证券市场进行建模和预测，发现 S&P 500 指数连续波动的日、周和月效应都是显著的，其跳跃波动的日效应也显著，跳跃间隔时间和跳跃大小都具有自相关性。

一些学者基于参数化方法，研究了资产收益率的跳跃特征及跳跃波动与资产收益波动之间的回馈效应。如 Bates（1991）利用 S&P 500 期货期权数据发现 1987 年股市崩盘期间跳跃次数存在系统性特征。Maheu 和 McCurdy（2004）、Daal 等（2007）发现条件跳跃强度依赖于历史跳跃强度，呈现自回归结构。Maheu 和 McCurdy（2004）发现跳跃行为对波动率具有回馈效应；Duan 等（2005，2006）发现波动率在跳跃行为中呈现回馈效应；Daal 等（2007）在其条件跳跃强度的自回归过程中考虑了波动率的回馈效应，应用 1997 年亚洲金融危机期间的样本进行实证，发现对于美国和大部分亚洲市场，考虑波动率回馈效应的跳跃模型能更好地解释资产收益的波动。

国内学者对我国股票市场和股指期货市场的连续波动和跳跃波动特征进行了一定的研究。如陈国进和王占海（2010）发现我国 A 股市场的连续性与跳跃性波动比美国市场具有更长的滞后相关性，存在显著的规模效应，不存在显著的杠杆效应。赵华（2012）发现中国股市的跳跃存在杠杆效应，跳跃对股市短期波动的影响较大，对长期波动影响较小。杨科和陈浪南（2010）发现跳跃对中国股市日、周和月的波动性存在显著影响。李洋和乔高秀（2012）发现我国股指期货市场连续波动自身的周效应及收益率的周规模效应对连续波动影响显著；连续波动对跳跃波动的周效应影响最大；跳跃等待时间间隔表现出持久性特征。陈浪南和孙坚强（2010）发现条件波动率与跳跃行为之间存在直接回馈效应，跳跃行为存在时变特征和集聚效应，条件波动率存在非对称效应和位移效应，非对称效应的程度因跳跃行为的发生而加剧或者减缓。

从上述文献可以看出，一些学者基于非参数化方法，分别对连续性与跳跃性波动进行建模和预测；一些学者在研究连续性与跳跃性波动时，除了考虑自身特征外，还考虑了总波动率、连续性波动与跳跃行为之间的回馈效应。这些对以后的研究具有重要参考价值。然而在上述研究中，多数文献仅考虑跳跃波动幅度，较少考虑波动强度（跳跃次数是跳跃波动的主要方面）；没有考虑同期连续波动与跳跃波动的相互影响；很少研究市场环境（牛市、熊市）对连续性和跳跃性波动的影响。一些文献在用非参数化方法建模时，采样频率偏高，可能会加大噪音，影响分析结果的可靠性。多数文献研究的是股票、债券及外汇市场的波动性，对股指期货的研究较少。随着我国股指期货市场的发展，研究我国股指期货市场的波动性特征具有重要意义。

（二）模型构建

本文以非参数化方法为理论基础，利用沪深 300 指数期货 2010 年到 2015 年的 5 分钟高频数据，分离出已实现波动率中的连续波动和跳跃幅度及跳跃次数时间序列，分别检验两种波动成分的统计性质、相互影响以及收益率对各种波动成分的影响效应。

随着高频数据可得性增加，非参数化方法得到了广泛应用。Lee 和 Mykland（2008）的方法不但可以识别一天之内发生几次跳跃，还可以识别跳跃方向、估计跳跃幅度的均值和方差，因此，本文拟采用 Lee 和 Mykland（2008）及 Barndorff 等（2003，2004，2006）、Andersen 等（2004）的非参数化方法对资产价格波动进行分解，得到资产价格的连续性波动和跳跃幅度及次数时间序列。模型的整体流程如图 1 所示。

图 1　模型流程

1. 已实现波动率及其分解。给定概率空间 (Ω, F_t, P)，其中 $\{F_t : t \in [0, T]\}$ 是市场参与者的一个右连续信息筛选集，P 是概率测度。设资产收益率为 $d\ln S(t)$，$S(t)$ 是 t

时刻的资产价格。当市场存在跳跃时，$S(t)$ 为如下过程：

$$\mathrm{dln}S(t) = \mu(t)\mathrm{d}t + \sigma(t)\mathrm{d}W(t) + \kappa(t)\mathrm{d}q(t), 0 \leqslant t \leqslant T \tag{1.1}$$

式中，$\mu(t)$ 是连续且方差有限的过程；$\sigma(t)$ 是严格为正的随机波动过程，样本路径右连续；$W(t)$ 是标准布朗运动；$q(t)$ 是泊松计数过程，$P[\mathrm{d}q(t) = 1] = \lambda(t)\mathrm{d}t$，$\lambda(t)$ 是泊松计数过程的强度，$q(t)$ 独立于 $W(t)$。$\kappa(t)$ 代表跳跃幅度，是一个均值为 $\mu_\kappa(t)$、标准差为 $\sigma_\kappa(t)$ 的独立同分布变量。

一段时间 $[0, T]$ 内的资产价格波动可以由二次变差（QV）度量：

$$QV = \int_0^T \sigma^2(s)\mathrm{d}s + \sum_{j=1}^N \kappa_j^2 \tag{1.2}$$

式中，$\int_0^T \sigma^2(s)\mathrm{d}s$ 为积分波动，表示收益率总体变差中的连续变化部分；$\sum_{j=1}^N \kappa_j^2$ 表示收益率总变差中的跳跃性波动；N 为 $[0, T]$ 时间段内股票价格跳跃的次数。

设均匀分布的离散时间点为：$0 = t_0 < t_1 < \cdots < t_M = T$，连续观察点的时间间隔 $\Delta t_i = t_i - t_{i-1} = T/M$，$\Delta t_i$ 时间段内的收益率为 $r(t_i) = \ln S(t_i) - \ln S(t_{i-1})$。

Andersen 和 Bollerslev（1998）定义已实现波动 RV：

$$RV_t(\Delta) = \sum_{j=1}^M r_{t_j}^2 \tag{1.3}$$

当 $\Delta \to 0$ 时，已实现波动一致收敛于二次变差 QV。

Barndorff 等（2004，2006）引入已实现二次幂变差（BPV），用于度量连续性波动。即

$$BPV_t(\Delta) = \mu_1^{-2} \sum_{j=2}^M |r_{t_j}||r_{t_{j-1}}|, \quad \mu_1 = \sqrt{2/\pi} \approx 0.79788 \tag{1.4}$$

当 $\Delta \to 0$ 时，无论是否存在跳跃，BPV 都是积分波动的有效估计量。这样，当 $\Delta \to 0$ 时，跳跃变差的估计值为

$$J_t(\Delta) = RV_t(\Delta) - BPV_t(\Delta) \to \sum_{0 < s \leqslant T} \kappa^2(s). \tag{1.5}$$

从理论上，J_t 必须取正值，因此进行如下处理：

$$J_t(\Delta) = \max[RV_t(\Delta) - BPV_t(\Delta), 0]. \tag{1.6}$$

Huang 和 Tauchen（2005）发现对数形式的跳跃变差比绝对值形式的跳跃变差更具有稳健性，其具体形式为

$$LJ_t(\Delta) = \log RV_t - \log BPV_t \tag{1.7}$$

Barndorff 等（2006）提出利用多次幂变差（MPV）来估计积分波动的值，经 Monte Carlo 模拟发现，当对数价格的波动中不存在跳跃行为时，多次幂变差估计积分波动比二次幂变差的效果更好。本文采用以三次幂变差（TPV），即

$$TPV \equiv \mu_{2/3}^{-3} \sum_{j=2}^M |r_{t_j}|^{2/3} |r_{t_{j-1}}|^{2/3} |r_{t_{j-2}}|^{2/3} \to \int_{t-1}^t \sigma_s^2 \mathrm{d}s. \tag{1.8}$$

其中：$\mu_p = 2^{p/2}\Gamma((p+1)/2)/\sqrt{\pi}, p > 0$

2. 日内跳跃的识别。根据 Lee 和 Mykland（2008），检验从 t_{i-1} 到 t_i 之间的 Δt_i 时间段是否发生跳跃，可以用 t_i 之前 $K-1$ 个短时间段的收益率计算出的二次幂变差作为 t_i 时刻瞬时波动 $\hat{\sigma}(t_i)^2$ 的估计量，然后用第 K 个短时间段的收益率与 t_i 时刻瞬时波动估计量 $\hat{\sigma}(t_i)^2$ 的比值作为检验统计量，检验 t_i 时刻是否有跳跃以及跳跃的大小[①]。检验 $t_{i-1} \sim t_i$ 之间是否发生跳跃的统计量 $L(i)$ 为

$$L(i) = \frac{\log S(t_i)/S(t_{i-1})}{\hat{\sigma}(t_i)} \tag{1.9}$$

其中：

$$\hat{\sigma}(t_i)^2 = \frac{1}{K-2}\sum_{j=i-K+2}^{i-1} |\log S(t_j)/S(t_{j-1})| |\log S(t_{j-1})/S(t_{j-2})| \tag{1.10}$$

根据 Lee 和 Mykland（2008），波动估计窗口的长度 K 既要保证足够长从而消除跳跃对瞬时波动估计值的影响，又要远小于总的样本观察数 n，当 $K = O_p(\Delta t^{\alpha})$ 且 $-1 < \alpha < -0.5$ 时，K 同时符合以上两个要求。Lee 和 Mykland（2008）建议在上述条件范围内的最小整数值是 K 的最优选择值。本文的数据频率为 5 分钟，因此选择的波动估计窗口长度为 54 个观测值，即 270 分钟，则选取 K 为 114。

如果检验时间没有发生跳跃，检验统计量 $L(i)$ 近似服从标准正态分布，否则 $L(i)$ 的值会很大，当该统计量大于一定的临界值时，就可以拒绝没有发生跳跃的原假设。

设 $K = O_p(\Delta t^{\alpha})$[②] 且 $-1 < \alpha < -0.5$，$\bar{A}_n$ 表示没有发生跳跃的时间段 i 的集合，当 $\Delta t \to 0$ 时，有

$$\frac{\max_i |L(i)| - C_n}{S_n} \to \xi \tag{1.11}$$

ξ 的累计概率分布函数为：$P(\xi \le x) = \exp(-e^{-x})$，

$$C_n = \frac{(2\ln n)^{1/2}}{c} - \frac{\ln\pi + \ln(\ln n)}{2c(2\ln n)^{1/2}}, S_n = \frac{1}{c(2\ln n)^{1/2}} \tag{1.12}$$

其中 n 是观察时间点总个数，$c = E|U_i| = \sqrt{2}/\sqrt{\pi} \approx 0.7979$。

当 $\frac{|L(i)| - C_n}{S_n} > \beta^*$ 时，拒绝没有跳跃的原假设，在 1% 的显著性水平下，$\beta^* =$

---

① 例如，如果样本观察数据频率为 $\{X_n\}$ $\Delta t = 5\text{min}$，$t_i = 10:05\text{a. m.}$，窗口长度 $K = 10$，那么跳跃检验统计量的分子是 $10:00\text{a. m.} \sim 10:05\text{a. m.}$ 的收益率，分母是用 $9:15\text{a. m.} \sim 10:00\text{a. m.}$ 之间的 5 分钟频率收益率估计出的瞬时波动。

② O_p 符号的意思是对于随机向量 $\{X_n\}$ 和非负随机变量 $\{d_n\}$，$X_n = O_p(d_n)$ 表示对于任意 $\delta > 0$，都存在一个有限的 M_δ 使得 $P(|X_n| > M_\delta d_n) < \delta$。

$-\ln(-\ln(0.99)) = 4.6001$；在 5% 的显著性水平下，$\beta^* = -\ln(-\ln(0.99)) = 2.9702$。将这一方法重复运用于一系列连续时间段 $[\Delta t_0, \Delta t_1, \Delta t_2\cdots]$，计算每一个观察时间段的检验统计量 $L(i)$ 值，可以检验每个观察时间段 $[\Delta t_0, \Delta t_1, \Delta t_2\cdots]$ 是否发生跳跃，以动态研究资产在整段时间的价格跳跃。

3. 连续性波动和跳跃性波动的获取。对于连续性波动，无论股价波动过程是否存在跳跃行为，二次幂变差都是它的一致估计量，多次幂变差则不具备这种性质，只有不存在跳跃行为时用多次幂变差估计的效果好于二次幂变差。本文获取连续方差的方法如下：利用跳跃检验统计量检验每日股价变动中是否存在跳跃行为，如果存在则用二次幂变差估计当日的连续方差；如果不存在跳跃行为，则用多次幂变差估计连续方差。

由于跳跃包括跳跃幅度和跳跃强度两个方面，因此在获取跳跃性波动时，本文采用如下方法：首先应用 LM 方法（Lee 和 Mykland，2008）检验每日股价变动过程中是否存在跳跃行为，如果存在，则利用跳跃变差计算跳跃幅度，并应用 LM 方法计算每日股价跳跃次数（跳跃强度）；如果不存在跳跃行为，则跳跃幅度及跳跃强度均为 0。

连续性波动（CV）与跳跃性波动（JV（JVV（幅度），JVS（强度）））变量的具体表达式如下：

$$CV_t = BPV_t \cdot I\left[\frac{|L(i)| - C_n}{S_n} > \beta^*\right] + TPV_t \cdot I\left[\frac{|L(i)| - C_n}{S_n} \leqslant \beta^*\right] \quad (1.13)$$

$$JVV_t = \begin{cases} sign(r_{t,k}: |r_{t,k\Delta}| = \max\limits_{j=1,2,\cdots,M} |r_{t,j\Delta}|) \sqrt{LJ_t}, & \dfrac{|L(i)| - C_n}{S_n} > \beta^*, \\ 0, & \dfrac{|L(i)| - C_n}{S_n} \leqslant \beta^* \end{cases} \quad (1.14)$$

$$JVS_t = \begin{cases} \text{日跳跃次数}, & \dfrac{|L(i)| - C_n}{S_n} > \beta^* \\ 0, & \dfrac{|L(i)| - C_n}{S_n} \leqslant \beta^* \end{cases} \quad (1.15)$$

4. 连续性波动模型的构建。考虑到连续性波动的日、周、月效应以及收益率对其影响的规模效应和杠杆效应，参考陈国进和王占海（2010）的连续波动模型（HAR - GARCH - RV），进一步考虑跳跃波动对连续波动的影响，本文构建如下连续性波动模型：

$$\log CV_t = \alpha_0 + \alpha_d \log CV_{t-1} + \alpha_w (\log CV)_{t-5:t-1} + \alpha_m (\log CV)_{t-22:t-1}$$

$$+ \sum_{j=0}^{n} \delta_j JV_{t-j} + \theta_1 \frac{|r_{t-1}|}{\sqrt{RV_{t-1}}} + \theta_2 I[r_{t-1} < 0] + \theta_3 \frac{|r_{t-1}|}{\sqrt{RV_{t-1}}} I[r_{t-1} < 0] + \varepsilon_t (1.16)$$

$$\varepsilon_t = \sqrt{h_t} u_t$$

$$h_t = \omega_0 + \omega_1 h_{t-1} + \omega_2 \varepsilon_{t-1}^2$$

其中：$u_t \overset{iid}{\sim} N(0, \sigma_u^2)$。变量 $(\log CV)_{t-k:t-1}$ 表示最近 k 日内对数连续性波动的平均值，即

$$(\log CV)_{t-k:t-1} = \frac{1}{k} \sum_{j=1}^{k} \log CV_{t-j} \qquad (1.17)$$

当 k 取值 5 或 22 时，系数 α_w 和 α_m 分别度量上一交易周和上一交易月对数连续性波动的平均值对当前连续性波动的影响，分别称为连续性波动的周效应和月效应。系数 θ_1 和 θ_2 分别度量上一交易日收益率的绝对值及正负对连续性波动产生的影响，称为规模效应和杠杆效应；θ_3 度量的是规模效应和杠杆效应的综合影响，称为综合效应。

5. 跳跃性波动模型的构建。考虑到跳跃波动的集聚性及连续性波动对跳跃波动的影响，参考陈国进和王占海（2010）及李洋和乔高秀（2012）的模型，本文构建如下跳跃波动模型：

$$JV_t = \delta_0 + \sum_{j=1}^{n} \delta_j JV_{t-j} + \alpha_0 \log CV_t + \alpha_d \log CV_{t-1} + \alpha_w (\log CV)_{t-22:t-1} + \alpha_m (\log CV)_{t-22:t-1}$$

$$+ \theta_1 \frac{|r_{t-1}|}{\sqrt{RV_{t-1}}} + \theta_2 I[r_{t-1} < 0] + \theta_3 \frac{|r_{t-1}|}{\sqrt{RV_{t-1}}} I[r_{t-1} < 0] + v_t \qquad (1.18)$$

其中：$v_t \overset{iid}{\sim} N(0, \sigma_v^2)$。$\theta_1$、$\theta_2$ 和 θ_3 分别度量上一交易日收益率对跳跃行为是否具有规模效应、杠杆效应以及综合效应。系数 α_d、α_w 和 α_m 分别度量上一交易日、上一交易周和上一交易月对数连续性波动的平均值对当前跳跃行为的影响；同样原因，当日连续波动可能对当日跳跃行为的影响，这里用 α_0 度量。

（三）实验结果及分析

1. 样本数据及说明。本文选取沪深 300 股指期货当月连续合约 2010 年 4 月 16 日到 2015 年 7 月 31 日间全部交易日的历史价格 5 分钟高频数据为研究样本。每个交易日包含 9:15 ~ 11:30、13:00 ~ 15:15（当月合约交割日时间段为 9:15 ~ 11:30、13:00 ~ 15:00）两个交易时段共 54 个数据，总计 69 263 个观察值。

不同市场行情下，沪深 300 股指期货的连续性波动和跳跃性波动特征可能不同。为此，将样本区间分为牛市和熊市期间，分别考察沪深 300 股指期货在不同市场行情下的连续性波动和跳跃性波动特征。

参考何兴强和李涛（2007）及陆蓉和徐龙炳（2004）的方法，本文将样本区间 2010 年 4 月 16 日—2015 年 7 月 31 日作如下划分：2010 年 6 月 29 日—2010 年 10 月 29 日、2012 年 12 月 3 日—2013 年 1 月 31 日以及 2014 年 4 月 1 日—2015 年 6 月 8 日划分为"牛市"；2010 年 4 月 1 日—2010 年 6 月 28 日、2011 年 3 月 1 日—2011 年 12 月 30 日、2012 年 3 月 1 日—2012 年 11 月 30 日、2013 年 2 月 1 日—2013 年 6 月 24 日及 2015 年 6 月 8 日—2015 年 7 月 31 日划分为"熊市"。其中，牛市包括 309 个交易日，16 615 个样本；熊市包括 571 个交易日，30 765 个样本。

数据来源为万德和天相投资数据库，数据处理采用 Matlab、Excel 和 Eviews 完成。

2. 沪深 300 股指期货连续性与跳跃性波动的描述性统计分析。图 2 描述了沪深 300 股指期货及其对数收益率在整个样本期内的时间序列。图 2 中显示对数收益率序列存在明显的波动聚集特征，即一个较大的波动会跟随另外一个较大波动；指数在大部分时间内运行较为平稳，显示出一定的连续性，但在某些个别时点股指也会有突变现象，即产生向上或向下的急剧变化，与之相对应的收益率表现出较大的波动（如图 2、图 3、表 1 所示）。

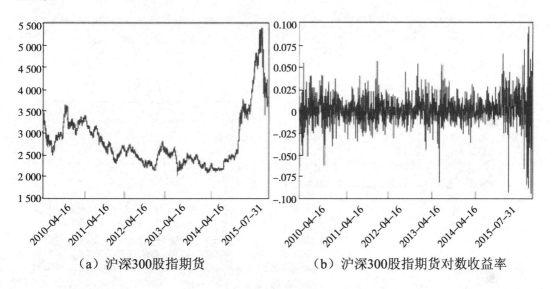

（a）沪深300股指期货　　　　（b）沪深300股指期货对数收益率

图 2　沪深 300 股指期货及对数收益率

表 1　　　　　　　　　　各种波动成分的统计指标

变量	均值	标准差	最小值	最大值	偏度	峰度
已实现波动	0.000262	0.000538	0.000231	0.008286	8.140605	84.86396
连续性波动	0.000222	0.000106	0.000000	0.001413	52.17375	5430.960
跳跃波动幅度	0.070811	0.290060	−1.424512	1.354410	0.874679	7.982094
跳跃波动次数	0.222222	0.500734	1.00000	4.000000	2.471643	10.01091

统计显示，在 1 286 个交易日内，沪深 300 股指期货发生跳跃的交易日占全部样本交易日的 18.5%，其中，发生多次跳跃的交易日占全部考察交易日的 3.03%。由此可见，在研究期间内，沪深 300 股指期货近 1/5 的交易日发生了跳跃，很小比例的交易日发生了多次跳跃，这表明跳跃行为是股指期货市场中存在的一种常见现象，交易日发生多次跳跃是稀有事件。类似于波动聚集现象，跳跃行为也会出现聚集现象，即在某些时段，跳跃次数会增多，跳跃的幅度也随之放大。

3. 续性波动模型的实证分析。运用极大似然法分别以跳跃幅度和跳跃次数为跳跃波动的代理变量对连续性波动方程进行估计，结果如表 2 所示。

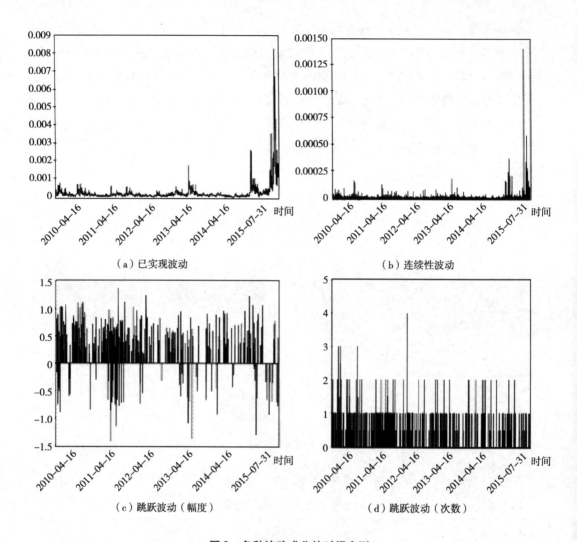

（a）已实现波动　　　　　　　　　　　（b）连续性波动

（c）跳跃波动（幅度）　　　　　　　　（d）跳跃波动（次数）

图3　各种波动成分的时间序列

表2　　　　　　　　　　全样本、不同行情下连续性波动方程估计结果

	全样本		牛市行情		熊市行情	
	以跳跃幅度计量跳跃波动	以跳跃次数计量跳跃波动	以跳跃幅度计量跳跃波动	以跳跃次数计量跳跃波动	以跳跃幅度计量跳跃波动	以跳跃次数计量跳跃波动
系数	估计值	估计值	估计值	估计值	估计值	估计值
α_0	− 0. 4505 **	− 0. 8008 ***	− 0. 8359	− 0. 7970	− 1. 0156 **	− 0. 9546 ***
	（0. 2272）	（0. 2521）	（0. 4586）	（0. 4498）	（0. 4203）	（0. 3308）
α_d	0. 2323 ***	0. 3323 ***	0. 2154 ***	0. 4050 ***	0. 1418 **	0. 3004 ***
	（0. 0378）	（0. 0365）	（0. 0691）	（0. 0708）	（0. 0648）	（0. 0660）
α_w	0. 4562 ***	0. 4216 ***	0. 5018 ***	0. 4114 ***	0. 5312 ***	0. 4809 ***
	（0. 0665）	（0. 0623）	（0. 1201）	（0. 1065）	（0. 1021）	（0. 0915）

续表

	全样本		牛市行情		熊市行情	
	以跳跃幅度计量跳跃波动	以跳跃次数计量跳跃波动	以跳跃幅度计量跳跃波动	以跳跃次数计量跳跃波动	以跳跃幅度计量跳跃波动	以跳跃次数计量跳跃波动
系数	估计值	估计值	估计值	估计值	估计值	估计值
α_m	0.2777 ***	0.1860 ***	0.2059 **	0.1193	0.2360 ***	0.1428 **
	(0.0540)	(0.0505)	(0.0982)	(0.0843)	(0.0887)	(0.0749)
δ_0	0.5281 ***	0.5717 ***	− 0.1939 ***	0.6033 ***	0.3410 ***	0.5193 ***
	(0.0524)	(0.0347)	(0.0710)	(0.0577)	(0.0653)	(0.0478)
δ_1	− 0.3625 ***	− 0.1408 ***	− 0.1121	− 0.1673 **	− 0.1173	− 0.1261 ***
	(0.0662)	(0.0394)	(0.1025)	(0.0665)	(0.0803)	(0.0567)
δ_2	− 0.0035	0.0490	0.0628	− 0.0061	− 0.1399	0.0472
	(0.0607)	(0.0327)	(0.1089)	(0.0616)	(0.0832)	(0.0476)
δ_3	− 0.0112	0.0103	0.1302	− 0.0382	0.0238	− 0.0522
	(0.0637)	(0.0297)	(0.1225)	(0.0638)	(0.0851)	(0.0415)
θ_1	0.1488 ***	0.1540 ***	0.1025 ***	0.0847 ***	0.1692 ***	0.1682 ***
	(0.0388)	(0.0352)	(0.0298)	(0.0288)	(0.0656)	(0.0602)
θ_2	0.0059	0.0166	0.0228	0.0190	0.0227	0.0525
	(0.0536)	(0.0489)	(0.0914)	(0.0873)	(0.0906)	(0.0821)
θ_3	− 0.0033	− 0.0437	0.0182	0.0347	− 0.0492	− 0.1490
	(0.0554)	(0.0497)	(0.0848)	(0.0852)	(0.0886)	(0.0760)
ω_0	0.1809	0.0037	0.0321	0.1045	0.1791 **	0.2938 ***
	(0.1190)	(0.0029)	(0.0204)	(0.0694)	(0.0760)	(0.0761)
ω_1	0.0456	0.0294	0.1075 ***	0.0918 **	0.1669 ***	0.1978 ***
	(0.0272)	(0.0091) ***	(0.0397)	(0.0368)	(0.0540)	(0.0575)
ω_2	0.4592	0.9608	0.8215 ***	0.5854 **	0.4234 **	− 0.0165
	(0.3456)	(0.0164)	(0.0675)	(0.2352)	(0.1915)	(0.2054)
R^2	0.5946	0.6509	0.5681	0.6710	0.5806	0.6610
L	− 1153.43	− 1050.79	− 381.09	− 331.32	− 541.19	− 486.01

注：＊＊＊和＊＊分别表示在1%和5%的显著性水平上显著，L为对数似然值。括号内数据为标准误。

从表2可以看出，第一，无论是以跳跃幅度还是以跳跃次数计量跳跃波动，上一交易日、交易周和交易月内的平均连续性波动都对当日连续性波动产生显著影响。连续波动的日效应、周效应和月效应的系数均在1%的显著性水平上显著，且三个系数值之和大于90%，这表明连续波动具有较强的自相关性。其中，周效应的估计值和显著性最高，表明连续波动对于周平均波动率的记忆性最强，月效应或日效应其次。这一结论与李洋和乔高秀（2012）的研究结果基本一致。第二，在收益率对连续性波动的影响方面，规模效应系数 θ_1 具有显著性（1%显著性水平），而杠杆效应与综合效应均不显著，说明投资者更为关注收益率在暴涨暴跌后带来的投机机会，而较少关注收益率的方向性变化。第三，无论跳跃波动是以跳跃幅度还是跳跃次数计量，跳跃波动对连续波动的影响系数 δ_0 和 δ_1 均在1%的显著性水平上显著，而系数 δ_2 和 δ_3 不显著，说明当天和上一日的跳跃波动对连续波动都具有很强的解释或预测能力，滞后2阶以上的跳跃对连续性波动没有影响，这说明跳跃性波动对连续波动的影响是短期的，不具有长期记忆性。但值得注意的是，当天的跳跃波动会显著增大连续波动，而滞后1阶的跳跃波动会降低连续波动，但当天跳跃波动对连续波动的影响明显大于上一日跳跃波动的影响（系数 δ_0 显著大于 δ_1）。这些充分验证了本文连续性波动模型构建的正确性。第四，从总体上看（R^2），以跳跃次数计量跳跃波动时，跳跃波动对连续波动的解释与预测能力更强，说明以跳跃次数计量跳跃波动更具有优势。

从表2还可以看出，第一，无论是以跳跃幅度还是以跳跃次数计量跳跃波动，也无论是牛市还是熊市，连续波动的日、周效应都很显著；月效应在熊市及牛市中以跳跃幅度计量跳跃波动时显著，在牛市中以跳跃次数计量跳跃波动时不显著。相对而言，连续波动的周效应最为显著，这与全样本情况下相同，且在熊市中影响更大（α_w 系数）；月效应在熊市中更为显著，说明熊市对连续波动更具有长期记忆性（在下跌行情中更容易下跌）。第二，无论是以跳跃幅度还是以跳跃次数计量跳跃波动，也无论是牛市还是熊市，收益率规模效应（系数 θ_1）都具有显著性，而杠杆效应与综合效应均不显著，说明投资者无论牛熊市，都更为关注收益率在暴涨暴跌后带来的投机机会，而较少关注收益率的方向性变化。第三，无论是牛市还是熊市，也无论是以跳跃幅度还是跳跃次数计量跳跃波动，当天的跳跃波动对连续波动都具有显著的解释能力。除牛市行情中，以跳跃幅度计量跳跃波动时，跳跃波动会降低连续波动外，其他情况下当天的跳跃波动都会显著增大连续波动。上一日的跳跃次数显著降低连续波动，跳跃幅度对连续波动无显著影响，这也说明期货市场跳跃次数更能反映跳跃波动的特征。尽管其他情况下，上一日的跳跃波动对连续波动的影响不显著，但从系数 δ_1 的符号看，滞后1阶的跳跃波动会降低连续波动。第四，从总体上看（R^2），无论牛市还是熊市，跳跃次数对连续波动的解释与预测能力都优于跳跃幅度。另外，连续性波动模型解释与预测能力在牛熊市行情中没有太大差异。

4. 跳跃性波动模型实证分析。分别以跳跃幅度和跳跃次数为跳跃波动的代理变量对跳跃性波动方程进行估计，结果如表3所示。

表3　　　　　　　　　　全样本、不同行情下跳跃性波动方程估计结果

	全样本		牛市行情		熊市行情	
	以跳跃幅度计量跳跃波动	以跳跃次数计量跳跃波动	以跳跃幅度计量跳跃波动	以跳跃次数计量跳跃波动	以跳跃幅度计量跳跃波动	以跳跃次数计量跳跃波动
系数	估计值	估计值	估计值	估计值	估计值	估计值
δ_0	−0.3222 (0.5160)	0.3517 (0.4026)	0.3668 (0.9155)	0.0995 (0.7869)	0.7688 (0.8858)	1.3536 (0.7162)
δ_1	0.1382 (0.1161)	0.1681 *** (0.0639)	0.3691 (0.2665)	0.0008 (0.1115)	−0.0481 (0.1780)	0.0969 (0.1039)
δ_2	−0.1013 (0.1050)	−0.0546 (0.0510)	0.0625 (0.1530)	0.0088 (0.0975)	−0.0607 (0.1295)	−0.0278 (0.0748)
δ_3	0.2494 ** (0.1200)	−0.0380 (0.0536)	0.0233 (0.1919)	0.0342 (0.0848)	−0.0255 (0.1398)	0.0163 (0.0666)
α_0	0.0829 (0.0531)	0.1814 *** (0.0395)	0.2984 *** (0.0989)	0.2242 ** (0.0875)	0.2375 *** (0.0821)	0.2502 *** (0.0666)
α_d	0.0578 (0.0776)	−0.2869 *** (0.0646)	0.1979 (0.1132)	0.3187 *** (0.1114)	−0.0726 (0.1195)	−0.2194 ** (0.1014)
α_w	−0.0472 (0.1301)	−0.1283 (0.1067)	0.0413 (0.1877)	0.2122 (0.1770)	−0.1145 (0.1926)	−0.2153 (0.1581)
α_m	−0.1851 (0.1143)	0.1633 (0.0883)	0.1019 (0.1739)	0.1769 (0.1470)	0.0119 (0.1653)	0.2297 (0.1320)
θ_1	−0.0052 (0.0766)	−0.0143 (0.0592)	0.0401 (0.1210)	0.1514 (0.1046)	0.3100 ** (0.1424)	0.0707 (0.1078)
θ_2	−0.2383 ** (0.1151)	0.0513 (0.0884)	0.5490 ** (0.2103)	0.1023 (0.1869)	−0.1860 (0.1760)	0.0638 (0.1416)
θ_3	−0.1847 (0.1039)	−0.0644 (0.0786)	0.4629 ** (0.1971)	0.1156 (0.1751)	−0.6730 ** (0.1670)	−0.0275 (0.1304)
R^2	0.2299	0.2057	0.6055	0.2849	0.4341	0.1863
L	−163.66	−117.25	−46.25	−38.51	−108.06	−84.68

注：＊＊＊和＊＊分别表示在1%和5%的显著性水平上显著，L为对数似然值。括号内数据为标准误。

根据表3，当以跳跃幅度计量跳跃波动时，滞后3阶的跳跃幅度对当日的跳跃幅度在5%的显著性水平上有显著的正向影响；当以跳跃次数计量跳跃波动时，上一交易日的跳跃次数对当日的跳跃次数在1%的显著性水平上有显著的正向影响，这说明跳跃幅度的记忆性长于跳跃次数，但跳跃次数的自相关性更强。

从连续性波动对跳跃性波动的影响看，当以跳跃次数计量跳跃波动时，系数 α_0 和 α_1 均在1%的显著性水平上显著，而系数 α_2 和 α_3 不显著，说明当天与上一日的连续波动

对当日的跳跃次数具有很强的解释或预测能力，而上一交易周和交易月内的平均连续性波动都对当日跳跃次数不产生显著影响。当天的连续性波动会增加跳跃次数，而上一日的连续波动则会降低跳跃次数。当以跳跃幅度计量跳跃波动时，当天、上一交易日、交易周和交易月内的平均连续性波动都不显著影响当日跳跃幅度，这说明连续性波动更容易影响跳跃次数，而不是跳跃幅度。在收益率对跳跃性波动的影响方面，仅当以跳跃幅度计量跳跃波动时，存在杠杆效应（θ_2 在 5% 显著性水平上显著），不存在规模效应与综合效应。当以跳跃次数计量跳跃波动时，不存在规模效应、杠杆效应与综合效应。最后，从总体上看（R^2），无论是以跳跃次数还是以跳跃幅度计量跳跃波动，跳跃性波动模型的解释能力没有太大差距。

从表 3 还可以看出，无论是牛市还是熊市，也无论是以跳跃幅度还是以跳跃次数计量跳跃波动，跳跃波动的 1 阶到 3 阶滞后项都不显著。这与陈国进和王占海（2010）的结论相同。从连续性波动对跳跃性波动的影响看，无论是牛市还是熊市，当天的连续波动对当日的跳跃次数和跳跃幅度都有很强的解释能力（系数 α_0 在 5% 显著性水平以上显著）；上一日的连续波动对当日的跳跃次数有很强的解释与预测能力，但对跳跃幅度没有解释能力。与全样本不同的是，牛市行情中，上一日的连续波动会增加当天的跳跃次数，其他情况下与全样本一致，即当天的连续性波动会增加当天的跳跃幅度和跳跃次数，而上一日的连续波动会减少当天的跳跃幅度和次数。上一交易周和交易月内的平均连续性波动对当日跳跃次数和幅度不产生显著影响。在收益率对跳跃性波动的影响方面，在牛熊市行情下表现不尽相同。当以跳跃幅度计量跳跃波动时，在牛市行情中，存在显著的杠杆效应和综合效应；而在熊市行情中，存在显著的规模效应和综合效应。当以跳跃次数计量跳跃波动时，无论是牛市还是熊市，都不存在规模效应、杠杆效应和综合效应。最后，从总体上看（R^2），牛市行情中跳跃性波动模型的解释能力大于熊市行情；以跳跃幅度计量跳跃波动时，跳跃性波动模型的解释能力更强。

（四）结论

本文利用沪深 300 股指期货 2010 年至 2015 年的 5 分钟高频数据，用非参数化方法分离出已实现波动率中的连续性波动和跳跃性波动时间序列，检验了两种不同波动成分的统计性质及相互影响关系，并检验收益率的规模效应和杠杆效应。主要结论为：（1）无论全样本还是牛熊市，我国股指期货市场的连续性波动都有显著的日、周、月效应（在牛市中以跳跃次数计量跳跃波动除外），其中周效应最为显著，且在熊市中影响更大；月效应在熊市中更为显著，熊市对连续波动更具有长期记忆性。（2）在整个样本区间内，只有滞后 3 阶的跳跃幅度和上一交易日的跳跃次数分别对当日的跳跃幅度和跳跃次数有显著正向影响，而跳跃幅度和次数的其他滞后项对当日的跳跃幅度和跳跃次数均没有显著影响。（3）无论全样本还是牛熊市，收益率对连续性波动的影响都存在显著的规模效应，不存在杠杆效应与综合效应；当以跳跃次数计量跳跃波动时，无论全样本还是牛熊市，收益率对跳跃性波动的影响都不存在规模效应、杠杆效应与综合效应。仅当以跳跃幅度计量跳跃波动时，在全样本中存在显著的杠杆效应；在牛市中，存在显著的杠杆效应和综合效应；在熊市中，存在显著的规模效应和综合效应。（4）无论全样本还是牛熊市，当天的跳跃幅度和跳跃次数都对连续性波动产生显著的正向影响（除牛市行情中，跳跃幅度会降低连续波动外）；从全样本看，上一日的跳跃幅度和次数会显著降低连续性波动；但从牛熊市行情看，只有上一日的跳跃次数才会显著降低连续性波动，其他情况下，跳跃波动对连续波动的影响不显著。滞后2阶以上的跳跃波动对连续性波动没有影响。（5）从全样本看，当天的连续波动显著增加当日的跳跃次数，上一日的连续波动显著降低当日的跳跃次数，连续性波动对当日跳跃幅度没有影响。从不同行情看，无论是牛市还是熊市，当天的连续波动对当日的跳跃次数和跳跃幅度都有很强的解释能力；上一日的连续波动对当日的跳跃次数有很强的解释与预测能力，但对跳跃幅度没有解释能力。无论全样本还是牛熊市，上一交易周和交易月内的平均连续性波动对当日跳跃波动都不产生显著影响。（6）无论是全样本还是牛熊市，相对于跳跃幅度，跳跃次数对连续波动的解释与预测能力更强；以跳跃幅度计量跳跃波动时，跳跃性波动模型的解释能力更强；在牛市行情中，跳跃性波动模型的解释能力大于熊市行情。

跳跃幅度与跳跃次数都是描述跳跃波动的重要指标，如何综合分析它们对连续性波动的影响是值得进一步研究的问题。另外，随着我国股指期货市场的发展，将有更多股指期货品种推出，后续研究可以将研究范围拓展到其他股指期货品种及商品期货中，以便更全面地分析期货市场连续性波动与跳跃性波动的行为特征。

二、中国股指期货跳跃对股指现货跳跃的影响研究

（一）背景与意义

目前，国内外学者对资产价格跳跃行为进行了大量研究，但对于不同市场之间资产价格跳跃影响关系的研究相对较少。Backus（1999）分析了国际股票市场跳跃风险的多样化特征，刻画了国际股票市场之间跳跃风险的传递过程。Bandt 和 Hartmann（2000）发现，由大国风险事件所引起的跳跃能够跨境传导到其他国家的资本市场中。Rucker 等（2005）研究了低频信息事件对期货价格的影响，并且刻画了信息在价格中的扩散速度。Asgharian 和 Bengtsson（2006）发现多个国家股票指数之间存在跳跃扩散效应，同时给出了刻画风险事件影响股票市场跳跃发生的次数及大小的方法。Chan 等（2008）研究了美国天然气期货及其标的现货市场价格之间的系统性跳跃溢出现象，发现它们之间的共跳特征。Lahaye 等（2011）研究了美国股指期货市场、债券期货市场和汇率市场之间的跳跃和共同跳跃，并以此解释了美国宏观经济信息的宣告效应；他们还发现同一信息

发布会引起两个或两个以上市场同时跳跃。

在国内，倪衍森等（2008）研究了台湾股指期货跳跃对股票现货价格的影响，认为股指期货的跳跃行为对股票现货市场具有价格发现功能。赵华和王一鸣（2011）研究了我国金属期货市场跳跃行为对现货市场收益率和波动率的影响，发现当期和滞后一期的期货跳跃强度对现货收益率和波动率具有显著影响，期货价格的跳跃行为对现货市场起到了价格发现作用。刘庆富等（2011）研究了恒生指数期货及其标的现货指数之间的跳跃溢出行为，分析了这两个市场之间的跳跃扩散特征。刘庆富和许友传（2011）研究了国内外期货市场之间非同步交易的跳跃扩散行为，刻画了国内外期货市场非同步交易在风险事件下的跳跃扩散特征。刘庆富等（2013）分别给出了股指期货市场和现货市场的跳跃和跳跃溢出贡献度，并分析了我国股指期货市场和现货市场的跳跃信息含量及其跳跃之间的信息传递关系。郦金梁等（2012）发现股指期货的推出及其交易行为降低了现货市场的波动性，提高了现货市场的流动性。

从上述文献可以看出，国内外学者对国际股票市场之间、期货市场之间的跳跃行为进行了一定的研究，一些学者分析了商品期货对其标的现货市场价格跳跃的影响，个别文献研究了股指期货与股票市场跳跃之间的关系。上述研究多数是针对成熟市场的，对新兴市场的研究相对较少，得出的结论也不一致。另外，在少数研究股指期货对股票现货市场跳跃影响的文献中，较少分析股指期货非同步交易跳跃对股指现货价格跳跃的影响，很少分析不同市场环境下，股指期货跳跃对现货股指跳跃（包括向上、向下跳跃）的影响。这些问题无疑对研究我国股指期货对股指现货价格跳跃的影响具有重要的意义。

资产价格跳跃属于新的研究领域，特别是股指期货跳跃对股指现货跳跃的影响研究目前还比较少。关于资产价格及其波动一直是学术界的研究热点，而跳跃属于价格波动过程的一个重要组成部分，因此，有关股指期货对标的指数波动影响的理论，可以为分析股指期货对标的指数跳跃的影响提供借鉴和启示。

在股指期货和股票指数波动关系的研究中，信息是重要的基础因素，Ross（1989）认为金融市场的波动是由市场间信息流动引起的。根据有效市场假说，金融市场价格反映了当前信息，信息的变动会影响金融市场价格的波动；但由于各个市场对信息的反映程度不同，因此有效性也不相同。影响金融市场波动的信息可分为共同信息和私有信息（Fleming 等，1998），共同信息会同时影响各个市场的预期，使各市场都可能产生波动，但由于各个市场效率存在差异，因此市场对信息的反映也不会同步，这就会产生波动溢出效应，即一个市场的波动引起另一个市场的波动；当某一市场上出现特有信息（私有信息）时，投资者的跨市交易行为将会对另一市场资产价格变化产生影响。由于股指期货市场具有交易成本低、交易时间长、双向交易和财务杠杆性高等特点，因此，从理论上讲，股指期货市场相对于股指现货市场效率更高、更有效；当市场出现共同信息时，股指期货市场比现货市场会更快、更有效地反映这些信息，使其具有价格发现功能。股指期货的套保套利等跨市场操作，使得期货市场的特有信息会很快传递到现货市场，影响现货股指的波动。此外，由于股指期货的价格发现功能，投资者会依据股指期货的价格变动来预测现货指数的变化，这样，股指期货交易产生的价格波动也会影响股票现货市场的波动。

Boudt 等（2012）发现信息是导致资产价格跳跃的重要因素。何诚颖等（2011）发现新信息主要通过股指期货市场进行反映，沪深 300 股指期货具有价格发现功能。Damodaran（1990）发现 S&P 500 指数期货上市后，其成分股票的波动性明显增大；张宗成和王郦（2009）发现香港股指期货交易时所产生的冲击会使现货的波动性加大。Robbani 和 Bhuyan（2005）认为，尽管股指期货的推出增加了市场流动性，但也吸引了很多不成熟的非理性投资者，加剧了股票市场的波动性。本文认为，股指期货具有价格发现功能，新信息会首先在股指期货市场上得到反映，然后传导到股指现货市场，进而提高了现货市场效率。另外，鉴于我国期货市场不够成熟以及交易者的投机活动，股指期货的推出会加剧现货市场的跳跃波动。

（二）模型构建

本文利用沪深 300 股价指数及其当月期货连续合约历史 5 分钟高频数据，基于 logit 和回归分析模型分析了股指期货同步及非同步交易时段价格跳跃对现货股指跳跃的影响，并检验了不同市场行情下结论的变化和差异。整体模型结构如图 4 所示。

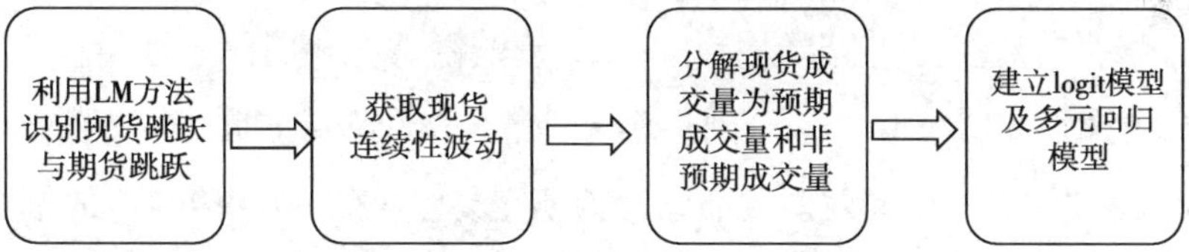

图 4　模型结构

股指现货与期货跳跃波动的识别与计量：资产价格跳跃行为的识别与刻画是研究跳跃行为的基础，对资产价格跳跃识别的方法有两大类，一是基于模型估计的参数化方法，二是基于高频数据的非参数方法。参数化方法［有以 ARCH 模型为基础的系列模型（Pan，1997；Maheu 和 McCurdy，2004）和以 SV 模型为基础的系列模型（Mahieu 和 Scholtman，1998；Duffie 等，2000）］有两个明显缺陷，一是不能将跳跃直接进行量化识别，二是无法对日内的跳跃特征进行刻画。非参数方法是基于高频数据，先估计出波动率和波动率中的连续性波动部分，然后用波动率估计量减去连续波动的估计量，得到跳跃波动，如 Barndorff 等（2003，2004，2006）的二次幂变差理论、Andersen 等（2004）的相对跳跃统计量等，但这些非参数方法只能确定某一天是否发生跳跃，而无法确定发生了几次跳跃，也无法识别跳跃发生的时刻。Andersen 等（2010）建立了日内序列跳跃识别方法，用于识别日内多次跳跃。Lee 和 Mykland（2008）用价格对数收益率与瞬时波动估计的比值标准化后作为识别跳跃的统计量，设定统计量阈值来识别跳跃。本文拟采用 Lee 和 Mykland（2008）的方法。计算方法同上。

本文首先通过描述性统计分析，以股指期货推出为时点，分析沪深 300 股指在其股指期货推出前后一年的跳跃行为是否发生了显著变化；然后通过回归分析，进一步分析股指期货跳跃对股指现货跳跃的影响，以检验假设 1 的正确性。由于本文研究的是股指期货跳跃对股指现货跳跃的影响，因此被解释变量和解释变量都为虚拟变量（变量取 1 时为发生跳跃，取 0 时为未发生跳跃），为此本文建立如下多元 logit 回归模型分析股指期货对股指现货跳跃的影响。

$$\ln\left(\frac{p(IJ_{s,t}=1)}{p(IJ_{s,t}=0)}\right) = \alpha_0 + \alpha_1 IJ_{f,t} + \alpha_2 IJ_{s,t-1} + \alpha_3 \sigma_{sc,t} + \alpha_4 V_{s,t}^{exp} + \alpha_5 V_{s,t}^{unexp} + \varepsilon_t \quad (2.1)$$

式中，$IJ_{s,t}$ 表示股指现货的跳跃情况（取 1、0，分别为发生和未发生跳跃）；$p(IJ_{s,t}=1)$ 表示 Δt 时段内沪深 300 股指发生跳跃的概率；$IJ_{f,t}$ 表示股指期货发生跳跃的状况。由于影响股指现货跳跃的因素很多，主要有各类未预期的宏观经济及政策因素造成的信息冲击和由订单流不平衡及流动性造成的流动性冲击。为此，在控制变量中加入标的指数的预期和非预期交易量 $V_{s,t}^{exp}$ 和 $V_{s,t}^{unexp}$，用于反映现货市场流动性及信息冲击对股指现货价格跳跃的影响［Li 和 Wu（2006）；Li（2011）；郦金梁等（2012）］，其提取方法如模型（2.2）所示。

$$\ln V_{s,t} = c + \sum_{j=1}^{p} b_j \ln V_{s,t-j} + \varepsilon_t \quad (2.2)$$

式（2.2）中，$\ln V_{s,t}$、$\ln V_{s,t-j}$ 分别是现货股指当期和滞后 j 期对数交易量。其中残差项为非预期交易量 $V_{s,t}^{unexp}$，非残差项部分为预期交易量 $V_{s,t}^{exp}$。p 由 $\ln V_{s,t}$ 的偏自相关系数特征确定（本文样本区间内，其偏自相关系数具有 5 阶截尾特征）。

此外，考虑到跳跃可能存在的集簇性，将沪深 300 股指前一期跳跃状态 $IJ_{s,t-1}$ 作为控制变量加入模型中。

为进一步分析股指期货跳跃对股指现货向上、向下跳跃的影响，本文构建如下 Logit 回归模型（2.3）和模型（2.4）。

$$\ln\left(\frac{p(IJ_{s,t}^+=1)}{p(IJ_{s,t}^+=0)}\right) = \alpha_0 + \alpha_1 IJ_{f,t}^+ + \alpha_2 IJ_{s,t-1}^+ + \alpha_3 \sigma_{sc,t} + \alpha_4 V_{s,t}^{exp} + \alpha_5 V_{s,t}^{unexp} + \varepsilon_t \quad (2.3)$$

$$\ln\left(\frac{p(IJ_{s,t}^-=1)}{p(IJ_{s,t}^-=0)}\right) = \alpha_0 + \alpha_1 IJ_{f,t}^- + \alpha_3 IJ_{s,t-1}^- + \alpha_4 \sigma_{sc,t} + \alpha_5 V_{s,t}^{exp} + \alpha_6 V_{s,t}^{unexp} + \varepsilon_t \quad (2.4)$$

其中，$IJ_{f,t}^+$、$IJ_{f,t}^-$、$IJ_{s,t}^+$、$IJ_{s,t}^-$ 分别表示股指期货与现货向上、向下跳跃情况。同样，考虑到跳跃的集簇性，在模型（2.3）和模型（2.4）中加入股指现货前一期向上、向下跳跃 $IJ_{s,t-1}^+$、$IJ_{s,t-1}^-$。

在以往基于高频数据的研究中，为了实现数据匹配，往往剔除股指期货开盘后 15 分钟和收盘前 15 分钟的交易数据。然而，这些数据往往包含了更多额外的信息，因为相比股票现货市场，市场信息最先反映在股指期货开盘后 15 分钟内，而在股票现货市场收盘后，新信息会反映在股指期货收盘前 15 分钟内。因此，分析股指期货开盘后第 1 个 "15 分钟" 跳跃对股指现货跳跃的影响有重大意义。为此，本文构建如下模型分析股指期货开盘后第 1 个 "15 分钟" 和收盘前最后 "15 分钟" 非同步交易时段跳跃对股指现货开盘时段市场跳跃的影响。

$$MD_{s,t}^{j} = \alpha_0 + \alpha_1 MD_{f,t}^{j} + \alpha_2 M\sigma_{sc,t} + \alpha_3 MV_{s,t}^{exp} + \alpha_4 MV_{s,t}^{unexp}$$
$$+ \alpha_5 FJ_{o,t} + \alpha_6 FJ_{c,t-1} + \varepsilon_t \tag{2.5}$$

其中，$MD_{s,t}^{j}$ 和 $MD_{f,t}^{j}$、$M\sigma_{sc,t}$、$MV_{s,t}^{exp}$ 和 $MV_{s,t}^{unexp}$ 分别为股票市场开盘后 j 分钟内沪深 300 股指及其期货发生跳跃次数的平均值、股指平均连续性波动及股指平均预期与非预期交易量；$FJ_{o,t}$ 与 $FJ_{c,t-1}$ 分别为股指期货当天开盘后 15 分钟平均跳跃次数和前一天收盘前 15 分钟平均跳跃次数。根据统计，无论是沪深 300 股指，还是股指期货，其相当部分的跳跃都发生在前 15 分钟，特别是开盘后第 1 个 5 分钟，因此本文分别取 j 值为 5 和 15。

为了进一步分析股指期货在非同步交易时段跳跃对现货股指向上、向下跳跃的影响，构建如下回归模型（2.6）和模型（2.7）。

$$MD_{s,t}^{+j} = \alpha_0 + \alpha_1 MD_{f,t}^{+j} + \alpha_2 M\sigma_{sc,t} + \alpha_3 MV_{s,t}^{exp} + \alpha_4 MV_{s,t}^{unexp}$$
$$+ \alpha_5 FJ_{o,t}^{+} + \alpha_6 FJ_{o,t}^{-} + \alpha_7 FJ_{c,t-1}^{+} + \alpha_8 FJ_{c,t-1}^{-} + \varepsilon_t \tag{2.6}$$

$$MD_{s,t}^{-j} = \alpha_0 + \alpha_1 MD_{f,t}^{-j} + \alpha_2 M\sigma_{sc,t} + \alpha_3 MV_{s,t}^{exp} + \alpha_4 MV_{s,t}^{unexp}$$
$$+ \alpha_5 FJ_{o,t}^{+} + \alpha_6 FJ_{o,t}^{-} + \alpha_7 FJ_{c,t-1}^{+} + \alpha_8 FJ_{c,t-1}^{-} + \varepsilon_t \tag{2.7}$$

其中，$MD_{s,t}^{+j}$、$MD_{s,t}^{-j}$ 和 $MD_{f,t}^{+j}$、$MD_{f,t}^{-j}$ 分别为股票市场开盘后 j 分钟内股指现货和期货发生向上、向下跳跃次数的平均值，$FJ_{o,t}^{+}$、$FJ_{o,t}^{-}$ 与 $FJ_{c,t-1}^{+}$、$FJ_{c,t-1}^{-}$ 分别为股指期货开盘后 15 分钟平均向上、向下跳跃次数和前一天收盘前 15 分钟平均向上、向下跳跃次数。

（三）实验结果及分析

本文选取沪深 300 股指期货当月连续合约及其标的指数 2010 年 4 月 16 日到 2015 年 8 月 31 日间全部交易日的历史价格 5 分钟高频数据为研究样本。其中，沪深 300 股指，每个交易日包含 9∶30 ~ 11∶30、13∶01 ~ 15∶00 两个交易时段共 48 个数据，总计 62 736 个样本数据；沪深 300 股指期货，每个交易日包含 9∶15 ~ 11∶30、13∶00 ~ 15∶15（当月合约交割日时间段为 9∶15 ~ 11∶30、13∶00 ~ 15∶00）两个交易时段共 54 个数据，总计 70 578 个观察值。采用的数据包括样本区间内每 5 分钟的指数价格、交易量（股）等。

首先运用 Lee 和 Mykland（2008）方法，对沪深 300 股指期货及其标的指数跳跃进行识别与统计分析。在样本区间内，共检测到股指现货发生 354 次跳跃，其中向上跳跃 160 次，占 45. 20%，向下跳跃 194 次，占 54. 80%；股指期货发生 351 次跳跃，其中向上跳跃 189 次，占 53. 85%，向下跳跃 162 次，占 46. 15%。在 1 306 个交易日内，股指现货发生跳跃和多次跳跃的天数分别为 316 个和 33 个交易日，占总交易日比例分别为 24. 20% 和 2. 53%；股指期货发生跳跃和多次跳跃的天数分别为 283 个和 56 个交易日，占总交易日比例分别为 21. 67% 和 4. 29%。

此外，沪深 300 股指期货和标的指数发生跳跃的 5 分钟时间段所占比例分别为 0. 50% 和 0. 56%，发生跳跃的比率均处于较低水平，说明跳跃具有稀疏性。

沪深 300 股指期货及标的股指每个交易日在每 5 分钟时间段的平均跳跃次数分布如图 5 - a 和图 5 - b 所示。沪深 300 股指期货在 9：15 ~ 9：20 这 5 分钟段的平均跳跃次数最大，为 0. 1103 次；在 9：15 ~ 9：30 集中了总跳跃的 42. 74%，其中，前 5 分钟跳跃占总跳跃的 41. 03%。沪深 300 股指在 9：30 ~ 9：35 这 5 分钟段的平均跳跃次数最大，为 0. 1784 次；9：30 ~ 9：45 集中了总跳跃的 67. 70%，其中，前 5 分钟跳跃占总跳跃的 65. 82%。从图 5 - a 和图 5 - b 可以看到，沪深 300 股指及其期货开盘前几分钟跳跃频率较高，除了下午开盘后的第 1 个 5 分钟（13：00 ~ 13：05）平均跳跃次数较高之外（不明显），其他跳跃分布基本均匀。可见，无论是沪深 300 股指期货还是股价指数，在一天中，跳跃集中在开盘后 15 分钟（特别是 5 分钟）内。

从跳跃在时间段上的分布来看，跳跃与信息存在着较大的联系，因为平均跳跃次数较大的几个时间段，都是市场信息释放最活跃的时间。以前在用高频数据分析股指期货对股指现货跳跃影响的时候，为了实现现货市场和期货市场数据对齐，均选择剔除股指期货开盘后第 1 个 15 分钟数据和收盘前最后 1 个 15 分钟数据，这样会损失很大的信息量。因此，本文研究股指期货"开盘后第 1 个 15 分钟"和"收盘前最后 1 个 15 分钟"股指期货跳跃对现货市场跳跃的影响是有重要意义的。

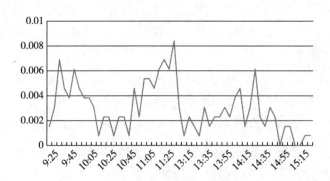

图 5 - a　沪深 300 股指期货 1 天各时段跳跃分布

（不包含 9：15 ~ 9：20 这 5 分钟）

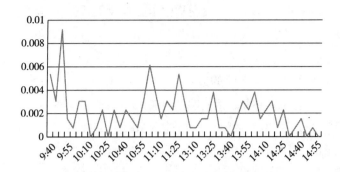

图 5 - b　沪深 300 股票指数 1 天各时段跳跃分布

(不包含 9：30 ~ 9：35 这 5 分钟)

全样本情况下，各解释变量的描述性统计如表 4 所示。

表 4　　　　　　　　　　解释变量描述性统计结果

	$IJ_{f,t}$	$IJ_{s,t}$	$\sigma_{sc,t}$	$V_{s,t}^{exp}$	$V_{s,t}^{unexp}$
均值	0.0050	0.0056	0.0014	14.1994	0.0001
中位数	0.0000	0.0000	0.0010	14.0528	-0.0199
最大值	1.0000	1.0000	0.0372	17.1767	3.9710
最小值	0.0000	0.0000	0.0000	12.2832	-4.3367
标准差	0.0705	0.0749	0.0014	0.7775	0.2581

由表 4 可以看出，沪深 300 股指非预期和预期交易量的标准差/均值（绝对值）比率分别为 2 581 和 0.0547，说明非预期交易量变动要远大于预期交易量，它是反映信息的主体。

不同市场行情下，股指期货跳跃行为可能对股指现货市场跳跃有不同的影响。参考何兴强和李涛（2007）及陆蓉和徐龙炳（2004）的方法，本文将样本区间 2010 年 4 月 16 日—2015 年 8 月 31 日划分为牛市和熊市。其中，牛市包括 461 个交易日，沪深 300 股指期货有 24 894 个样本，发生跳跃 125 次，向上、向下跳跃分别占比为 60.8% 和 39.2%；沪深 300 指数有 22 128 个样本，发生跳跃 112 次，向上、向下跳跃分别占比为 53.57% 和 46.43%。熊市包括 571 个交易日，股指期货有 28 962 个样本，发生跳跃 162 次，向上、向下跳跃占比分别为 52.47% 和 47.53%；标的指数有 25 536 个样本，发生跳跃 170 次，向上、向下跳跃占比分别为 39.41% 和 60.59%。

为了深入研究沪深 300 股指期货对股指现货跳跃的影响，首先以 2010—2015 年沪深 300 股指期货和股指现货同步交易数据[①]为样本，应用模型分析同步交易时段股指期货总

---

① 为了实现数据对齐，在进行分析时股指期货跳跃数据剔除了开盘后前 15 分钟和收盘前最后 15 分钟的数据。下文同步交易部分的分析均按此方式处理。

跳跃对股指现货总跳跃的影响以及股指期货向上、向下跳跃对股指现货向上、向下跳跃的影响。

1. 全样本下股指期货同步交易总跳跃对股指现货总跳跃的影响。在分析全样本情况下沪深 300 股指期货总跳跃对其标的股指总跳跃影响时，为了有效规避多重共线性问题，要求解释变量之间不存在明显相关性，检验结果也验证了这一点（相关系数最大为0.441（$\sigma_{sc,t}$ 与 $V_{s,t}^{\exp}$ 之间的相关系数））；另外，ADF 检验表明，各解释变量都是平稳的。回归结果如表 5 所示。

表5　　　　　　股指期货总跳跃对股指现货总跳跃影响的回归分析结果

变量	全样本①	全样本②	全样本③	牛市	熊市
	系数（标准误）	系数（标准误）	系数（标准误）	系数（标准误）	系数（标准误）
$IJ_{f,t}$	2.3566 **	2.3740 **	2.6259 **	1.8654 **	2.0881 **
	(0.2665)	(0.2643)	(0.2613)	(0.5370)	(0.3950)
$IJ_{s,t-1}$	−1.9384	−1.8868	0.6605	−1.5944	−2.1293
	(0.9942)	(0.9812)	(0.6100)	(1.2116)	(1.4151)
$\sigma_{sc,t}$	224.9122 **	218.5240 **		366.6941 **	246.9929 **
	(20.5931)	(17.2935)		(42.1283)	(42.8664)
$V_{s,t}^{\exp}$	−0.0426		0.2841 **	−0.4305 **	0.5737 **
	(0.0740)		(0.0635)	(0.1272)	(0.1407)
$V_{s,t}^{unexp}$	4.6870 **	4.6920 **	5.0123 **	5.6548 **	4.6262 **
	(0.1584)	(0.1581)	(0.1549)	(0.3066)	(0.2392)
McFadden R^2	0.3215	0.3214	0.2968	0.4141	0.3338

注：＊＊、＊分别表示系数在 1%、5% 的水平下显著。

由表 5 可以看出，沪深 300 股指期货跳跃（$IJ_{f,t}$）对其标的股指跳跃具有显著正向影响（1% 显著水平），说明股指期货推出后，的确显著增加了股指现货跳跃发生的概率。股指现货连续性波动显著增加股指现货跳跃发生的概率，这与陈浪南和孙坚强（2010）、李洋和乔高秀（2012）的研究结论相同；股指现货非预期交易量显著增加股指现货跳跃发生的概率，说明信息冲击是股市发生跳跃的重要原因，而股指现货预期交易量对股指现货跳跃发生概率的影响不显著，但符号为负，说明预期交易量增加有助于降低股市跳跃发生的概率。

变量 $IJ_{s,t-1}$ 的系数为负且不显著，说明股指现货跳跃不具有集簇性，前一期发生的跳跃会抑制现在发生跳跃的概率，可能因为市场在 5 分钟内基本对信息进行了消化，由于非预期信息一般不会在极短时间内连续发布，因此一个 5 分钟内股指发生跳跃，下一个 5 分钟内发生跳跃的概率往往会下降。变量 $IJ_{f,t}$ 系数的显著性与绝对值均大于 $IJ_{s,t-1}$ 的系数，说明股指期货跳跃对股指现货跳跃的影响更大，也说明市场更为有效，新信息（体现在股指期货跳跃上）对股指现货的影响大于旧信息（体现在股指现货前一期跳跃上）的影响，反映了股指期货的价格发现功能。

2. 全样本下股指期货同步交易跳跃对股指现货向上、向下跳跃的影响。在全样本情况下，股指期货同步交易跳跃对标的指数向上、向下跳跃影响的回归结果如表6所示。

表6　　　　股指期货跳跃对股指现货市场向上、向下跳跃影响的回归分析结果

变量	股指现货向上跳跃（$IJ_{s,t} = 1$）			股指现货向下跳跃（$IJ_{s,t} = -1$）		
	全样本	牛市	熊市	全样本	牛市	熊市
	系数（标准误）	系数（标准误）	系数（标准误）	系数（标准误）	系数（标准误）	系数（标准误）
$IJ_{f,t}^{+}/IJ_{f,t}^{-}$	3.2284 **	2.8890 **	2.7852 **	3.0898 **	2.6934 **	2.8163 **
	(0.3702)	(0.6529)	(0.5331)	(0.3819)	(0.9033)	(0.6082)
$IJ_{s,t-1}^{+}/IJ_{s,t-1}^{-}$	0.2134	0.9663	—	−1.1481	−2.2156	−1.5813
	(1.2268)	(1.4439)		(1.0436)	(1.6493)	(1.4608)
$\sigma_{sc,t}$	125.6084 **	221.7145 **	168.7994 **	210.5355 **	365.3835 **	232.5821 **
	(29.5623)	(51.2429)	(62.3265)	(23.1061)	(46.9110)	(46.5718)
$V_{s,t}^{exp}$	−0.0560	−0.4679 **	0.3114	0.0743	−0.3222	0.6815 **
	(0.1081)	(0.1697)	(0.2324)	(0.0946)	(0.1773)	(0.1648)
$V_{s,t}^{unexp}$	5.2926 **	6.5440 **	5.3518 **	3.3019 **	3.8651 **	3.4428 **
	(0.2215)	(0.4266)	(0.3465)	(0.1870)	(0.3618)	(0.2559)
McFadden R^2	0.3840	0.4706	0.4246	0.1991	0.2741	0.2215

注：＊＊、＊分别表示系数在1%、5%的水平下显著。

从表6可以看出，沪深300股指期货向上跳跃（$IJ_{f,t}^{+}$）对标的指数向上跳跃有显著正向影响（1%显著水平）；股指期货向下跳跃对标的指数向下跳跃有显著正向影响（1%显著水平）。说明股指期货向上跳跃显著增加了现货股指向上跳跃发生的概率，向下跳跃显著增加了现货股指向下跳跃发生的概率。与股指现货总跳跃相同，股指现货连续性波动及其非预期交易量都显著增加股指现货向上、向下跳跃发生的概率；而股指现货预期交易量对股指现货向上、向下跳跃发生概率的影响不显著。变量 $IJ_{s,t-1}^{+}/IJ_{s,t-1}^{-}$ 的系数不显著，说明股指现货前一期向上跳跃对股指现货向上跳跃发生的概率没有显著影响，前一期的向下跳跃对股指现货向下跳跃发生的概率没有显著影响。股指现货向上、向下跳跃不具有集簇性。

根据表5，不论牛熊市，沪深300股指期货同步交易跳跃对标的指数跳跃的影响都非常显著（1%显著水平），而且该影响在熊市行情中大于牛市行情（熊市中 $IJ_{f,t}$ 系数的大小与显著性都大于牛市）。与全样本类似，无论牛熊市，股指现货连续性波动及其非预期交易量都显著增加股指现货跳跃发生的概率；股指现货预期交易量在牛市中显著减低股指现货跳跃发生的概率，但在熊市中显著增加股指现货跳跃发生的概率。这是因为，在牛市中预期交易量增加往往增加流动性，有助于拟制股指跳跃波动；但在熊市中，预期交易量增加，可能与抢反弹或恐慌性杀跌有关。这两种情况下都会引发股市进

一步下跌，增加跳跃发生的概率。从影响系数及显著性看，无论牛熊市，股指现货预期交易量对股指现货跳跃的影响都远小于非预期交易量的影响，说明流动性冲击对股指现货跳跃的影响远小于信息冲击的影响。现货指数前一期跳跃在牛熊市中对现货指数跳跃都没有显著影响，这与全样本情况下的分析结果相同。

从表6可以看出，无论牛熊市，沪深300股指期货向上跳跃对股指现货向上跳跃有显著正向影响，这种影响在牛市更为显著；股指期货向下跳跃对股指现货向下跳跃有显著正向影响，这种影响在熊市更为显著；与股指现货总跳跃类似，股指现货连续性波动及其非预期交易量都显著增加股指现货向上、向下跳跃发生的概率；股指现货预期交易量在牛市中对股指现货向上跳跃发生的概率产生显著负向影响，在熊市中对股指现货向下跳跃发生的概率产生显著正向影响，但其影响均远小于非预期交易量的影响，进一步说明流动性冲击对股指现货跳跃的影响远小于信息冲击的影响。无论牛熊市，股指现货前一期的向上、向下跳跃对股指现货向上、向下跳跃均无显著影响，与全样本相同。

由于股指期货市场比股票现货市场早开盘15分钟、晚收盘15分钟，而这些时间段内股指期货交易数据中往往包含了更多的额外信息，根据股指期货的价格发现功能，该时间段内股指期货的跳跃必将对股指现货跳跃产生影响。这里分全样本和牛熊市环境下，应用模型分析股指期货非同步交易时段跳跃对股指现货跳跃的影响。

3. 全样本下股指期货非同步交易总跳跃对股指现货总跳跃的影响。在全样本情况下，股指期货开盘后15分钟和前一日收盘前15分钟的总跳跃对股指现货开盘时段总跳跃影响的回归结果如表7所示。

表7　　　　　股指期货非同步交易总跳跃对股指现货总跳跃影响的回归结果

变量		$j = 5$（不分解）系数（标准误）	$j = 5$（分解）系数（标准误）	$j = 15$（不分解）系数（标准误）	$j = 15$（分解）系数（标准误）
$MD_{f,t}^{j}$		−0.0156 (0.1086)	−0.0345 (0.1099)	−0.1150 (0.0776)	−0.1272 (0.0780)
$FJ_{o,t}$	$FJF5_{o,t}$	0.2668 *** (0.0858)	0.0861 ** (0.0291)	0.1070 ** (0.0303)	0.0342 ** (0.0103)
	$FJM5_{o,t}$		−0.0280 (0.2291)		−0.0229 (0.0806)
	$FJL5_{o,t}$		0.2671 (0.1644)		0.1249 (0.0675)
$FJ_{c,t-1}$		0.8954 (0.6870)	0.8948 (0.6872)	0.3471 (0.2420)	0.3466 (0.2419)
$M\sigma_{sc,t}$		82.5073 ** (5.666)	82.4297 ** (5.6711)	26.0050 ** (1.9296)	25.9647 ** (1.9295)

变量	$j = 5$（不分解）	$j = 5$（分解）	$j = 15$（不分解）	$j = 15$（分解）
	系数（标准误）	系数（标准误）	系数（标准误）	系数（标准误）
$MV_{s,t}^{exp}$	− 0.1769 **	− 0.1763 **	− 0.0560 **	− 0.0559 **
	(0.0143)	(0.0143)	(0.0053)	(0.0053)
$MV_{s,t}^{unexp}$	0.2774 **	0.2772 **	0.2539 **	0.2551 **
	(0.0219)	(0.0219)	(0.0236)	(0.0236)
R^2	0.2684	0.2692	0.2212	0.2230
（调整 R^2）	(0.2650)	(0.2647)	(0.2176)	(0.2182)

注：＊＊、＊分别表示系数在 1%、5% 的水平下显著。

由表 7 可以看出，无论是在股票市场开盘第 1 个 5 分钟还是前 15 分钟内，变量 $FJ_{o,t}$ 的系数均在 1% 水平下显著为正，说明股指期货开盘后 15 分钟内的跳跃，会显著增加标的指数跳跃次数；从回归系数看，股指期货开盘后 15 分钟的跳跃对股指现货开盘第 1 个 5 分钟平均跳跃的影响程度远大于对股指现货开盘前 15 分钟平均跳跃的影响，说明股指现货开盘第 1 个 5 分钟跳跃主要是消化开盘前的信息，随着时间的推移，股价指数对开盘前的信息已逐步吸收，导致股指期货的非同步交易对现货指数跳跃的影响随着时间的延长而减弱。

变量 $FJ_{c,t-1}$ 的系数不显著，说明前一天股指期货收盘前 15 分钟跳跃对股指现货市场开盘时段的跳跃没有显著影响，这可能是因为股指期货前一天收盘前 15 分钟跳跃所包含的信息在第二天迅速反映到股指期货开盘后的价格序列中。此外，变量 $MD_{f,t}^j$ 的系数在现货市场开盘 15 分钟内不显著且绝对值小于 $FJ_{o,t}$ 系数，说明与现货市场同期的股指期货跳跃对股指现货跳跃的影响小于股指期货开盘后 15 分钟内跳跃对股指现货跳跃的影响。

另外，与同步交易时段类似，股指现货连续性波动及其非预期交易量显著增加股指现货平均跳跃次数；股指现货预期交易量对股指现货平均跳跃次数有显著负向影响，但其影响远小于非预期交易量的影响。

本文进一步将股指期货开盘后 15 分钟分解为 9:15 ~ 9:19、9:20 ~ 9:24 和 9:25 ~ 9:29 三个时间段（考虑到前一日股指期货收盘前 15 分钟跳跃回归系数不够显著，不再将变量 $FJ_{c,t-1}$ 细分），分析其对现货市场开盘 5 分钟内跳跃的影响，如表 7 所示。其中，$FJF5_{o,t}$、$FJM5_{o,t}$、$FJL5_{o,t}$ 分别对应股指期货开盘后三个 5 分钟时间段股指期货平均跳跃次数。

根据表 7 所示，沪深 300 股指期货开盘后第 1 个 5 分钟平均跳跃次数对其标的指数开盘后前 5 分钟和前 15 分钟平均跳跃次数有显著影响，而股指期货开盘后第 2、第 3 个 5 分钟平均跳跃次数对其标的指数开盘时段的跳跃无显著影响，说明股指期货非同步交易时段跳跃的影响主要在于其开盘后前 5 分钟。对比股指期货开盘后第 1 个 5 分钟平均跳跃次数对现货开盘后前 5 分钟和前 15 分钟平均跳跃次数的影响系数，同样得出股指期货的非同步交易跳跃对现货指数跳跃的影响随着时间的延长而减弱。

4. 全样本下股指期货非同步交易跳跃对现货股指向上、向下跳跃的影响。在全样本情况下，股指期货非同步交易跳跃对现货股指向上、向下跳跃影响的回归结果如表 8 所示。其中，$FJF5_{o,t}^{+}$、$FJM5_{o,t}^{+}$、$FJL5_{o,t}^{+}$ 和 $FJF5_{o,t}^{-}$、$FJM5_{o,t}^{-}$、$FJL5_{o,t}^{-}$ 分别对应 9:15～9:19、9:20～9:24 和 9:25～9:29 三个时间段股指期货向上、向下平均跳跃次数。

表 8　　　　股指期货非同步交易跳跃对股指现货向上、向下跳跃影响的回归结果

变量		$MD_{s,j,t}^{+}$（股指现货向上跳跃）			$MD_{s,j,t}^{-}$（股指现货向下跳跃）		
		$j = 5$（不分解）	$j = 15$（不分解）	$j = 15$（分解）	$j = 5$（不分解）	$j = 15$（不分解）	$j = 15$（分解）
		系数（标准误）	系数（标准误）	系数（标准误）	系数（标准误）	系数（标准误）	系数（标准误）
$MD_{f,j,t}^{+}/MD_{f,j,t}^{-}$		−0.0523 (0.0915)	−0.1035 (0.0697)	−0.1020 (0.0695)	0.1785 (0.1635)	0.1003 (0.1022)	0.1063 (0.1042)
$FJ_{o,t}^{+}$	$FJF5_{o,t}^{+}$			0.0572 ** (0.0091)			0.0433 ** (0.0109)
	$FJM5_{o,t}^{+}$	0.4758 ** (0.0755)	0.1793 ** (0.0271)	0.0038 (0.0797)	0.4011 ** (0.0957)	0.1297 ** (0.0324)	0.0104 (0.0956)
	$FJL5_{o,t}^{+}$			0.08337 (0.0799)			0.0723 (0.0958)
$FJ_{o,t}^{-}$	$FJF5_{o,t}^{-}$			0.0306 ** (0.0107)			0.0898 ** (0.0128)
	$FJM5_{o,t}^{-}$	0.2928 ** (0.0870)	0.0889 ** (0.0312)	0.0134 (0.0797)	0.8034 ** (0.1099)	0.2610 ** (0.0373)	−0.0254 (0.0956)
	$FJL5_{o,t}^{-}$			0.0137 (0.0461)			0.0687 (0.0564)
$FJ_{c,t-1}^{+}$		0.5452 (0.4729)	0.1319 (0.1697)	0.1311 (0.1692)	0.3517 (0.5985)	0.0845 (0.2027)	0.0844 (0.2029)
$FJ_{c,t-1}^{-}$		—	—	—	—	—	—
$M\sigma_{sc,t}$		26.4215 ** (3.9058)	6.4313 ** (1.3545)	6.2287 ** (1.3527)	−55.3309 ** (4.9445)	−19.4959 ** (1.6185)	−19.4680 ** (1.6227)
$MV_{s,t}^{exp}$		−0.0659 ** (0.0099)	−0.0181 ** (0.0037)	−0.0179 ** (0.0037)	0.0984 ** (0.0125)	0.0371 ** (0.0044)	0.0371 ** (0.0044)
$MV_{s,t}^{unexp}$		0.1725 ** (0.0150)	0.1441 ** (0.0165)	0.1469 ** (0.0165)	−0.1058 ** (0.0190)	−0.1070 ** (0.0197)	−0.1065 ** (0.0198)
R^2（调整 R^2）		0.1733 (0.1689)	0.1226 (0.1179)	0.1309 (0.1235)	0.1815 (0.1771)	0.1803 (0.1759)	0.1814 (0.1745)

注：＊＊、＊分别表示系数在 1%、5% 的水平下显著。

从表8可以看出，股指期货开盘后15分钟的向上、向下跳跃对股指现货开盘后前5分钟和前15分钟（开盘时段）的向上、向下跳跃都有显著影响（1%显著的水平），这说明股指期货开盘后15分钟向上跳跃次数会显著增加股指现货开盘时段向上跳跃次数，而向下跳跃次数①会显著减少股指现货向上跳跃次数；股指期货开盘后15分钟向下跳跃次数会显著增加股指现货开盘时段向下跳跃次数，而向上跳跃次数会显著减少股指现货向下跳跃次数。从 $FJ_{o,t}^+$、$FJ_{o,t}^-$ 的系数看，股指期货开盘后15分钟的向上跳跃对股指现货开盘时段向上跳跃的影响远大于股指期货向下跳跃对股指现货向上跳跃的影响，导致现货指数总体向上跳跃；股指期货开盘后15分钟的向下跳跃对股指现货开盘时段向下跳跃的影响远大于股指期货向上跳跃对股指现货向下跳跃的影响，导致现货指数总体向下跳跃。另外，只有股指期货开盘后第1个5分钟向上、向下跳跃对股指现货开盘时段向上、向下跳跃有显著影响，而股指期货开盘后第2、第3个5分钟向上、向下跳跃对股指开盘时段向上、向下跳跃无显著影响，说明股指期货非同步交易的跳跃影响主要存在于其开盘后前5分钟。

同样，从回归系数看，股指期货开盘后15分钟的向上、向下跳跃对股指现货开盘第1个5分钟平均向上、向下跳跃的影响程度远大于对股指现货开盘前15分钟平均向上、向下跳跃的影响，与表4的分析结果相同，这进一步说明了股指期货非同步交易跳跃对现货指数跳跃的影响效应随着时间的延长而减弱。变量 $FJ_{c,t-1}^+$ 和 $FJ_{c,t-1}^-$ 的回归系数不显著，说明股指期货前一天收盘前15分钟的跳跃情况对股指现货向上、向下跳跃均没有显著影响。与前面分析类似，从股指现货市场前15分钟跳跃情况看，与现货市场同期的股指期货向上、向下跳跃对股指现货市场向上、向下跳跃无显著影响。股指现货连续性波动及其非预期交易量显著增加股指现货平均向上、向下跳跃次数；股指现货预期交易量对股指现货平均向上、向下跳跃次数有显著负向影响，但其影响远小于非预期交易量的影响。

根据牛熊市样本区间沪深300股指期货和标的指数跳跃数据，分析非同步交易时段股指期货总跳跃对现货指数总跳跃的影响以及股指期货向上、向下跳跃对股指现货指数向上、向下跳跃的影响。

5. 不同行情下股指期货非同步交易总跳跃对股指现货总跳跃的影响。在牛熊市行情下，股指期货当日开盘后15分钟和前一日收盘前15分钟的总跳跃对股指现货开盘时段总跳跃影响的回归结果如表9所示②。

---

① 在回归分析时，向下跳跃平均次数为"负数"。

② 由于股指期货开盘后15分钟跳跃对股指现货开盘第1个5分钟和前15分钟跳跃的影响类似，由于篇幅问题，这里（表9~表11）仅列出股指期货非同步交易跳跃对股指现货开盘第1个5分钟跳跃的影响。

表9 不同市场行情下股指期货非同步交易总跳跃对现货市场总跳跃影响的回归结果

变量		牛市		熊市	
		不分解	分解	不分解	分解
		系数（标准误）	系数（标准误）	系数（标准误）	系数（标准误）
$MD_{f,t}$		−0.1748 (0.1677)	−0.1327 (0.1821)	0.1051 (0.1770)	0.1083 (0.1767)
$FJ_{o,t}$	$FJF5_{o,t}$		0.0865 * (0.0441)		0.0958 * (0.0423)
	$FJM5_{o,t}$	0.2782 * (0.1309)	—	0.2939 * (0.1365)	−0.0189 (0.3518)
	$FJL5_{o,t}$		−0.0371 (0.2222)		0.5813 (0.3194)
$FJ_{c,t-1}$		−0.0087 (0.8601)	−0.0077 (0.8607)	1.6492 (1.0575)	1.6571 (1.0556)
$M\sigma_{sc,t}$		83.3762 ** (9.9046)	83.2519 ** (9.9138)	89.5522 ** (12.0134)	88.5599 ** (12.0025)
$MV_{s,t}^{exp}$		−0.1970 ** (0.0230)	−0.1971 ** (0.0230)	−0.1887 ** (0.0339)	−0.1842 ** (0.0340)
$MV_{s,t}^{unexp}$		0.3649 ** (0.0422)	0.3643 ** (0.0422)	0.4048 ** (0.0429)	0.4046 ** (0.0429)
R^2 （调整 R^2）		0.3024 (0.2931)	0.3029 (0.2921)	0.3150 (0.3072)	0.3202 (0.3098)

注：＊＊、＊分别表示系数在1%、5%的水平下显著。

根据表9，无论牛市、熊市，股指期货开盘后15分钟的跳跃，会显著增加股指现货开盘后前5分钟的跳跃。其中，股指期货在开盘后第1个5分钟的跳跃对标的指数跳跃有显著影响，而开盘后第2、第3个5分钟的跳跃对标的指数开盘后前5分钟的跳跃没有显著影响。从 $FJF5_{o,t}$ 的系数及显著性和 $FJ_{o,t}$ 的显著性看，在非同步交易时段，股指期货跳跃对标的指数跳跃的影响在熊市行情中大于牛市行情。

无论牛市、熊市，前一天收盘前15分钟股指期货跳跃对股指现货开盘时段跳跃没有显著影响；与现货市场同期的股指期货跳跃对股指现货跳跃的影响不显著。同样，股指现货连续性波动、股指现货预期与非预期交易量对股指现货平均跳跃次数的影响与上面分析类似。

6. 不同行情下股指期货非同步交易跳跃对股指现货向上、向下跳跃的影响。在牛市、熊市行情下，股指期货非同步交易跳跃对股指现货向上、向下跳跃影响的回归结果如表10和表11所示。

表10　不同市场行情下股指期货非同步交易跳跃对股指现货向上跳跃影响的回归结果

变量		牛市		熊市	
		不分解	分解	不分解	分解
		系数（标准误）	系数（标准误）	系数（标准误）	系数（标准误）
$MD_{f,j,t}^{+}$		−0.0798 (0.1302)	−0.0800 (0.1295)	−0.0516 (0.1631)	−0.0495 (0.1634)
$FJ_{o,t}^{+}$	$FJF5_{o,t}^{+}$	0.5312 *** (0.1142)	0.1629 ** (0.0388)	0.4674 ** (0.1324)	0.1557 ** (0.0442)
	$FJM5_{o,t}^{+}$		0.0267 (0.2228)		—
	$FJL5_{o,t}^{+}$		0.0827 (0.2231)		—
$FJ_{o,t}^{-}$	$FJF5_{o,t}^{-}$	0.3530 ** (0.1230)	0.1166 ** (0.0414)	0.2608 (0.1521)	0.0910 (0.0532)
	$FJM5_{o,t}^{-}$		—		—
	$FJL5_{o,t}^{-}$		0.1014 (0.2226)		0.0478 (0.1614)
$FJ_{c,t-1}^{+}$		0.2585 (0.6724)	0.25946 (0.6685)	−0.0857 (0.6836)	−0.0856 (0.6843)
$FJ_{c,t-1}^{-}$		—	—	—	—
$M\sigma_{sc,t}$		16.3426 * (7.6401)	15.1290 * (7.6066)	32.4298 ** (7.8648)	32.5368 ** (7.8841)
$MV_{s,t}^{exp}$		−0.0886 ** (0.0218)	−0.0835 ** (0.0217)	−0.1000 ** (0.0183)	−0.0999 ** (0.0183)
$MV_{s,t}^{unexp}$		0.2281 ** (0.0273)	0.2270 ** (0.0272)	0.2758 ** (0.0336)	0.2757 ** (0.0336)
R^2 （调整 R^2）		0.2217 (0.2113)	0.2351 (0.2204)	0.2188 (0.2067)	0.2189 (0.205)

注：＊＊、＊分别表示系数在1%、5%的水平下显著。

表11　不同市场行情下股指期货非同步交易跳跃对股指现货向下跳跃影响的回归结果

变量	牛市		熊市	
	不分解	分解	不分解	分解
	系数（标准误）	系数（标准误）	系数（标准误）	系数（标准误）
$MD_{f,j,t}^{-}$	−0.2819 (0.2277)	0.0054 (0.3140)	0.7376 * (0.3279)	0.7371 * (0.3281)

变量		牛市		熊市	
		不分解	分解	不分解	分解
		系数（标准误）	系数（标准误）	系数（标准误）	系数（标准误）
$FJ^{+}_{o,t}$	$FJF5^{+}_{o,t}$	0.3045 * (0.1295)	0.1013 * (0.0431)	0.5604 *** (0.1672)	0.1865 *** (0.0572)
	$FJM5^{+}_{o,t}$		—		0.0526 (0.3283)
	$FJL5^{+}_{o,t}$		—		0.3384 (0.3288)
$FJ^{-}_{o,t}$	$FJF5^{-}_{o,t}$	0.6903 *** (0.1505)	0.2447 ** (0.0513)	1.0452 ** (0.1796)	0.3340 ** (0.0608)
	$FJM5^{-}_{o,t}$		—		—
	$FJL5^{-}_{o,t}$		− 0.0575 (0.2223)		0.7897 (0.6280)
$FJ^{+}_{c,t-1}$		− 0.0765 (0.6688)	− 0.0759 (0.6682)	0.9139 (0.9845)	0.9166 (0.9852)
$FJ^{-}_{c,t-1}$		—	—	—	—
$M\sigma_{sc,t}$		− 51.1303 ** (7.6872)	− 50.8409 ** (7.6838)	− 71.1258 ** (11.1920)	− 71.4085 ** (11.2159)
$MV^{exp}_{s,t}$		0.0968 ** (0.0179)	0.0966 ** (0.0178)	0.0862 ** (0.0318)	0.0873 ** (0.0320)
$MV^{unexp}_{s,t}$		− 0.0902 ** (0.0328)	− 0.0900 ** (0.0328)	− 0.1750 ** (0.0400)	− 0.1764 ** (0.0400)
R^2 （调整 R^2）		0.2757 (0.2189)	0.1839 (0.1693)	0.2303 (0.2200)	0.2336 (0.2189)

注：＊＊、＊分别表示系数在 1%、5% 的水平下显著。

从表 10 和表 11 可以看出，无论牛市、熊市，无论股指现货开盘后前 5 分钟是向上还是向下跳跃，股指期货开盘后前 15 分钟的跳跃，都对股指现货跳跃有显著影响，这与全样本情况类似；股指期货开盘后 15 分钟向上跳跃次数会显著增加股指现货向上跳跃次数，而向下跳跃次数会显著减少股指现货向上跳跃次数；股指期货开盘后 15 分钟向下跳跃次数会显著增加股指现货向下跳跃次数，而向上跳跃次数会显著减少股指现货向下跳跃次数。从回归系数看，股指期货开盘后 15 分钟的向上跳跃对股指现货开盘后前 5 分钟的向上跳跃影响远大于其向下跳跃的影响，这在牛市更为突出，说明股指期货开盘后 15 分钟的向上跳跃，无论牛市、熊市，更容易引起股指现货开盘后前 5 分钟向上跳跃，而且牛市表现得更为显著；相对应，股指期货开盘后 15 分钟的向下跳跃对股指现货开盘后前 5 分钟的向下跳跃影响远大于其向上跳跃的影响，这在熊市更为突出，说明股指期货开盘后 15 分钟的向下跳跃，无论牛熊市，更容易引起股指现货开盘后前 5 分钟向下跳跃，这在熊市中更为显著。与上述分析相同，股指期货开盘后第 1 个 5 分钟的向上、向下跳跃对股指现货开盘后前 5 分钟的向上、向下跳跃有显著影响，而第 2、第 3 个 5 分钟的向上、向下跳跃对股指现货开盘后前 5 分钟的向上、向下跳跃无影响。无论牛熊市，股指期货前一天收盘前 15 分钟跳跃对股指现货市场向上、向下的跳跃都没有显著影响。只有与现货市场同期的股指期货向下跳跃对股指现货向下跳跃有显著正向影响，但影响的显著性小于股指期货开盘后 15 分钟向下跳跃的影响。同样，股指现货连续性波动、股指现货预期与非预期交易量对股指现货平均向上、向下跳跃次数的影响与上面分析类似。

为了检验结论的稳健性，本文将样本数据抽样频率由 5 分钟变为 15 分钟，首先按 Lee 和 Mykland（2008）方法识别沪深 300 股指及其期货发生跳跃的时段及跳跃方向，然后重新应用模型分析同步及非同步交易时段，股指期货跳跃对股指现货总跳跃及向上、向下跳跃的影响。除了计算数据有所不同外，得出的基本结论完全相同。另外，由于牛市、熊市的具体日期无法准确衡量，因此本文将牛市、熊市的日期向前、向后分别调整 1 个月，重新计算牛市、熊市情况下，沪深 300 股指期货对其现货股指总跳跃及向上、向下跳跃的影响，发现得出的基本结论完全相同。这些说明本文的结论具有稳健性。

（四）结论

通过研究，本文得出如下结论：（1）沪深 300 股指期货同步及开盘后非同步交易跳跃对标的指数的跳跃都有显著正向影响，这种影响在熊市行情中更大；前一日收盘前非同步交易跳跃对标的指数的跳跃没有显著影响。（2）无论牛市、熊市，股指期货同步交易向上跳跃对股指现货向上跳跃有显著正向影响，这在牛市中更为显著；股指期货向下跳跃对股指现货向下跳跃有显著正向影响，这在熊市中更为显著。（3）无论是全样本还是牛市、熊市，股指期货开盘后非同步交易时段跳跃对股指现货开盘时段跳跃的影响主要来自股指期货开盘后前 5 分钟的跳跃上；其影响程度大于与股指现货同期的股指期货跳跃对股指现货跳跃的影响。（4）无论是全样本还是牛市、熊市，股指期货开盘后非同步交易时段跳跃对股指现货开盘后第 1 个 5 分钟平均跳跃的影响程度远大于对股指现货开盘后前 15 分钟平均跳跃的影响。股指期货的非同步交易跳跃对现货指数跳跃的影响具有递减效应。（5）无论是全样本还是牛市、熊市，股指期货开盘后非同步交易时段向上、向下跳跃对股指现货开盘后前 5 分钟的向上、向下跳跃都有显著影响，其中，股指期货向上跳跃对股指现货向上跳跃的影响大于股指期货向下跳跃对其向上跳跃的影响，这在牛市中更为显著；股指期货向下跳跃对股指现货向下跳跃的影响大于股指期货向上跳跃对其向下跳跃的影响，这在熊市中更为显著。股指期货开盘后非同步交易时段向上、向下跳跃对股指现货开盘时段向上、向下跳跃的影响程度大于与现货市场同期的股指期货向上、向下跳跃对其向上、向下跳跃的影响。(6) 股指现货跳跃不具有集簇性。无论是全样本还是牛市、熊市，股指现货前一期的向上、向下跳跃对股指现货向上、向下跳跃均无显著影响。(7) 无论牛市、熊市，股指现货连续性波动及其非预期交易量显著增加股指现货跳跃发生的概率；股指现货预期交易量在牛市中与股指现货向上跳跃发生的概率显著负相关，在熊市中则显著增加股指现货向下跳跃发生的概率。

信息是导致股票期货和现货市场跳跃的主要原因，不同类型信息如何导致市场跳跃，其传导机制如何是值得进一步研究的问题。另外，本文仅研究了股指期货跳跃次数对股指现货跳跃次数的影响，没有深入研究对股指现货跳跃幅度的影响。后续研究可以将研究的范围拓展到股指期货对现货跳跃幅度等的影响，以更全面地分析股指期货对现货跳跃的影响。

三、中国股指期货交易行为对股指现货价格跳跃的影响研究——基于同步与非同步交易的视角

(一) 背景与意义

目前，针对股指期货交易行为对股指现货价格跳跃影响的文献很少，相关研究主要集中在股指期货交易行为对股票现货市场总波动的影响以及同一市场交易行为对资产价格波动的影响方面。如 Franklin (1988) 发现股指期货交易对股票现货市场的短期波动有显著影响，但对长期波动的影响不显著。Bessembinder 和 Seguin (1992) 发现股指期货非预期与预期交易量分别与股指现货波动率呈正相关和负相关关系。Brown 和 Kusek (1995) 发现股指期货交易量和持仓量对股指现货市场波动率的影响不显著。Darrat 和 Rahman (1995) 发现股指期货交易对股市跳跃波动无显著影响。Wang 和 Ho (2010) 发现股票交易量对股票价格波动率没有解释能力，而股指期货交易量则显著影响股票现货市场波动性。Giot 等 (2010) 研究发现股票交易量与连续性波动正相关，与跳跃波动负相关。Boudt 等 (2012) 研究了道琼斯工业指数成分股跳跃前后流动性的日内动态变化，发现有效价差和交易次数对跳跃发生概率的影响最大。在国内，陈海强和张传海 (2015) 研究发现股指期货交易不会增加现货市场大跳强度，而会增加小跳强度。郦金梁等 (2012) 发现股指期货的推出及其交易行为降低了现货市场的波动性，提高了现货市场的流动性。唐勇 (2011) 发现股指成交量增加会对下一期跳跃方差有正向冲击。

一些学者研究了信息与市场交易行为、资产价格波动的关系。Clark (1973) 认为信息流引起交易增加和价格波动，交易次数代表信息流到达率，交易量与交易次数正相关，因而也与价格波动正相关。Andersen (1996) 把交易量分为信息交易量和非信息交易量，信息到达只影响波动和交易量中的信息成分。Wu (2006) 发现交易量和波动之

间的正向关系主要是由信息交易导致的，而流动性交易会减小股价的波动性。Harris 和 Raviv（1993）认为交易者关于信息对资产价格影响的信念越分散，信息引起的价格变化和超额交易量越大，因而价格变化和交易量正相关。在国内，赵留彦等（2003）发现预期交易量不影响股价波动，而未预期交易量变动不仅与同期波动正相关，还能预测下期波动。郑泽星（2005）发现信息交易量对收益波动的影响显著。王春峰等（2007）发现平均交易量和交易频率都对当期收益波动有显著的解释能力。刘庆富等（2013）分别给出了股指期货和现货市场跳跃溢出贡献度，并分析了我国股指期货和现货市场跳跃的信息含量及其跳跃之间的信息传递关系。

从上述文献可以看出，国内外学者对信息与市场交易行为、资产价格波动的关系进行了大量研究，一些学者研究了股票市场交易行为对其资产价格波动及跳跃的影响，另一些学者则研究了股指期货交易行为（交易量与持仓量）对股票现货市场波动率的影响及跳跃之间的信息传递关系。上述研究多数是针对成熟市场的，对新兴市场的研究相对较少，得出的结论也不一致。另外，现有的文献中，研究股指期货交易行为对股票现货市场跳跃的影响文献很少，也没有分析非同步交易情况下股指期货交易行为对股指现货价格跳跃的影响，很少分析不同市场环境下，股指期货交易行为对股指现货价格跳跃（包括向上、向下跳跃）的影响。这些问题无疑对研究我国股指期货对股指现货价格跳跃的影响具有重要意义。

（二）模型构建

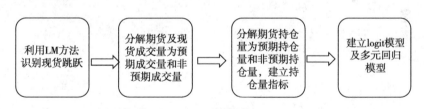

图6　模型结构

本文利用沪深 300 股价指数及其期货合约历史 5 分钟高频数据，基于 logit 模型和多元回归模型分析了股指期货交易行为对股指现货跳跃的影响，并检验了不同市场行情下结论的变化和差异。其中，交易行为包括交易量和持仓量两个指标，为此根据以往文献提示对交易量及持仓量进行分解及组合构建更加合理的影响指标。

本文首先运用 Lee 和 Mykland（2008）方法，对沪深 300 股指跳跃进行识别与统计分析；然后，从同步与非同步交易两个角度分别研究股指期货交易行为对股指现货跳跃的影响。对于同步交易，由于本文研究的股指现货跳跃为虚拟变量（取 1 时为发生跳跃，取 0 时为未发生跳跃），为此建立如下多元 logit 回归模型分析股指期货交易行为对股指现货跳跃的影响。

$$\ln\left(\frac{p(IJ_{s,t}=1)}{p(IJ_{s,t}=0)}\right) = \alpha_0 + \alpha_1 V_{f,t-j}^{unexp} + \alpha_2 V_{f,t-j}^{exp} + \alpha_3 \Delta H_{f,t} + \alpha_4 V_{s,t-j}^{unexp}$$

$$+ \alpha_5 V_{s,t-j}^{exp} + \alpha_6 IJ_{s,t-1} + \varepsilon_t \tag{3.1}$$

其中，$IJ_{s,t}$ 表示股指现货的跳跃情况，$p(IJ_{s,t}=1)$ 表示 Δt 时段内沪深 300 股指发生跳跃的概率。$V_{f,t}^{exp}$ 和 $V_{f,t}^{unexp}$ 分别为股指期货的预期交易量和非预期交易量。本文发现股指期货对数交易量存在自相关性，且偏自相关系数具有 6 阶截尾特征，因此，构建如下模型提取股指期货的预期交易量和非预期交易量：

$$\ln V_{f,t} = c + \sum_{j=1}^{6} b_j \ln V_{f,t-j} + \varepsilon_t \tag{3.2}$$

式中，$\ln V_{f,t}$、$\ln V_{f,t-j}$ 分别是股指期货当期和滞后 j 期对数交易量。定义模型（3.2）中的残差项 ε_t 为非预期交易量 $V_{f,t}^{unexp}$，非残差项部分为预期交易量 $V_{f,t}^{exp}$。

$V_{s,t}^{exp}$ 和 $V_{s,t}^{unexp}$ 分别为标的指数的预期和非预期交易量，用于反映现货市场流动性及信息冲击对股指现货价格跳跃的影响，其提取方法与模型（3.2）相同（其偏自相关系数具有 5 阶截尾特征）。

$\Delta H_{f,t}$ 为持仓量的变化量，反映股指期货市场多空双方对价格异性度的差异，其对股指现货跳跃也产生影响。此外，考虑到跳跃的集簇性特征，将沪深 300 股指前 1 期跳跃状态 $IJ_{s,t-1}$ 作为控制变量加入模型中。

为进一步分析股指期货交易行为对股指现货市场向上、向下跳跃的影响，本文构建如下 Logit 回归模型（3.3）和模型（3.4）。

$$\ln\left(\frac{p(IJ_{s,t}^+=1)}{p(IJ_{s,t}^+=0)}\right) = \alpha_0 + \alpha_1 V_{f,t-j}^{unexp} + \alpha_2 V_{f,t-j}^{exp} + \alpha_3 \Delta H_{f,t} + \alpha_4 V_{s,t-j}^{unexp}$$

$$+ \alpha_5 V_{s,t-j}^{exp} + \alpha_6 IJ_{s,t-1}^+ + \varepsilon_t \tag{3.3}$$

$$\ln\left(\frac{p(IJ_{s,t}^-=-1)}{p(IJ_{s,t}^-=0)}\right) = \alpha_0 + \alpha_1 V_{f,t-j}^{unexp} + \alpha_2 V_{f,t-j}^{exp} + \alpha_3 \Delta H_{f,t} + \alpha_4 V_{s,t-j}^{unexp}$$

$$+ \alpha_5 V_{s,t-j}^{exp} + \alpha_6 IJ_{s,t-1}^- + \varepsilon_t \tag{3.4}$$

其中，$IJ_{s,t}^+$、$IJ_{s,t}^-$ 分别表示股指现货向上、向下跳跃情况。同样，考虑到跳跃的集簇性，在模型（3.3）和模型（3.4）中加入股指现货前 1 期向上、向下跳跃 $IJ_{s,t-1}^+$、$IJ_{s,t-1}^-$。

在以往基于高频数据的研究中，为了实现数据匹配，往往剔除股指期货开盘后 15 分钟和收盘前 15 分钟的数据。然而，这些数据往往包含了更多额外的信息，因为相比于股票现货市场，市场信息最先反映在股指期货开盘后 15 分钟内，而在股票市场收盘后，新信息会反映在股指期货收盘前 15 分钟内。因此，分析股指期货非同步交易时段的交易行为对股指现货跳跃的影响有重大意义。为此，本文构建如下模型分析股指期货非同步交易时段交易行为对股指现货开盘时段跳跃的影响。

$$MD_{s,t}^j = \alpha_0 + \alpha_1 MV_{f,t}^{junexp} + \alpha_2 MV_{f,t}^{jexp} + \alpha_3 \Delta MH_{f,t}^j + \alpha_4 MV_{s,t}^{junexp} + \alpha_5 MV_{s,t}^{jexp} + \alpha_6 MV_{fo,t}^{unexp}$$

$$+ \alpha_7 MV_{fo,t}^{\text{exp}} + \alpha_8 \Delta MH_{fo,t} + \alpha_9 MV_{fc,t}^{\text{unexp}} + \alpha_{10} MV_{fc,t}^{\text{exp}} + \alpha_{11} \Delta MH_{fc,t} + \varepsilon_t \qquad (3.5)$$

式中，$MD_{s,t}^{j}$ 为股票市场开盘后 j 分钟内沪深 300 股指发生跳跃次数的平均值，$MV_{f,t}^{\text{jexp}}$、$MV_{f,t}^{\text{junexp}}$、$MV_{s,t}^{\text{exp}}$ 和 $MV_{s,t}^{\text{unexp}}$、$\Delta MH_{f,t}^{j}$ 分别为股指现货开盘时段股指期货、股指现货的平均预期与非预期交易量和股指期货平均持仓量变化；$MV_{fo,t}^{\text{exp}}$、$MV_{fo,t}^{\text{unexp}}$、$\Delta MH_{fo,t}$ 和 $MV_{fc,t}^{\text{exp}}$、$MV_{fc,t}^{\text{unexp}}$、$\Delta MH_{fc,t}$ 分别为股指期货当天开盘后前 15 分钟和前一日收盘前 15 分钟平均预期和非预期交易量及平均持仓量变化；根据统计，沪深 300 股指跳跃相当部分都发生在前 5 分钟，因此本文取 j 值分别为 5 和 10。

为了进一步分析股指期货在非同步交易时段交易行为对股指现货向上、向下跳跃的影响，分别用股票市场开盘后 j 分钟内股指现货向上、向下跳跃次数的平均值 $MD_{s,t}^{+j}$、$MD_{s,t}^{-j}$ 代替回归模型（3.5）中的 $MD_{s,t}^{j}$ 进行回归分析。

（三）实验结果及分析

本文选取沪深 300 股指期货当月连续合约及其标的指数 2010 年 4 月 16 日到 2015 年 8 月 31 日全部交易日的历史价格 5 分钟高频数据为研究样本。采用的数据包括样本区间内每 5 分钟的指数价格、交易量（股）、持仓量等。

全样本情况下，各解释变量的描述性统计如表 12 所示。

表 12 解释变量描述性统计结果

	$V_{f,t}^{\text{unexp}}$	$V_{f,t}^{\text{exp}}$	$\Delta H_{f,t}$	$V_{s,t}^{\text{unexp}}$	$V_{s,t}^{\text{exp}}$
均值	0.0013	8.6436	−1.96	1.84E−06	14.2324
中位数	−0.0179	8.7386	−28	−0.0067	13.9551
最大值	4.573	11.579	178 804	2.2676	17.1193
最小值	−2.0029	3.4414	−16 442	−1.2173	12.3059
标准差	0.4039	1.2175	2 401	0.2698	0.7799

由表 12 可以看出，在沪深 300 股指期货和标的指数同步交易时段，股指期货非预期和预期交易量的标准差/均值（绝对值）比率分别为 310.6 和 0.14，说明非预期交易量变动要远大于预期交易量，它是反映信息的主体。沪深 300 股指非预期与预期交易量分布特征与股指期货相似，其预期交易量标准差/均值（绝对值）比率仅为 0.055，远小于股指期货预期交易量相同比率，说明股价指数预期交易量变化波动更小。

分析全样本情况下沪深 300 股指期货交易行为对其标的股指总跳跃影响时，为了有效规避多重共线性问题[①]，要求解释变量之间不存在相关关系，检验结果也验证了这一点（解释变量之间相关系数最高的为 0.49）。回归结果如表 13 所示。

---

① 在下文的有关回归分析中，都对解释变量之间的相关性进行了分析，相关系数最大的均小于 0.50，可以认为解释变量之间不存在相关性。

表 13 股指期货交易行为对股指现货总跳跃影响的回归结果

变量	滞后阶数						
	0	1	2	5	10	30	60
$V_{f,t}^{exp}$	-0.2671^{***}	-0.1186^{**}	-0.0787	0.0785	0.1213^{**}	0.1051	0.1114
	(0.0536)	(0.0516)	(0.0533)	(0.0589)	(0.0614)	(0.0616)	(0.0611)
$V_{f,t}^{unexp}$	1.4114^{***}	-1.3641^{***}	-1.096^{***}	-0.9008^{***}	-0.2783	0.6277^{***}	0.3380
	(0.1497)	(0.1315)	(0.1356)	(0.1482)	(0.1745)	(0.1719)	(0.1749)
$\Delta H_{f,t}$	0.5947^{***}	0.991^{***}	0.975^{***}	1.1125^{***}	1.1995^{***}	1.1759^{***}	1.1577^{***}
	(0.1165)	(0.0970)	(0.0955)	(0.0977)	(0.0967)	(0.0934)	(0.0882)
$V_{s,t}^{exp}$	0.5134^{***}	0.2322^{***}	0.0999	-0.2473^{***}	-0.4566^{***}	-0.5069^{***}	-0.4617^{***}
	(0.0725)	(0.0733)	(0.0749)	(0.0807)	(0.0855)	(0.0866)	(0.0861)
$V_{s,t}^{unexp}$	4.4701^{***}	2.2922^{***}	2.2826^{***}	1.454^{***}	0.1742	-0.3882	-0.3349
	(0.1763)	(0.194)	(0.1947)	(0.1851)	(0.2383)	(0.2404)	(0.243)
$IJ_{s,t-1}$	0.8440	-0.4739	-0.3166	0.5054	0.5968	0.5572	0.5987
	(0.5273)	(0.5381)	(0.4887)	(0.5079)	(0.5059)	(0.5062)	(0.5059)
McFadden R^2	0.3047	0.0617	0.0529	0.0346	0.0268	0.0307	0.0272

注：＊＊＊、＊＊分别表示在1%和5%的显著性水平上显著。括号内数据为标准误。

　　从表 13 可以看出，无论股指期货非预期还是预期交易量都对股指现货跳跃有显著的影响，但影响方向、强度和持续性存在差异。与沪深 300 股指同阶到滞后 60 阶，非预期交易量的系数及显著性基本上都远大于预期交易量；与沪深 300 股指同阶的非预期交易量系数为正，而预期交易量的系数为负，说明在同阶的 5 分钟交易量中，基于信息的交易会增加股指现货跳跃发生的概率，而基于流动性的交易会降低股指现货跳跃发生的概率，这与 Bessembinder 和 Seguin（1992）、Wu（2006）的结论相同，但是股指期货的信息交易更能够增加股指现货跳跃的发生。滞后 1 阶的预期与非预期交易量的系数均为负数，说明前 5 分钟基于信息和流动性的交易均会降低现货市场跳跃发生的概率。非预期交易量的系数第一次出现不显著是在滞后 6 阶，而预期交易量的系数在滞后 2 阶就出现不显著了，说明股指期货非预期交易对股指现货跳跃的影响更持久，流动性交易反应更迅速，而交易者对信息的反应需要一定的时间。相比而言，无论是系数还是显著性，同阶股指期货非预期和预期交易量对股指现货市场跳跃的影响都是最大的；随着滞后阶数的增加，股指期货预期、非预期交易量对股指现货市场跳跃的影响逐步减弱。这些说明股指期货非预期交易量对股指现货市场跳跃的影响远大于预期交易量，也说明信息对股指现货市场跳跃的影响远大于流动性的影响。

　　持仓量变化的系数从同阶到多阶一致显著为正，说明持仓量的增加会增大股指现货跳跃发生的概率，也就是说，市场多空双方对价格判断的差异越大，越会增加跳跃的发生。从影响系数的大小和显著性看，股指期货持仓量对现货跳跃影响小于股指期货交易量（尤其是非预期交易量）的影响，但持续性大于股指期货交易量。我们认为，这是由于市场价格变化更容易反映信息和流动性，而对多空双方对市场差异判断却难以很快反映。

股价指数预期与非预期交易量对现货本身跳跃的影响与股指期货对其跳跃的影响类似，都显著影响股指现货跳跃发生的概率；而且非预期交易量对股指现货跳跃的影响及持久性都远大于预期交易量。略有不同的是，同阶及滞后1阶的股价指数预期与非预期交易量的增加都会显著增大股价指数跳跃发生的概率。从影响系数看，股价指数预期与非预期交易量对股指现货跳跃的影响大于股指期货对其跳跃的影响。另外，沪深300股指跳跃变量滞后项的回归系数不显著，说明跳跃的集簇性特征不明显。

从回归结果的 R^2 看，滞后阶数越小，对股指现货跳跃的解释能力越强。同阶股指期货交易行为对股指现货跳跃的影响最大。

在全样本情况下，股指期货同步交易行为对股指现货向上、向下跳跃影响的回归结果如表14所示。

表14　　　股指期货交易行为对股指现货市场向上、向下跳跃影响的回归结果

变量	股指现货向上跳跃			股指现货向下跳跃		
	滞后阶数			滞后阶数		
	0	1	5	0	1	5
$V_{f,t}^{exp}$	− 0.1919 **	− 0.0473	0.0926	− 0.303 ***	− 0.1824 ***	0.0657
	(0.0835)	(0.079)	(0.0873)	(0.0677)	(0.0675)	(0.0794)
$V_{f,t}^{unexp}$	1.2772 ***	− 1.0314 ***	− 0.5999 ***	1.1223 ***	− 1.4382 ***	− 1.0666 ***
	(0.2073)	(0.1933)	(0.2286)	(0.1843)	(0.157)	(0.182)
$\Delta H_{f,t}$	− 0.1298	0.7885 ***	0.8648 ***	0.6366 ***	1.0144 ***	1.1784 ***
	(0.2051)	(0.1679)	(0.1724)	(0.1181)	(0.11)	(0.1126)
$V_{s,t}^{exp}$	0.2986 ***	0.0337	− 0.4494 ***	0.6603 ***	0.3994 ***	− 0.0852
	(0.108)	(0.1107)	(0.1238)	(0.0918)	(0.0969)	(0.106)
$V_{s,t}^{unexp}$	4.8997 ***	1.6193 ***	1.35 ***	3.0078 ***	2.3585 ***	1.3925 ***
	(0.242)	(0.2391)	(0.2506)	(0.2108)	(0.2279)	(0.2325)
$IJ_{s,t-1}^{+}$	1.1338	− 0.025	0.6851	1.5948 ***	0.7621	1.403 **
$IJ_{s,t-1}^{-}$	(1.0358)	(1.0334)	(1.0066)	(0.6019)	(0.6102)	(0.5968)
McFadden R^2	0.3631	0.0241	0.0217	0.1879	0.0867	0.0443

注：＊＊＊、＊＊分别表示在1%和5%的显著水平上显著。括号内数据为标准误。

从表14可以发现，股指期货非预期和预期交易量对股指现货市场向上、向下跳跃的影响方向一致，并与对总跳跃的影响相同，但影响强度存在差异。无论股指现货向上或向下跳跃，股指期货非预期交易量对其发生概率的影响程度与持久性均远大于预期交易量的影响；与股指现货同阶的非预期交易量增加会加大股指现货向上、向下跳跃的概率，而同阶的预期交易量增加会降低股指现货市场向上、向下跳跃的概率；滞后 1 阶的预期与非预期交易量的系数均为负数，这也与对总跳跃的影响相同。实际上，非预期交易量对股指现货向上、向下跳跃的影响系数第一次出现不显著是在滞后 6 阶，而预期交易量对股指现货向上、向下跳跃的影响系数分别在滞后 1 阶和 3 阶时出现不显著；从总体看，非预期及预期交易量对股指现货向下跳跃的影响系数略大于向上跳跃的影响系数；这说明股指期货交易量对股指现货向下跳跃的影响大于对向上跳跃的影响。

持仓量变化对股指现货跳跃的影响，除与股指现货同阶持仓量变化对向上跳跃无显著影响外，其他情况下，其系数从同阶到多阶一致显著为正，说明持仓量的增加会增加股指现货向上、向下跳跃发生的概率，这也与对总跳跃的影响相同；但从影响系数看，持仓变化量对股指现货向下跳跃影响程度明显大于对向上跳跃的影响程度。相对而言，持仓变化量对股指现货向上、向下跳跃的影响程度小于股指期货交易量的影响，但其影响持久性大于股指期货交易量。

股价指数预期与非预期交易量对股指现货向上、向下跳跃发生概率的影响也十分显著。股指非预期交易量与股指现货向上、向下跳跃发生的概率显著正相关，这种相关性一直延续到第 6 阶；股指预期交易量对股指现货向上、向下跳跃发生的概率也有显著正向影响，但其影响分别延续到第 1 期和第 3 期。从影响系数看，股指非预期交易量对股指现货向上、向下跳跃的影响大于预期交易量的影响；股指现货交易量对股指现货向上、向下跳跃的影响大于股指期货交易量的影响。另外，沪深 300 股指向下跳跃具有集簇性特征，向上跳跃没有集簇性。同样，从回归结果 R^2 看，同阶股指期货交易行为对股指现货向上、向下跳跃的影响更大。

根据牛市、熊市样本区间沪深 300 股指期货交易和股指现货跳跃数据，分析同步交易时段股指期货交易行为对股票现货指数总跳跃及向上、向下跳跃的影响。

1. 不同行情下股指期货同步交易行为对股指现货价格总跳跃的影响。在牛市、熊市行情下，股指期货同步交易行为对股指现货总跳跃影响的回归结果如表 15 所示。

表15　　　　　　　　　股指期货交易行为对股指现货市场跳跃影响的回归结果

	变量	滞后阶数						
		0	1	2	5	10	30	60
牛市	$V_{f,t}^{exp}$	− 0.2219	0.0200	0.0121	0.2455	0.2812	0.2363	0.4133 **
		(0.1385)	(0.1284)	(0.1311)	(0.1516)	(0.155)	(0.1551)	(0.1697)
	$V_{f,t}^{unexp}$	2.0071 ***	− 1.6823 ***	− 0.7666 **	− 0.714 **	− 0.4650	0.5535	0.5916
		(0.3158)	(0.2938)	(0.3139)	(0.3225)	(0.3316)	(0.3346)	(0.3282)
	$\Delta H_{f,t}$	0.2063	1.0206 ***	1.0163 ***	1.1881 ***	1.2563 ***	1.2046 ***	1.1876 ***
		(0.2476)	(0.177)	(0.1761)	(0.185)	(0.1813)	(0.1695)	(0.157)
	$V_{s,t}^{exp}$	0.2911	− 0.0129	− 0.0794	− 0.396 ***	− 0.588 ***	− 0.522 ***	− 0.721 ***
		(0.1569)	(0.1442)	(0.1437)	(0.1509)	(0.1551)	(0.1542)	(0.1601)

续表

	变量	滞后阶数						
		0	1	2	5	10	30	60
牛市	$V_{s,t}^{unexp}$	4.9403 ***	2.3553 ***	1.9151 ***	1.5328 ***	0.7861	−0.7291	−0.0364
		(0.3556)	(0.4037)	(0.3984)	(0.4236)	(0.4609)	(0.5003)	(0.4773)
	$IJ_{s,t-1}$	1.798 **	0.4692	1.1703	1.3355	1.3299	1.3038	1.3029
		(0.7796)	(0.8143)	(0.7266)	(0.7232)	(0.7243)	(0.7251)	(0.7245)
	McFadden R^2	0.3997	0.0585	0.0398	0.0387	0.0378	0.0354	0.0440
熊市	$V_{f,t}^{exp}$	−0.3251 ***	−0.1514 **	−0.1237	0.0428	0.0960	0.0842	0.0861
		(0.0669)	(0.0673)	(0.0694)	(0.0774)	(0.082)	(0.0823)	(0.0813)
	$V_{f,t}^{unexp}$	1.1426 ***	−0.928 ***	−0.905 ***	−0.604 ***	−0.0801	0.6482 ***	0.2566
		(0.1574)	(0.1669)	(0.1797)	(0.1934)	(0.2358)	(0.2301)	(0.2368)
	$\Delta H_{f,t}$	0.9635 ***	1.0538 ***	0.9853 ***	1.1588 ***	1.2466 ***	1.2285 ***	1.2097 ***
		(0.1524)	(0.1454)	(0.1392)	(0.1436)	(0.1421)	(0.1385)	(0.1312)
	$V_{s,t}^{exp}$	0.6640 ***	0.4001 ***	0.2775 ***	−0.0925	−0.318 ***	−0.458 ***	−0.331 ***
		(0.0975)	(0.0999)	(0.1032)	(0.1134)	(0.1225)	(0.128)	(0.1244)
	$V_{s,t}^{unexp}$	4.2948 ***	1.9073 ***	1.9772 ***	1.3182 ***	0.0426	−0.2144	−0.4145
		(0.2397)	(0.233)	(0.2296)	(0.2254)	(0.3188)	(0.3163)	(0.3192)
	$IJ_{s,t-1}$	0.4876	−0.4495	0.0063	0.2866	0.4361	0.3874	0.4472
		(0.7573)	(0.7395)	(0.7179)	(0.7206)	(0.7149)	(0.7153)	(0.715)
	McFadden R^2	0.2750	0.0642	0.0554	0.0341	0.0223	0.0293	0.0232

注：＊＊＊、＊＊分别表示在1%和5%的显著性水平上显著。括号内数据为标准误。

从表15可以看出，无论牛市、熊市，股指期货非预期交易量对股指现货市场跳跃影响的强度和持续性都明显大于股指期货预期交易量的影响（非预期交易量的系数在牛市、熊市中第一次出现不显著是滞后6阶，而预期交易量在熊市中滞后3阶以后不显著，在牛市中同阶就开始不显著）。与全样本相同，与沪深300股指同阶的非预期交易量系数为正，而预期交易量的系数为负，说明在同阶的5分钟交易量中，基于信息和流动性的交易分别会增加和降低股指现货跳跃发生的概率，但是股指期货的信息交易更能够增加股票现货跳跃的发生。从非预期交易量系数的大小看，这种影响在牛市中略强。滞后1阶的预期与非预期交易量的系数均为负数，说明前5分钟的交易量中，基于信息和流动性的交易均会降低现货市场跳跃发生的概率。同样，无论牛市、熊市，同阶股指期货交易量对股指现货市场跳跃的影响都是最大的。从总体影响看，股指期货交易量对股指现货跳跃影响在熊市中略大于牛市情况（预期交易量在牛市中对股指现货跳跃无影响，但在熊市中有显著影响）。持仓变化量的系数从同阶到多阶一致为正，除牛市中与现货指数同阶项不显著外，其他均在1%的显著水平上显著，说明无论牛市、熊市，持仓量的增加会增加跳跃发生的概率。从影响系数看，持仓变化量对现货指数跳跃的影响在熊市相对更强，尤其是从同阶看，持仓变化量对现货指数跳跃的影响在熊市中显著，在牛市中不显著。

无论牛市、熊市，股价指数预期和非预期交易量与股指现货跳跃发生的概率显著正影响；而且非预期交易量对股指现货跳跃的影响强度及持久性都远大于预期交易量的影响。从影响系数看，非预期交易量对股指现货跳跃的影响在牛市中略大于熊市，从总体影响看，股指现货交易量对股指现货跳跃影响在熊市行情中又略大于牛市情况（预期交易量在牛市中对股指现货跳跃的影响小于熊市）。同样，无论牛市、熊市，股价指数交易量对股指现货跳跃发生概率的影响具有递减效应。另外，股票指数跳跃在牛市中具有明显集簇性特征，但在熊市中不明显。从回归结果 R^2 看，牛市中的回归结果效果好于熊市；同阶股指期货交易行为对现货跳跃的影响最大。

2. 不同行情下股指期货同步交易行为对股指现货价格向上、向下跳跃的影响。在牛市、熊市中同步交易时段，股指期货交易行为对股指现货向上、向下跳跃影响的回归结果如表16所示。

表16　　　　　　　股指期货交易行为对股票现货市场跳跃影响的回归结果

	变量	牛市			熊市		
		滞后阶数			滞后阶数		
		0	1	5	0	1	5
向上跳跃	$V_{f,t}^{exp}$	-0.2865 (0.1781)	0.0197 (0.1701)	0.2507 (0.2038)	-0.1470 (0.1195)	0.0139 (0.1182)	0.0860 (0.1268)
	$V_{f,t}^{unexp}$	1.9662 ** (0.4119)	-1.8264 *** (0.3801)	-0.7428 (0.4281)	1.0256 *** (0.2786)	-0.6703 ** (0.2954)	-0.3834 (0.3292)
	$\Delta H_{f,t}$	-0.4060 (0.2799)	0.8861 *** (0.2493)	1.0242 *** (0.2641)	0.3504 (0.3696)	0.6642 (0.3654)	0.6885 (0.3725)
	$V_{s,t}^{exp}$	-0.0494 (0.2129)	-0.1468 (0.1955)	-0.5331 *** (0.2056)	0.2322 (0.1621)	-0.0564 (0.1751)	-0.6381 *** (0.2089)
	$V_{s,t}^{unexp}$	6.2827 *** (0.4971)	2.2976 *** (0.5243)	1.9314 *** (0.5517)	4.2944 *** (0.3299)	1.2626 *** (0.3216)	1.1575 *** (0.3338)
	$IJ_{s,t-1}^{+}$	1.2554 (1.0423)	-0.0451 (1.0323)	0.7253 (1.0125)	1.9802 (1.0643)	0.8863 (1.0531)	1.4286 (1.015)
	McFadden R^2	0.4521	0.0469	0.0347	0.3139	0.0137	0.0216
向下跳跃	$V_{f,t}^{exp}$	-0.1345 (0.2176)	0.0263 (0.1964)	0.2438 (0.2263)	-0.4032 *** (0.0779)	-0.2471 *** (0.0815)	0.0076 (0.0974)
	$V_{f,t}^{unexp}$	1.8766 *** (0.4467)	-1.3431 *** (0.4278)	-0.6723 (0.4882)	2.0271 ** (0.2294)	-1.2403 *** (0.1761)	-1.0945 *** (0.1976)

变量		牛市			熊市		
		滞后阶数			滞后阶数		
		0	1	5	0	1	5
向下跳跃	$\Delta H_{f,t}$	0.2290 (0.2299)	1.0681 *** (0.2303)	1.2635 *** (0.2422)	1.0192 *** (0.1533)	1.0973 *** (0.1572)	1.2508 *** (0.1561)
	$V_{s,t}^{exp}$	0.5484 ** (0.2229)	0.1345 (0.2144)	−0.2384 (0.222)	0.9097 *** (0.1151)	0.6592 *** (0.1216)	0.1903 (0.1357)
	$V_{s,t}^{unexp}$	2.5566 *** (0.4765)	2.2785 *** (0.5514)	0.9704 (0.6552)	3.1053 *** (0.2729)	1.973 *** (0.2554)	1.241 *** (0.2812)
	$IJ_{s,t-1}^{-}$	2.7603 *** (0.8172)	2.7578 *** (0.8275)	3.0408 *** (0.7432)	0.4929 (1.043)	−0.0853 (1.0258)	0.4284 (1.0367)
	McFadden R^2	0.2796	0.0725	0.0478	0.1937	0.1030	0.0523

注：＊＊＊、＊＊分别表示在 1% 和 5% 的显著性水平上显著。括号内数据为标准误。

根据表 16 可以看出，在牛市中，股指期货非预期交易量对标的指数向上跳跃有显著影响，而股指期货预期交易量对其无显著影响。其中与股指同阶和滞后 1 阶的非预期交易量分别对股指现货向上跳跃有显著正向和负向影响，且影响持续到第 3 阶。持仓变化量（与股指同阶的除外）对股指现货向上跳跃有显著正向影响且持久。股价指数非预期交易量对股指现货向上跳跃有显著正向影响且持久，而股价指数预期交易量对股指现货向上跳跃无显著影响。从影响系数看，股指交易量对股指现货向上跳跃的影响强度与持久性均大于股指期货交易量的影响。

在牛市中，股指期货非预期交易量对股指现货向下跳跃也有影响显著，股指期货预期交易量对其无影响。与股指同阶和滞后 1 阶的非预期交易量对股指现货向下跳跃分别有显著正向和负向影响，且影响持续到第 1 阶。从影响系数看，股指期货非预期交易量对股指现货向下跳跃影响小于对向上跳跃的影响。持仓变化量（除与股指同阶的外）对股指现货向下跳跃有显著的正向影响且持久，从其他滞后阶的系数看，持仓变化量对股指现货向下跳跃的影响略大于对向上跳跃的影响，但差距不明显。股价指数非预期交易量对股指现货向下跳跃发生概率有显著正向影响，但在滞后 3 期出现不显著，股价指数预期交易量对股指现货向下跳跃的影响在滞后 1 期出现不显著。从影响系数看，股指交易量对股指现货向上跳跃的影响强度与持久均大于向下跳跃的影响。从总体上看，股指交易量对股指现货跳跃的影响强度与持久均大于股指期货交易量的影响，这在对股指现货向上跳跃方面更明显。

在牛市中，股票指数跳跃向下跳跃具有明显集簇性特征，但向上跳跃没有集簇性；无论向上、向下跳跃，同阶股指期货交易行为对现货跳跃的影响都是最大的。在熊市中，股指期货非预期交易量对股指现货向上跳跃也有影响显著，而股指期货预期交易量对其无影响。其中与股指同阶和滞后 1 阶的非预期交易量对股指现货向上跳跃分别有显著正向和负向影响，且影响持续到第 3 阶。从影响系数及持久性看，股指期货非预期交易量对股指现货向上跳跃的影响在牛市更大。持仓变化量对股指现货向上跳跃无显著影响，其影响强度小于牛市行情。股价指数非预期交易量对股指现货向上跳跃有显著正向影响且持续到第 6 阶，而股价指数预期交易量对股指现货向上跳跃无影响；从影响程度与持久性看，股价指数交易量对股指现货向上跳跃的影响在牛市更大。

在熊市中，股指期货非预期与预期交易量对股指现货向下跳跃都有影响显著。与股指同阶和滞后 1 阶非预期交易量分别对股指现货向下跳跃有显著正向和负向影响，且影响持续到第 6 阶；同阶到滞后 2 阶的预期交易量对股指现货向下跳跃有显著负向影响；从影响系数看，股指期货交易量对股指现货向下跳跃的影响在熊市中更大；另外，在熊市中，股指期货交易量对股指现货向下跳跃影响比向上跳跃影响大。持仓变化量对股指现货向下跳跃有显著的正向影响且持久，且明显大于对向上跳跃的影响；也比牛市中更显著，影响更大。在熊市中，股价指数非预期和预期交易量对股指现货向下跳跃都有显著正向影响，股价指数非预期交易量对股指现货向下跳跃的影响及持久性都大于预期交易量，也大于向上跳跃的影响强度（在熊市中，股指预期交易量对股指现货向上跳跃的影响不显著；股指非预期交易量对股指现货向上、向下跳跃的影响差距不大）；相对于牛市行情，股指交易量对股指现货向下跳跃的影响强度与持久在熊市行情中都更大、更持久。另外，从总体上看，股指交易量对股指现货向下跳跃的影响大于股指期货交易量的影响，这在熊市中更明显。在熊市中，股票指数跳跃向上、向下跳跃都没有明显集簇性；同阶股指期货交易行为对现货跳跃的影响都是最大的。

与上述分析类似，首先应用模型分析全样本情况下沪深 300 股指期货交易行为对其标的股指开盘时段总跳跃及向上、向下跳跃的影响。其回归结果如表 17 所示。

表 17　全样本情况下股指期货非同步交易行为对现货市场跳跃影响的回归结果

	$(j=5)$			$(j=10)$		
	总跳跃	向上	向下	总跳跃	向上	向下
$MV_{f,t}^{junexp}$	− 0.1079 ***	− 0.0445	− 0.0633	− 0.1406 ***	− 0.0675 ***	− 0.0731 ***
	(0.038)	(0.0256)	(0.0329)	(0.0277)	(0.0191)	(0.0243)
$MV_{f,t}^{jexp}$	− 0.0496	0.1195	− 0.1691	− 0.0367	0.039	− 0.0756
	(0.1074)	(0.0733)	(0.0941)	(0.0609)	(0.042)	(0.0535)
$\Delta MH_{f,t}^{j}$	1.5785 ***	0.4440	1.1346 ***	1.4186 ***	0.3367	1.082 ***
	(0.3677)	(0.2510)	(0.3222)	(0.3299)	(0.2274)	(0.2896)
$MV_{s,t}^{unexp}$	0.2823 ***	0.1836 ***	0.0987 ***	0.3533 ***	0.2095 ***	0.1438 ***
	(0.0243)	(0.0166)	(0.0213)	(0.029)	(0.02)	(0.0255)

续表

	($j = 5$)			($j = 10$)		
	总跳跃	向上	向下	总跳跃	向上	向下
$MV_{s,t}^{exp}$	−0.1341 ***	−0.0599 ***	−0.0742 ***	−0.0718 ***	−0.0324 ***	−0.0394 ***
	(0.018)	(0.0125)	(0.0161)	(0.0098)	(0.0068)	(0.0086)
$MV_{fo,t}^{unexp}$	0.2727 ***	−0.0243	0.2970 ***	0.1255 **	−0.0137	0.1391 ***
	(0.0886)	(0.0605)	(0.0776)	(0.0492)	(0.0339)	(0.0432)
$MV_{fo,t}^{exp}$	0.2468 **	−0.0583	0.3051 ***	0.1261 **	−0.0097	0.1357 **
	(0.1067)	(0.0728)	(0.0935)	(0.0602)	(0.0415)	(0.0528)
$\Delta MH_{fo,t}$	−4.8155 ***	−1.3620	−3.4535 ***	−2.1115 ***	−0.4906	−1.621 ***
	(1.116)	(0.759)	(0.9741)	(0.4983)	(0.3434)	(0.4374)
$MV_{fc,t}^{unexp}$	−0.1531	−0.0660	−0.0871	−0.0738	−0.0254	−0.0484
	(0.0916)	(0.0421)	(0.054)	(0.0613)	(0.0216)	(0.0275)
$MV_{fc,t}^{exp}$	−0.1755 ***	−0.0422 **	−0.1333 ***	−0.0765 ***	−0.0184 **	−0.0581 ***
	(0.024)	(0.0166)	(0.0213)	(0.0125)	(0.0086)	(0.0109)
$\Delta MH_{fc,t}$	−3.9171 ***	−0.1864	−3.7307 ***	−1.9602 ***	−0.0719	−1.8883 ***
	(0.922)	(0.6298)	(0.8083)	(0.4365)	(0.3008)	(0.3832)
R^2	0.2093	0.1256	0.1064	0.2158	0.1123	0.1178

注：＊＊＊、＊＊分别表示在1%和5%的显著性水平上显著。括号内数据为标准误。

从表17可以看出，在全样本情况下，股指期货当天开盘后前15分钟平均非预期和预期交易量都对股指现货开盘后前5分钟的平均跳跃次数有显著的正向影响，其中对股指现货开盘后前5分钟向上跳跃没有影响，对向下跳跃有显著的正向影响。这说明股指期货当天开盘后前15分钟的基于信息和流动性的交易均会增加现货市场开盘时段跳跃次数，尤其是增加现货市场开盘时段向下跳跃次数。前一日股指期货收盘前15分钟平均非预期交易量对股指现货开盘后前5分钟的平均跳跃次数没有影响，但预期交易量对其有显著负向影响，说明前一日股指期货收盘前15分钟的信息已在当日股指期货开盘后15分钟得到反映，而前一日非同步交易时段基于流动性的交易会降低当日股指现货开盘时段平均向上、向下跳跃次数，尤其降低向下跳跃次数，但这种影响明显小于股指期货当天开盘后前15分钟预期交易量的影响。

前一日及当日非同步交易时段股指期货平均持仓量的变化均与当日股指现货开盘5分钟时段跳跃次数显著相关，其中对其向上跳跃没有影响，对向下跳跃有显著的负向影响，这说明股指期货前一日及当日非同步交易时段持仓量的增加会降低当日股指现货开盘时段跳跃次数，尤其是降低现货市场开盘时段向下跳跃次数。与当日股指现货开盘时段同步的股指期货平均预期交易量对其跳跃无影响，但股指期货平均非预期交易量对其跳跃有较显著的负向影响，特别是随着股指现货开盘时段的增加（如5分钟到10分钟），这种负向影响强度在增加，说明股指期货新信息的影响在加强，但影响强度小于当日股指期货非交易时段信息的影响（根据 $MV_{fo,t}^{unexp}$ 和 $MV_{f,t}^{junexp}$ 的系数）；与当日股指现货开盘时段同步的股指期货平均持仓量增加会显著增加股指现货开盘时段向下跳跃次数，但对向上跳跃无影响，这与前述同步交易相同。

当日股指现货开盘时段股指现货平均非预期与预期交易量都对其跳跃有显著影响，其中，股指现货平均非预期和预期交易量对其跳跃分别有显著正向和负向影响，也就是说，当日股指现货开盘时段，股指现货基于信息的交易会增加股指跳跃，而基于流动性的交易会降低股指跳跃；从影响系数看，基于信息的交易对股指跳跃的影响远大于基于流动性的交易，这与现实符合，因为在开盘时段，证券市场主要是对信息的消化，因此股指现货平均非预期交易量对其跳跃的影响要大于预期交易量的影响。

在牛市、熊市行情下非同步交易时段，股指期货交易行为对股指现货向上、向下跳跃影响的回归结果如表 18 所示。

表 18　　　　股指期货非交易行为对现货市场跳跃影响的回归结果（$j=5$）

	牛市			熊市		
	总跳跃	向上	向下	总跳跃	向上	向下
$MV_{f,t}^{junexp}$	− 0.0576 (0.0627)	− 0.1089 ** (0.0500)	0.0512 (0.0449)	− 0.1283 ** (0.0609)	− 0.0650 (0.0383)	− 0.0633 (0.0570)
$MV_{f,t}^{jexp}$	0.0255 (0.1743)	− 0.0106 (0.1391)	0.0360 (0.1248)	− 0.2450 (0.1694)	0.0624 (0.1065)	− 0.3074 * (0.1585)
$\Delta MH_{f,t}^{j}$	0.7848 (0.7194)	0.1376 (0.5739)	0.6472 (0.5152)	1.9702 *** (0.5459)	0.9045 *** (0.3431)	1.0657 ** (0.5108)
$MV_{s,t}^{unexp}$	0.3284 *** (0.0544)	0.3276 *** (0.0434)	0.0009 (0.0389)	0.2917 *** (0.034)	0.1373 *** (0.0214)	0.1544 *** (0.0318)
$MV_{s,t}^{exp}$	− 0.187 *** (0.0336)	− 0.1313 *** (0.0268)	− 0.0558 ** (0.0241)	− 0.0795 *** (0.0304)	− 0.0430 ** (0.0191)	− 0.0365 (0.0284)
$MV_{fo,t}^{unexp}$	0.1288 (0.1559)	0.0105 (0.1244)	0.1183 (0.1117)	0.4111 *** (0.1343)	0.0054 (0.0844)	0.4057 *** (0.1257)
$MV_{fo,t}^{exp}$	0.2020 (0.1737)	0.0390 (0.1385)	0.1630 (0.1243)	0.4101 ** (0.1681)	− 0.0079 (0.1057)	0.418 *** (0.1573)
$\Delta MH_{fo,t}$	− 2.2268 (2.1691)	− 0.3508 (1.7304)	− 1.8759 (1.5532)	− 6.0583 *** (1.6597)	− 2.7902 *** (1.0432)	− 3.2681 ** (1.5529)
$MV_{fc,t}^{unexp}$	− 0.1679 (0.1045)	− 0.1669 (0.1034)	− 0.0010 (0.0748)	− 0.1515 (0.1029)	− 0.0555 (0.0647)	− 0.096 (0.0963)
$MV_{fc,t}^{exp}$	− 0.1559 *** (0.0429)	− 0.0084 (0.0342)	− 0.1475 *** (0.0307)	− 0.1733 *** (0.0342)	− 0.0340 (0.0215)	− 0.1393 *** (0.032)
$\Delta MH_{fc,t}$	− 1.3698 (1.5754)	0.7667 (1.2568)	− 2.1365 (1.1281)	− 3.9591 *** (1.4131)	− 0.8021 (0.8882)	− 3.157 ** (1.3222)
R^2	0.2068	0.1780	0.1164	0.2262	0.1141	0.1244

注：＊＊＊、＊＊分别表示在1%和5%的显著性水平上显著。括号内数据为标准误。

　　根据表 18 总结出，在牛市中，股指期货当天开盘后前 15 分钟平均非预期和预期交易量都对股指现货开盘后前 5 分钟的平均跳跃次数无显著影响；前一日期货收盘前 15 分钟平均预期交易量对股指现货开盘后前 5 分钟的平均总跳跃和向下跳跃次数有显著负向影响，说明前一日非同步交易时段基于流动性的交易会降低当日股指现货开盘时段平均总跳跃及向下跳跃次数；前一日期货收盘前 15 分钟平均非预期交易量对股指现货开盘后前 5 分钟的平均跳跃次数没有影响，这与全样本情况相同。前一日及当日非同步交易时段股指期货平均持仓量的变化均对当日股指现货开盘 5 分钟时段跳跃次数无显著影响。

　　在牛市中，与当日股指现货开盘时段同步的股指期货平均预期交易量及平均持仓变化量对其跳跃无影响，但股指期货平均非预期交易量对其向上跳跃有较显著的负向影响；当日股指现货开盘时段股指现货平均非预期与预期交易量都对其跳跃有显著影响，其中，股指现货平均非预期交易量对其总跳跃及向上跳跃有显著正向影响，平均预期交易量对其跳跃有显著负向影响，从影响系数看，基于信息的交易对股指跳跃的影响远大于基于流动性交易的影响。

　　在熊市中，股指期货当天开盘后前 15 分钟平均非预期和预期交易量都对股指现货开盘后前 5 分钟的平均总跳跃及向下跳跃次数有显著正向影响，对向上跳跃无影响；前一日股指期货收盘前 15 分钟平均非预期交易量对股指现货开盘后前 5 分钟的平均跳跃次数没有影响，这也与全样本情况相同，但其平均预期交易量对股指现货开盘后前 5 分钟的平均总跳跃和向下次数有显著负向影响；前一日及当日非同步交易时段股指期货平均持仓量的变化均对当日股指现货开盘 5 分钟时段跳跃次数有显著负向影响，但对当日非同步交易时段股指期货平均持仓量变化的影响更大。

　　在熊市中，与当日股指现货开盘时段同步的股指期货平均预期和非预期交易量对其跳跃无显著影响；同期的股指期货平均持仓量对其跳跃有显著正向影响。当日股指现货开盘时段股指现货平均非预期与预期交易量都对其跳跃有显著影响，其中，股指现货平均非预期交易量对其跳跃有显著正向影响，平均预期交易量对其总跳跃及向上有显著负向影响（对向下跳跃无影响）；从影响系数看，基于信息的交易对股指跳跃的影响远大于基于流动性交易的影响。

　　上述结论对股指现货开盘后前 10 分钟、15 分钟平均跳跃的影响相同。

　　（四）结论

　　通过研究，本文得出如下结论：（1）在同步交易时段，从总体上看，沪深 300 股指期货交易行为对标的指数总跳跃及向上、向下跳跃都有显著影响，其中，对标的指数向下跳跃的影响大于向上跳跃的影响；非预期交易量对股指现货跳跃的影响远大于预期交易量的影响；与标的指数同阶的非预期及预期交易量增加会分别增加与降低股指现货跳跃（向上、向下）发生的概率，滞后阶（主要为滞后 1 阶）的预期与非预期交易量增加均会降低股指现货跳跃发生的概率，但同阶股指期货交易量对标的指数跳跃的影响远大于滞后项的影响。（2）从不同行情看，上述结论同样成立，只是股指期货交易量对标的指数跳跃的影响在熊市中更大。在同步交易时段，股指期货非预期交易量无论牛市、熊市对股指现货向上、向下跳跃均有影响显著，其中，对标的指数向上跳跃的影响在牛市更大，对标的指数向下跳跃的影响在熊市更持久；而股指期货预期交易量只在熊市中对标的指数向下跳跃有显著影响。（3）在同步交易时段，无论全样本还是牛市、熊市，持仓量的增加都会显著增加股指现货总跳跃及向上、向下跳跃发生的概率（除与股指现货同阶持仓变化量对向上跳跃无显著影响外）；持仓量变化对股指现货向下跳跃影响程度明显大于对向上跳跃的影响程度，这在熊市中更突出，而持仓量变化对股指现货向上跳跃影响程度在牛市中更大。持仓量变化对股指现货跳跃的影响程度小于股指期货交易量的影响，但持久性大于股指期货交易量。（4）在非同步交易时段，从总体上看，当日股指期货开盘后前15分钟的非预期和预期交易量都对标的指数开盘时段总跳跃及向下跳跃有显著正向影响，但对其向上跳跃无影响；在牛熊市表现不同，在牛市中，股指期货当天开盘后前15分钟非预期和预期交易量对股指现货开盘时段跳跃无影响，但在熊市中对股指现货开盘时段的总跳跃及向下跳跃有显著影响；无论牛市、熊市，前一交易日股指期货收盘前15分钟非预期交易量对股指现货开盘时段跳跃无影响，但预期交易量对股指现货开盘时段总跳跃和向下跳跃有显著负向影响，但这种影响明显小于股指期货当天开盘后前15分钟预期交易量的影响。前一日及当日非同步交易时段股指期货平均持仓变化量，在牛市中，对当日股指现货开盘时段跳跃无显著影响；但在熊市中，对当日股指现货开盘时段跳跃有显著负向影响。（5）无论全样本还是牛市、熊市，标的指数非预期交易量的增加都会显著增大股指总跳跃及向上、向下跳跃发生的概率；股指预期交易量对股指现货向上跳跃无显著影响，对向下跳跃有显著的正向影响，且在熊市中更大。非预期交易量对股指现货跳跃的影响及持久性都远大于预期交易量；股指交易量对股指现货向下跳跃的影响大于向上跳跃的影响，对股指现货跳跃的影响大于股指期货交易量的影响。

本文仅研究了股指期货交易行为对股指现货跳跃次数的影响，没有深入研究对股指现货跳跃幅度的影响。后续研究可以将研究的范围拓展到股指期货交易行为对现货跳跃幅度等的影响，以更全面地分析股指期货对现货跳跃的影响。

参考文献

[1] 陈国进，王占海. 我国股票市场连续性波动与跳跃波动实证研究 [J]. 系统工程理论与实践，2010（9）.

[2] 陈浪南，孙坚强. 股票市场资产收益的跳跃行为研究 [J]. 经济研究，2010（4）：54-66.

[3] 陈海强，张传海．股指期货交易会降低股市跳跃风险吗？ [J]．经济研究，2015（1）：153－167.

[4] 何兴强，李涛．不同市场态势下股票市场的非对称反应——基于中国上证股市的实证分析 [J]．金融研究，2007（11）：131－140.

[5] 何诚颖，张龙斌，陈薇．基于高频数据的沪深300指数期货价格发现能力研究 [J]．数量经济技术经济研究，2011（5）：139－151.

[6] 陆蓉，徐龙炳．"牛市"和"熊市"对信息的不平衡性反应研究 [J]．经济研究，2004（3）：65－72.

[7] 郦金梁，雷曜，李树憬．市场深度、流动性和波动率——沪深300股票价格指数期货启动对现货市场的影响 [J]．金融研究，2012（6）：24－138.

[8] 李洋，乔高秀．沪深300股指期货市场连续波动与跳跃波动——基于已实现波动率的实证研究 [J]．中国管理科学，2012（11）：451－458.

[9] 刘庆富，朱垚，方力．股指期现货市场间的跳跃扩散效应及其信息含量——基于跳跃变量回归模型的新证据 [J]．复旦学报（社会科学版），2013（4）：17－25.

[10] 刘庆富，朱迪华，周思泓．恒生指数期货与现货市场之间的跳跃溢出行为研究 [J]．管理工程学报，2011（1）：115－120.

[11] 刘庆富，许友传．国内外非同步期货交易市场之间的跳跃溢出行为：基于风险事件的视角 [J]．系统工程理论与实践，2011（4）：679－690.

[12] 马丹，尹优平．交易间隔、波动性和微观市场结构——对中国证券市场交易间隔信息传导的实证分析 [J]．金融研究，2007（7）：165－174.

[13] 倪衍森，庄忠柱，李达期，李盈仪．期货价格跳跃行为对现货价格与波动性的影响：台湾股票市场的证据 [Z]．2008.

[14] 乔高秀，刘强，张茂军．沪深300股指期货上市对现货市场连续波动和跳跃波动的影响 [J]．中国管理科学，2014（22）：9－18.

[15] 张宗成，王郧．股指期货波动溢出效应的实证研究——来自双变量EC—EGARCH模型的证据 [J]．华中科技大学报（社会科学版），2009（4）：75－80.

[16] 赵华．中国股市的跳跃性与杠杆效应——基于已实现极差方差的研究 [J]．金融研究，2012（11）：179－192.

[17] 赵华，王一鸣．中国期货价格的时变跳跃性及对现货价格影响的研究 [J]．金融研究，2011（1）：195－205.

[18] 赵留彦，王一鸣．沪深股市交易量与收益率及其波动性的相关性：来自实证分析的证据 [J]．经济科学，2003（2）：57－67.

[19] 朱钧均，谢识予．中国股市波动率的双重不对称性及其解释——基于MS—TGARCH模型的MCMC估计和分析 [J]．金融研究，2011（3）：134－148.

[20] 郑泽星．信息冲击对收益波动的影响——基于交易量的实证研究 [J]．山西财经大学学报，2005（27）：103－106.

[21] Andersen T G, Bollerslev T. Answering the skeptics: yes, standard volatility models do provide accu-

rate forecasts [J]. International Economic Review, 1998, 39: 885 – 905.

[22] Andersen T G, Bollerslev T. Diebold F X, et al. Modeling and forecasting realized volatility [J]. Econometrica, 2003 (71): 529 – 626.

[23] Andersen, T. G. , T. Bollerslev and D. Dobrev. No – arbitrage semi – martingale restrictions for continuous – time volatility models subject to leverage effects, jumps and i. i. d. noise: Theory and testable distributional implications. Journal of Econometrics, 2007, 138 (1): 125 – 180.

[24] Andersen T. G. Return volatility and trading volume: An information flow interpretation of stochastic volatility [J]. Journal of Finance, 1996, 51: 169 – 204.

[25] Andersen, T. G. , T. Bollerslev, P. Frederiksen, M. Nielsen. Continuous – Time Models, Realized Volatilities, and Testable Distributional Implications for Daily Stock Returns [J]. Journal of Applied Econometrics, 2010, 25: 233 – 261.

[26] Andersen T. G, Bollerslev T, Meddahi N. Analytic Evaluation of Volatility Forecasts [J]. International Economic Review. 2004, 45: 1079 – 1110.

[27] Asgharian H, Bengtsson C. Jump Spillover in International Equity Markets [J]. Journal of Financial Econometrics, 2006, 4 (2): 167 – 203.

[28] Bates, D. S. . Post – '87 Crash Fears in the S&P 500 Futures Option Market. Journal of Econometrics, 2000, 94: 181 – 238.

[29] Backus D, Foresi S, Wu L. Crashes. contagion, and international diversification, Fordham University, 1999, Working paper.

[30] Barndorff – Nielsen O. S. , Shephard N. Econometric Analysis of Realized Covariation: High Frequency Covariance, Regression and Correlation in Financial Economics [J]. Econometrica, 2004, 72: 885 ~ 925.

[31] Barndorff – Nielsen O. E. And Shephard N. Realized power variation and stochastic volatility [J]. Bernoulli, 2003, 9: 243 – 265.

[32] Barndorff – Nielsen, O. E. and N. Shephard. Power and Bipower Variation with Stochastic Volatility and Jumps [J]. Financial Econometrics, 2004, 2 (1): 1 – 37.

[33] Barndorff – Nielsen, O. E. and N. Shephard, Econometrics of Testing for Jumps in Financial Economics Using Bi – power Variation [J]. Financial Econometrics, 2006, 4 (1): 1 – 30.

[34] Bessembinder, H and Seguin, P. J. Futures – trading Activity and Stock price Volatility [J]. Journal of Finance, 1992, 47 (5): 2015 – 2034.

[35] Brown – Hruska S, Kusek G. Volatility, volume and the notion of balance in the S&P 500 cash and futures markets [J]. Journal of Futures Markets, 1995, 15 (6): 677 – 689.

[36] Boudt K. , Ghys H. , Petitjean M. Intraday liquidity dynamics of the DJIA stocks around price jumps [J]. Catholic University of Leuven, 2012, Working paper.

[37] Corsi F, Mittnik S, Pigorsch C, et al. The volatility of realized volatility [J]. Econometric Reviews, 2008, 27: 46 – 78.

[38] Corsi F. A simple approximate long memory model of realized volatility [J]. Journal of Financial

Econometrics, 2009, 7 (2): 174 –196.

[39] Cheng L. , L. Jiang and NG. Information content of extended trading for index futures [J] . The Journal of Futures Markets, 2004, 24 (9): 861 –886.

[40] Chen, L. H. , G. J. Jiang and Q. Wang. Market Reaction to Information Shocks—Does the Bloomberg and Briefing. com Survey Matter? [J] . Journal of Futures Markets, 2013, 33 (10): 939 –964.

[41] Damodaran, A. Index Futures and Stock Market Volatility [J] . Review of Futures Markets, 1990, 9 (2): 442 –457.

[42] De Bandt O, Hartmann P. Systemic risk: A survey, European Central Bank, 2000, Working paper.

[43] Daal, E. , Naka, A. , and Yu, J. S. , Volatility Clustering, Leverage Effects, and Jump Dynamics in the US and Emerging Asian Equity Markets. Journal of Banking and Finance, 2007, 31: 2751 – 2769.

[44] Duffie, Darrell, Jun Pan. Transform analysis and asset pricing for affine jump – diffusions [J] . Econometrica, 2000, 68: 1343 –1376.

[45] Duan, J. , Ritchken, P. , and Sun, Z. Jump Starting GARCH: Pricing and Hedging Options with Jumps in Returns and Volatilities. 2005, Working Paper.

[46] Duan, J. , Ritchken, P. , and Sun, Z. Approximating GARCH – Jump Models, Jump – Diffusion Processes, and Option Pricing [J] . Mathematical Finance, 2006 (16): 21 –52.

[47] Franklin R. Edwards. Does Futures Trading Increase Stock Market Volatility. Financial Analysts Journal, 1998, 44: 63 –69.

[48] Harris M, Raviv, A. Differences of opinion make a horse race [J] . Review of Financial Studies. 1993, 3: 473 –507.

[49] Huang X, Tauchen G. The relative contribution of jumps to total price variation [J] . Journal of Financial Econometrics, 2005, 3 (4): 456 –499.

[50] Giot, P. , Laurent, S. , Petitjean, M. Trading activity, realized volatility and jumps [J] . Journal of Empirical Finance, 2010, 17 (1): 168 –175.

[51] Jiang GJ, Lo, A and Verdelhan. Information Shocks, Liquidity Shocks, Jumps, and Price Discovery: Evidence from the U. S. Treasury Market [J] . The Journal of Financial and Quantitative Analysis, 2011, 46 (2): 527 –551.

[52] Jeff Fleming, Chris Kirby, Barbara Ostdiek. Information and Volatility Linkages in the Stock, Bond, and Money Markets [J] . Journal of Financial Economics, 1998, 49: 111 –137.

[53] LahayeJ. , Laurents. , Neely C. J. Jumps, co – jumps and macro announcements [J] . Journal of applied econometrics, 2011, 26: 893 –921.

[54] Li, J. Cash Trading and Stock Index Futures Price Volatility [J] . Journal of Futures Market, 2011, 31: 465 –486.

[55] Li, J. and C. Wu, Return Volatility, Bid – ask Spreads and Information Flow: Analyzing the Information Content of Volume [J] . Journal of Business, 2006, 79: 2697 –2739.

[56] Lee S. S. , P A Mykland. Jumps in Financial Markets: A New Nonparametric Test and Jump Dynamics [J] . Review of Financial Studies, 2008, 21: 2535 –2563.

［57］Maheu J. M. McCurdy, T. H. News Arrival, Jump Dynamics, and Volatility Components for Individual Stock Returns ［J］. Journal of Finance. 2004, 59: 755 - 793.

［58］Martin T. Bohl, Jeanne Diesteldorf, Christian A. Salm and Bernd Wilfline. Spot Market and Future Trading: The Pitfalls of using Dummy Variable Appoach ［J］. The Journal of Futures Markets, 2016, 36: 30 - 45.

［59］Mohammad G. Robbani, Rafiqul Bhuyan. Introduction of Futures and Options on a Stock Index and their Impact on the Trading Volume and Volatility: Empirical Evidence from the DJIA Component ［J］. Derivatives Use, Trading & Regulation, 2005, 11 (3): 246 - 260.

［60］Pan J. Stochastic Volatility with Reset at Jumps, 1997, Working paper.

［61］Ronald Mahieu and Peter Schotman. An Empirical Application of Stochastic Volatility Models ［J］. Journal of Applied Econometrics, 1998, 13: 333 - 360.

［62］Ross S. A. Information and volatility: The No - Arbitrage Martingale approach to timing and resolution irrelevancy ［J］. Journal of Finance, 1989, 44: 1 - 17.

［63］Ronald Mahieu and Peter C. Schotman. Stochastic Volatility and Distribution of Exchange Rate News. Limburg Institute of Financial Economics, 1999, 9.

［64］Ronald Mahieu and Peter Schotman. An Empirical Application of Stochastic Volatility Models ［J］. Journal of Applied Econometrics, 1998, 13: 333 - 360.

［65］Suzanne S. Lee, Per A. Mykland. Jumps in Financial Markets: A New Nonparametric Test and Jump Dynamics ［J］. Oxford University Press, 2007, 12: 2535 - 2563.

［66］Veronesi. P. Stock Market Overreaction to Bad News in Good Times: A Rational Expectations Equilibrium Model ［J］. Review of Financial Studies, 1999 (12): 975 - 1007.

［67］Wu L. Power Law: Reconciling the Tail Behavior of Financial Asset Returns ［J］. Journal of Business, 2006 (79): 1445 - 1474.

［68］Yung - Chang Wang, Wen - Rong Ho. The relationship of price volatility between TSE and TAIFEX stock indices futures with different maturities ［J］. African Journal of Business Management, 2010, 4 (17): 3785 - 3792.